世界よ踊れ

歌って蹴って! 28ヶ国珍遊日記
アジア・中東・欧州・南米篇

ナオト・インティライミ

幻冬舎文庫

世界よ踊れ

歌って蹴って！
28ヶ国珍遊日記
アジア・中東・欧州・南米篇

世界よ踊れ　歌って蹴って！　28ヶ国珍遊日記　アジア・中東・欧州・南米篇　目次

※黒丸囲みの数字が本書に収録されている国です。

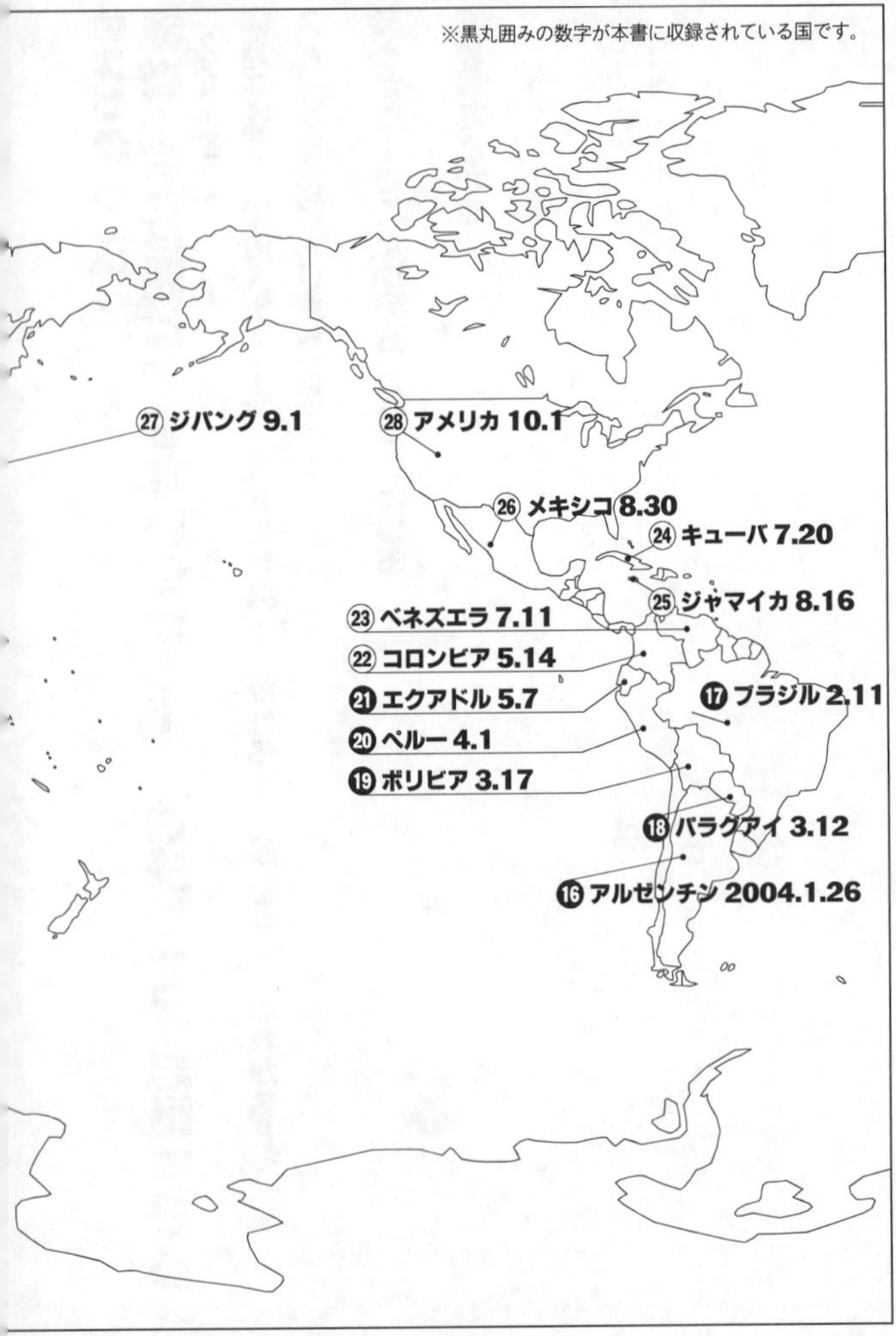

28ヶ国の軌跡

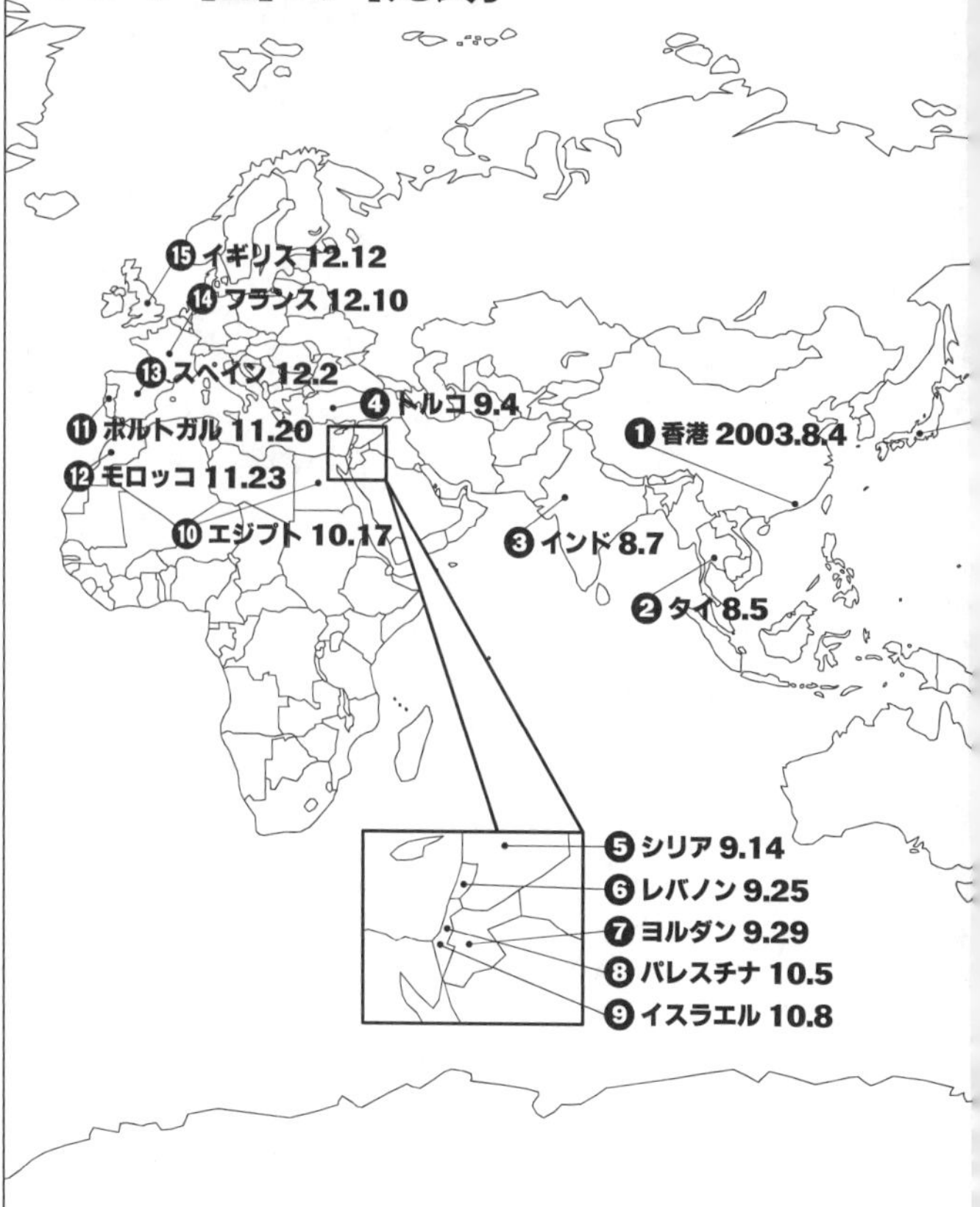

❶香港 2003.8.4
❷タイ 8.5
❸インド 8.7
❹トルコ 9.4
❺シリア 9.14
❻レバノン 9.25
❼ヨルダン 9.29
❽パレスチナ 10.5
❾イスラエル 10.8
❿エジプト 10.17
⓫ポルトガル 11.20
⓬モロッコ 11.23
⓭スペイン 12.2
⓮フランス 12.10
⓯イギリス 12.12

SHOOT 1
飛行機乗り遅れからスタートした世界一周の旅
関西空港〜香港〜タイ(バンコク)

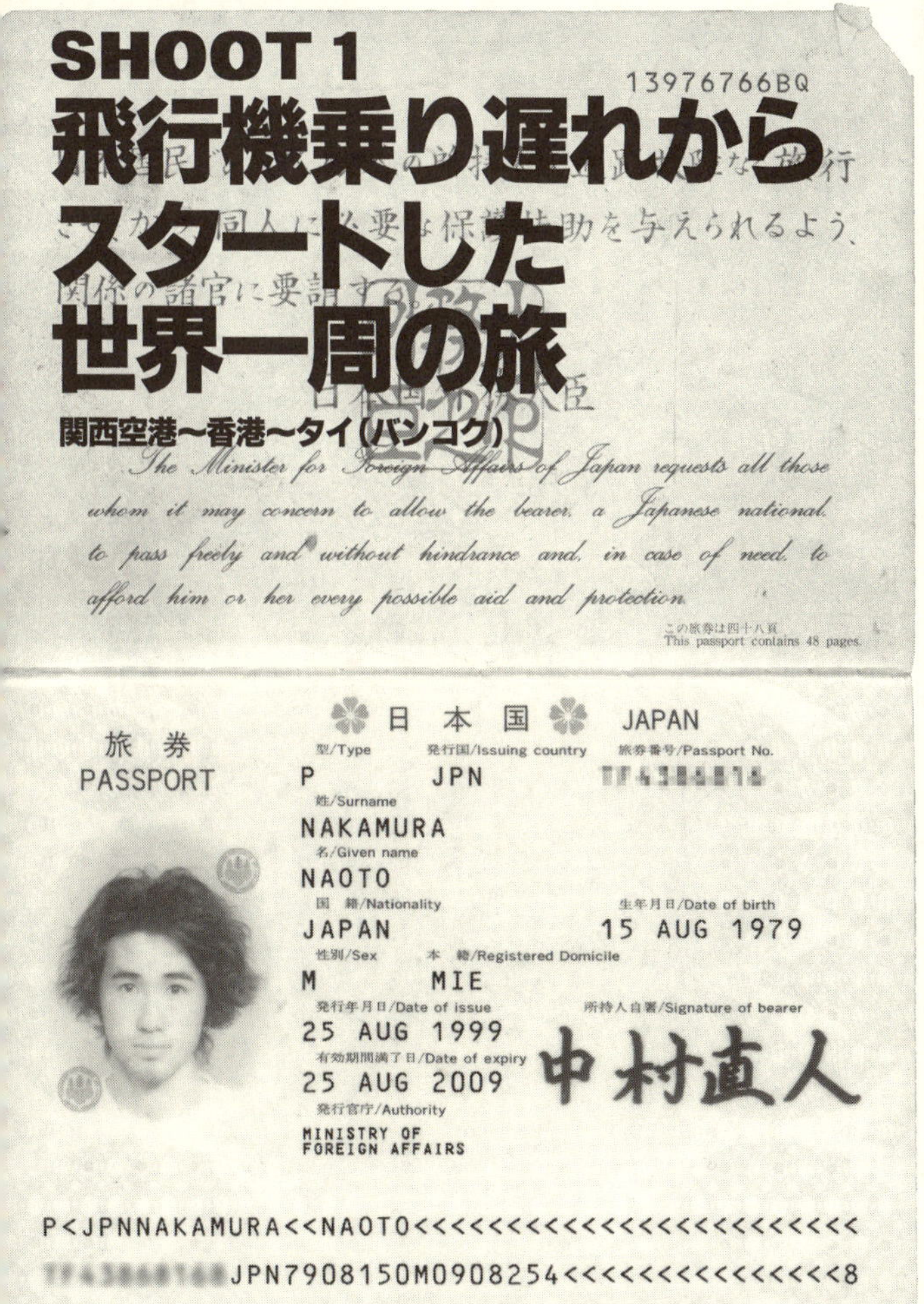

世界一周一人旅の最初のフライトに……

2003年8月4日（月）関西空港（日本）

「ご搭乗になれません」

と、今、この女性に言われた言葉が、すぐには理解できなかった。

まさかと、慌てて時計を見てみると……。飛行機に乗れない理由が、とっさにわかった。

この係のお姉さんが、ただ俺に意地悪をしているわけではないということを、出発時刻の5分前という事実が教えてくれる。

出発時刻の5分前ということは、ボーディング・タイム（搭乗時刻）の35分遅れである。

普通、人が飛行機に乗る時は、「搭乗時刻の40分前」と指定されているボーディング・タイムにはゲートに行っていなければいけない。それがなんと、そのボーディング・タイムを大幅に遅れて、ましてやこれから世界一周の旅に出かけようとしている、しかもちりちりのドレッド頭のお兄ちゃんが、さらには、まったく気にかけぬ何食わぬ顔で、のんびり歩いてきたわけだからなー。まあ、おかしいわなー。飛行機に「電車感覚」で乗ろうとしているところから、完全に間違っている。

きっとアナウンスで何度も名前を呼んでくれ、出国審査のゲートで、必死に俺のことを捜してくださっていたであろう係のお姉さんに、ようやく補獲されたが、時すでに遅しである。

しかし、言わせてもらおう！　決して寝坊したわけではないのだ。空港にはちゃんと2時間前に着いていた。

では、なぜ？

空港に到着し、チェックインを済ませてから、朝食を食べたり、本屋行ったり、最後の電話をしたり、メールをしたり。何か知らんが、妙な余裕が発生。全然意味のわからない落ち着き感が体内に充満していたのだ。ある意味、旅の出発に浮かれていたともいえる。

これから海外の旅に出ようとしている諸君にもの申す！

空港に着いたら、まずチェックイン&出国審査まで終えて、出発ゲートの前で、ゆっくりするべし。さもないと、出発の前にいきなり、脇に結構な量の液体を発生させる羽目になりかねません。

さて、その後、お姉さんが、一刻を争う状況といった様子で焦りながら、預けたバッグの色を聞いてくる。

「灰色のバックパックですけど……」

って、まさか、機内に積んでしまった俺の荷物を今から探し出すというのか？　それなら、俺がポンって乗った方がずっと早いやんけ！　っと、当たり前の反論をするも、お堅い反応で即却下。

そのお姉さんに連れられ、チェックイン・カウンターまで、駒戻し。

飛行機に乗り遅れたのは、初体験っ！　うふふ。

と、のんきなことはいってられやしない。まさか、今日、日本を発《た》てないかも？　ほんとなら今日中にタイのバンコクに着くはずだった。俺は、ここから脱出できるのか？　気が気でなくなってくる。

まさか、これだけ意気込んでいて、今日発てないとなると、それはダサすぎる。かっこ悪すぎるぞー。言えねー、人に言えねーぞー！

昨日、泊めてもらった大阪の親友の家にすごすご帰るわけにはいかん。次の飛行機に乗れるのか⁉　どうなんだ？

しばらくすると、俺のバックパックが戻ってくる。

奴も世界に飛び立ちたかっただろうに、かわいそうに我慢汁を出しながらご主人様のもとに帰ってきた。そして、カウンターまで俺を連れてきてくれたお姉さんから俺を預かった受付のお姉さんが（迷子の子供を預かる感覚）、説明を始める。

さっき俺が逃した香港行きの便は、香港からバンコクに行く便に乗り換えられる最終便であったのだという。つまり、もう今日、バンコクに行くことは無理だということだ。タイのバンコク行きは、明日まで待たなければならないらしい。そこで、提案される。

「ここで14時間待つか、香港で14時間待つか？　どちらになさいますか？」

さあ、今から世界一周してきますって奴の超高層ビル並みに上がっているテンションで、ここ関西空港に14時間いたら、ショートしてしまうだろうよ。

お姉さん、行かせてください、香港に。

格安航空券だったのにもかかわらず、さらに単なる俺の遅刻だったにもかかわらず、たったの5000円で次の便への変更をしてくれた航空会社さんに感謝。

どうなることかと思ったが、とりあえず、関空を脱出できることが決まってからは、持ち前の超ポジティヴ魂がやにわに働き始める。

タイのバンコクから始まるはずであった世界一周の旅。

急遽《きゅうきょ》、香港からスタートするには、何かわけがあるに違いねー。

ちょっとの間しかいられないが、そこで何か起こるに違いねー。

オープニングから波瀾万丈なこの旅。これから、たくさんいろんなことが起こるんだろうな。

今回の旅のテーマは、木の形をしている。

真ん中にどっしりと1つのテーマの幹があり、その幹に3つの枝がある。幹の下には2つに分かれている根っこがあるのだ。

まず上の3つの枝というのは、人間的なパワーアップをはかる!! 世界の音楽に触れる! 英語をブラッシュアップする! というテーマだ。

そして2つの根っこは、realityとfantasyである。

realityというのは、現実の世界。つまり行く土地土地で、現地人と絡み、そこの生活感に触れるということだ。一方、fantasyというのは、超現実の世界。自然などが作り出す壮大な「地球」というものを感じたいのだ。

ギアナ高地、パタゴニアの氷河、ピラミッド、その他の世界の遺跡。日本の生活では感じられない、現実離れしたファンタジーの世界。

そう、その両方を感じてこそ、旅に深みが出るのだと思う。

最後に、真ん中の太い幹はというと、「死なない」ということだ。

それだけの長い旅をすれば、危険なことも起こるであろう。しかし、まずは、死なないということが常に先決である。生きていなければ、何も始まらない。

さて、（急遽）香港から始まる世界一周の旅。そんなテーマの木と共に、存分に感じてきてやろーじゃないか！　地球ってやつをさ！

あやしい宿のエキサイティングな夜

8月4日（月）香港

上陸するはずのなかった香港の街を彷徨《さまよ》う。派手なネオンが雨のせいでにじんでいる。街はピントがずれた写真のようにぼやけた感じがする。時計はもう夜の11時を刻もうとしていた。安いゲストハウスは、どこにあるのか？　雨の中、途方に暮れかけていた。

とりあえず九龍《クーロン》の地区に行けば、安宿があるだろうと見越してやってきた。空港からエアーポート・エクスプレスという快速電車に乗り、九龍駅で下車。そこから無料のKバスというシャトルバスに乗り、マルコポーロ・ゲートウェイ・ホテルで下車する。運転手のおじさんが、ここが九龍地区だと教えてくれた。

相変わらずの雨男っぷりを発揮し、見事に香港に大雨を降らせている。自慢だが、小学校の卒業式は大雨、中学校の時はみぞれ、高校の時は雪が積もっていたという伝説を作り出し、サッカーの試合や、遠足など、楽しみにするものはものすごい確率で雨を降らすことができ、さらに自分のライブ当日というものは優に50％を超える確率で、天候が悪いのである。なので、今になってはもはや、この初日の雨も驚かない。むしろ、「そうそう、そうね、そうだよね」とにやけてしまう。

雨の中、しばらく安宿を探し歩いていると、今、自分のいる通りに見覚えがある。実は香港上陸は3回目であるので、なんとなく過去の記憶がよみがえったのである。ん？　あのセブン－イレブン知ってるぞ。ってことは近くにメインの通りネーザン・ストリートがあるはずだ。

とりあえず、そのメイン通りに出ようと向かっていると、ぼろい建物の上に、「Park Guest House」という非常にぼろい看板が目に入ってきた。

おお、これは！　匂うぞー、匂うぞーと、2階に上がっていくと、ぼろーい、いかにも安そうな宿の玄関があった。ランニング姿の、これまたいかにもなおやじが出てきた。

もう明日香港を出るから、あまり両替していなくて現金はこれだけしか持っていないということを伝え、あとは顔面で必死にその感情をアピール。

この旅最初の交渉は成立。おやじに宿代をまけてもらい、そこにチェックインする。部屋に入ると、通気性が悪く、生暖かくじめじめしている。空気がこもっている。30年前のラブホテルといった古～い感じで、大きめのダブルベッドが部屋の大半を占める。世界一周の旅の初夜は、ここで迎えるのだな。まあ、あやしさがまた雰囲気出してていいじゃない。そういえば、腹が減ってきたので、荷物を置いてすぐ夜の街に繰り出す。

かつて行ったことのあるおいしいレストランにたどり着くことができ、以前、その美味に感激した「黒ごま入りの白玉」を注文。2度目であっても、その感激は変わらぬものであった。

腹もふくれたところで、夜の香港の街を散歩し、あやしいお店をひやかしに行ったりして、宿に戻ってきた。

しかしエキサイティングな夜は、ここから始まるのであった。


もともとあやしい雰囲気を醸し出している宿ではあったのだが、部屋に戻って、その宿の実態がわかった。とりあえず旅初日の日記でも書くかなーと、机に向かおうとしたその時、「ア……ン」むむむ？ この音は？ この声は、まさか！

まさか、隣の部屋で、39度の熱でうなされている女性の声ではなかろう。まぎれもない、「あれ」をしている声に違いない。なるほど、この宿は、連れ込み宿なのであるな。

しばらくその声を聞いて楽しんでいたが、だんだん男のスケベ魂に火がついてきて、旅初日というテンションも手伝い、いつの間にか部屋をそーっと出て、声の震源地であろう向かいの部屋の壁に耳を当てていた。そこの部屋からの声であることを確認すると、今度は聞くだけでは飽き足りず、見るという行為に移っている自分がおかしかった。完全変態ですよ、もはや。

廊下にあった背の高いゴミ箱を逆さに立て、その部屋の前に置き、廊下側の窓から部屋を覗《のぞ》こうと試みる。むむ……その窓はシャワーの方しか見えないではないか！　残念ながら肝心な部屋の様子は見られなかった。ここまでやったのに……。しゃーない、あきらめようとゴミ箱を降りようとしたその時。

ドドドダダダ!!　すってんころりん。

図らずも大きな音を立てゴミ箱から転倒してしまった。

「アーーーン、アーーーーン。ん？？？」

部屋の中の声、動作はすっかり止まり、何かが廊下で起きたことを悟られたようだ。

やばいやばい、これはやばいぞーと、急いで立ち上がり、ゴミ箱を片付け、そろーりと部屋に戻り、ドアを閉め超高速ビートを刻んでいる心臓の音をなだめていた。

しばらくすると、向かいの部屋からは再開されたことを確認できる声が再び聞こえてきた。もうさすがに、変な気は起こらず、ドリフのようなコケを思い出しては、おかしくてにやけていた。

部屋の中は、じめじめとした嫌な匂いがこもっていたので、ドアを開けたまま日記を書いていると、すっかり静まっていた向かいの部屋からことを済ませた男女が出てきて、宿を発とうとしていた。

メガネをかけた香港人の金持ちっぽいおっさんが先頭を歩き、続いてちょっとケバイ香港人のお姉ちゃんが通っていった。

その際に、お姉ちゃんと一瞬パッと目があった。そして、目でこう語りかけられた。

「あなたね？」

カオサン通りで偽IDゲット

8月5日（火）バンコク（タイ）

予定より1日遅れでバンコクに入ってきた。相変わらず、この街は空気が悪い。車の出す排気ガスがモンモンとあたりを包む。この街に来ると誰もが、これは地球に悪いわーと感じられるであろう。開発途中の国なので、まだ地球に対してのケアーなど考えちゃあいない。とりあえず勢い任せで、発展している感じだ。かつての日本もそうであったのであろう。

世界中の旅人にとってのターミナル的存在であるカオサン通り（レオナルド・ディカプリオ主演の『The Beach』という映画でも、登場する）。

300メートルほどの通りであろうか。横幅も結構あって道路としては広い。道の両サイドにはお店や、ゲストハウス、レストランや、バー、ディスコが立ち並ぶ。コンビニなんかもある。さらに道路に露店が山ほどでている。トゥクトゥクが、客を待っている。

人の流れは絶えることなく、昼夜関係なく常にたくさんの人が何かを求めて歩いている。いつでもガヤガヤ。学園祭、はたまた学園祭の打ち上げのようなノリなのである。

これから長い旅に出る者、長い旅から帰ってきた者。ここは、世界中のパッカーの交流の場。夜な夜な旅の話が尽きないのである。

旅の情報を集めるのには最高の場所で、現に俺も今回、ここで出会った旅人から中東の旅の話を聞き、興味を持ち、今ではかなり行く方向に気持ちは傾いている。

旅2日目にしていきなり、旅の計画が変わっているのがおもしろい。

これが、自由の旅の醍醐味である。だって、なんも決まってないもーん。

だって、一人だもーん。俺が行きたいとこに、気ままに行けるんだもーん。

俺の金だもーん。

ここに旅人が集まる理由の一つとして、物価の安さがある。長期滞在するにも安くあがるし、航空券を安く手に入れられる。今回、タイに寄ったのも、インド行きのチケットを買う

1 年間有効の偽学生証

アラファト議長に会えたのもこの偽ジャーナリスト・カードのおかげ

ためであった。日本から直接インド行きのチケットを探したが、思いのほか高い。それなら、タイ行きの格安往復航空券を買って、タイでインド行きのチケットを買おうと作戦を切り替えた（タイから日本の復路のチケットはポイしちゃうのだ）。

そして実際カオサン通り付近の旅行代理店を10軒くらい回った結果、インド・カルカッタ行きのチケットを1万7500円というグッドプライスで手に入れる。日本からバンコクまでのチケットは8万5000円。ハイシーズンでちょっと高かったが、まあしょうがない。日本からインド行きを買おうと思ったら、いちばん安いので、13万とかしてたから、やっぱこっちで、インド行きを買って正解じゃ。

他にもここバンコクではすることがあった。王宮の後ろの広場でのサッカーはもとより、偽造学生証を作ることである。旅人にとって、特に長期で旅する場合、この偽学生証は必須アイテムである。世界の美術館、博物館、遺跡などの文化系、さらにバスのチケット、航空券、あらゆる学生割引ができるところで、その効果を十二分に発揮するのだ。身分証明書にもなる。しかもそんなものが、たった100バーツ（約300円）で作れてしまうのだ。

カオサン通りにいくつか、それを作れる露店があり、その兄ちゃんに写真を渡して20分後くらいに戻ってきたらカードができているというシステムだ。偽物といってもほぼばれることはなく、普通に世界中で使えるというのが、旅人の情報だ。

露店の兄ちゃんから、ジャーナリスト・カードも作らねーか？　と、勧められる。

ジャーナリスト・カードはいらねーだろ！　そんなの。

と思っていたが、例えば偽警察とかに金を請求された時に、このジャーナリスト・カードが効果覿面《てきめん》というよくわからない話に妙に乗ってしまい、まあ長旅だ、一度でも使う機会があるかもしれないな、ということで、80バーツ（約240円）で偽ジャーナリスト・カードも作ってもらうことにした。こんなドレッド頭の小汚いジャーナリストがいるかよ！（笑）

この旅、初ライブ〜ダイヤン・スィヤヤン

8月6日（水）バンコク（タイ）

旅が始まって3日目、早速ライブをやってきた。

バンコク・カオサン通りの1本後ろの通りにあるライブ・バーでのアコースティック・ソロライブ。

昼間、その通りで、ギターを弾いてる若者たちと仲良くなり、一緒に歌っていると、なんと彼らはバーの従業員君たちで、「今夜、ライブやらないか」ってことになりまして、2日間しかいないバンコクで、早速ライブのお話が舞い込んできまして、喜んでお受けいたしま

して。

彼らと仲良くなったきっかけは、とあるタイの曲を俺がちょっと知っていたからであった。19歳の時、初バックパックの旅でタイに来た時に、タイの有名な古い曲を教えてもらった。「ダイヤン・スィヤヤン」。これがまた、ほんとにいい曲なのである。うろ覚えだったこの曲を、今度は完璧にその従業員君たちに教えてもらった。

「ダイヤン・スィヤヤン」

その意味は、

If you get something, you lose something.

何かを得るってことは、何かを失うってことだ。

タイの格言であるこの言葉には、深い意味が含まれている。大好きな言葉である。

たとえば、人間が便利に（幸福に？）なるためにどんどん開発が進んでいくが、その結果、地球上から緑が消えていき、地球温暖化が進み、その結果人間は……。

どっちがいいとも言えないこともあるが、できれば両方手に入れる知恵を、人間は持っていると、俺なんかは思う。しかし、どうしようもないこともあるわけで、そんな時は、この言葉を意識し、失うものも受け止めながら、生きていけたらいいな。

夜の8時に始まったライブは、カオサンで出会った日本人の旅人の連中やらイスラエル人やら、地元タイ人やら……で、なかなか面白い客層。途中、お客のみんなもあおって、一緒に歌って、大盛り上がり。楽しかったな。もちろん「ダイヤン・スィヤヤン」完全版も披露させていただきました。今後この旅で、いろんなところで歌っていきたいな。まだ、旅して3日目で初ライヴ。ペース早いなー！

バンコクにどれだけいようかと悩んだが、タイは19歳の時の旅で、1ヶ月くらい回ったので今回はもうとりあえずインドに発つことに決める。チケットを買い、明日の16時30分の便で、次の目的地、カルカッタ（インド）に飛ぶ。

インドは、盗難が多いらしい。気を付けなければ。今日知り合ったイスラエル人の友達が、カオサンのディスコでパスポートの入ったバッグを何者かに盗まれ、かなりまいっていた。明日は我が身。集中せよ。

そういう俺も、今日、裏の道でラリッてる雰囲気の危なそうな黒人の奴らに囲まれそうになった。ビールびん片手に3、4人で近寄ってきた。旅3日目にしてはやくも、最大級の大ピンチである。危険信号がとっさに点灯。脳からの指令で、大至急「回れ右」！

くるっと、右足を軸に180度回転。ダッシュしたら、追っかけてくると思ったので、背中の目で気配を感じながら、競歩並みの早歩き。頼む！　来ないで。逃がして！　まだ旅始まったばかりなの。恐る恐る軽く振り返ってみる。追っかけてきてない。ふーーーっ。助かった。

全国のよい子のみんな、小学校に入学してすぐ習う「回れ右」。危ない人たちに囲まれそうになった時に、かなり使える技なので、しっかり習得しておくように。

この先、長い旅なので今日のような危険な目というのは、何度か遭うことになるであろう。危険な匂いを察知して、的確な判断をすることが大事である。死んだら、元も子もない。

SHOOT 2
バラナシで大演説「俺は、インド人が大好きやー！」

インド（カルカッタ/ブッダガヤ/バラナシ/アグラ/デリー）

うじゃうじゃインドに初上陸

8月7日（木）カルカッタ（インド）

ナマステ！　インド初上陸だ。

インドの東の街、カルカッタにやって来た。なんだか、すごいエネルギーに満ちている。あふれかえって、ごった返す人、人、人。擬態語で表すなら、完全「うじゃうじゃ」です。混沌とした街。ありえないくらい荒い運転、悪い交通状況。あやしい暗さ。道端に寝そべってるたくさんの人たち。ゴミがその辺に散らかっていたり、衛生面はよくない。以前行ったケニアのナイロビのあやしさとも少し共通する。

でもほんと人が多いな、これ。さすが、10億人抱える国だ。さすが、あと数年で中国を抜いて人口世界トップになろうという国だ。

空港で会った旅人らと6人でタクシーに相乗り。バンコクで会った旅人から、サダルストリート付近の「センターポイント」というゲストハウスがいいと聞いていたので、そこに行ってみた。従業員も良い感じで、そこにチェックインする。

ドミトリー（一部屋に何個もベッドがあり、いろんな旅人と相部屋）なので安く、ここは、75ルピー（1ルピー＝3円弱なので約２００円）。あやしげなバングラデシュ人の出稼ぎ労働者たちと一緒の部屋である。

　さて、インドは、大体3週間くらいを予定していて、カルカッタから、ブッダガヤ、バラナシを通って、デリーまで行こうという魂胆である。

　今回の旅は、ガイドブックを一切持っていない、リアル・ドラゴンクエストな旅だが、意外と何とかなるもんだね。やっぱ現地人が、旅人が、新しく正確な情報を多く持っている。人に絡みまくって、情報得て、前に進んでいくのだ。

　明日は、マザーテレサのボランティアをしてこようと思う。朝6時起きということで、早く寝なければ。ボランティア。ちょいと楽しみだ。


〈今日の笑ったこと〉

　バンコク↓カルカッタの飛行機の中での出来事。日本ではまず遭遇しない光景。

　飛行機がカルカッタの空港に着陸したその時、乗客のインド人たちは、みんなで歓声をあげ手をたたいて、無事着陸したことをたたえていた。いいな、こういうの。一緒になって、手をたたき、ハッピーな気持ちになった。実は俺、飛行機は大の苦手であるので、着陸の時は心の中でいつもこのぐらい大喜びしていたのだ。

言葉の力って、すげー!

8月9日(土) カルカッタ(インド)

言葉の力って、すごい! と、痛感した1日となった。心だけじゃ駄目、やはり言葉も同じくらい大事だって、つくづく感じた。

初めの予定では、カルカッタには2日くらい滞在し、その後ブッダガヤに向かおうと思っていたのだが、昨日から行ってる、マザーテレサのボランティアにうっかり、はまってしまった。

俺がボランティアに通っている施設は、「死を待つ家」と呼ばれており、末期ガン患者や、結核など重度の病気、怪我をしている患者たちがベッドの上で生活している場所だ。そこで、患者に食事を運んだり、シャワーに連れていったり、洗濯をしたり、食器を洗ったりするというお手伝いである。

昨日は初日だったので要領をつかめず、その上、ベンガル語(=バングラデシュ語。インドの東に位置するカルカッタでは、ベンガル語が主流)が、全然わからなかったりで、すごく悔しい思いをした。アルジャンという気になる患者がいるのに、何もできずにいた。

アルジャンは10代前半の少年で、ベッドの上で下を向いて洟《はな》をたらしながら1人でブツブツずーっとしゃべっている。人とは全くコミュニケーションがとれず、いわゆる自閉症のような状態と思われる。原因はわからないが、足の肉がえぐれ骨まで見えていて、ひどい怪我である。その怪我をした時のショックで、そういった状態になったのではないかと推測する。

そんなアルジャンとどうにかしてコミュニケーションをとりたい。そう思い、昨日の夜、飲み物屋の兄貴にベンガル語を教えてもらった。

そして今日、習ったばかりのベンガル語でアルジャンに話し掛けてみる。すると、どうだ！　ちゃんと反応してくれるではないか⁉　すごい！

ナマエハ？

トシハ？

ウンウン。

オレ、キミ、トモダチ！

オレ、キミ、ボンドュー！

言葉の力って、すげー。こうも人と人を近づけてくれるものなんだな！　すげー、大事だな、言葉って。

次に、彼に何をしてあげられるかなと考え、グーチョキパーのやり方を教えた。

リハビリには最適かと思い、ゆっくりゆっくり、まずは片手から始めた。とても、難しそうだ。手が、そして脳が、いうことをきかないみたいだ。しかし、続けるうちにだんだんできるようになっていった。ただ、まだ完全には覚えきれなかった。

うーーーーっむ、このまま出られないなー。今、この街を出るわけにはいかない。アルジャンがもう少し良くなるまでもうちょっとカルカッタにいよう、そう決断した。

夜はボランティアで知り合ったドイツ人のアーネットに会いに行く。これが、かわいいんだ、また！　しかも、歳《とし》もタメ。

ドイツ人って、日本人の感覚と似ているなーと感じる。居やすいなーと。

それにしても、アーネットと話していても、言葉に対してフラストレーションが溜まるのさ。まあ、英語で普通には会話しているんだけど、どうしても細かい部分が伝えられない時がある。もっと深いところの話をするには、英語のボキャブラリーがもっと必要だ。これでは、最後まで口説き落とせない……。

それにしても、親友に勧められた電子辞書は、かなり役に立っている。会話中、わからない単語は、そのまま放っておかず、すぐさま調べ、相手に確認する。

アーネットのドイツなまりの英語には、少々てこずった。聞き返すと、簡単な単語だったりして、「おおー、それならわかる」って。

ただ、ずっと英語で話をしていると、英語力がグングン伸びていくのも感じる。でも、まだまだだー。ちきしょー。もっともっと、英語を身につけちゃるー。言葉って、なんて大事なんだ。

　ともあれ、今日は、アルジャンとアーネットを通して「言葉」の重要性を再認識した。「言葉なんか通じなくても、心があれば想いは通じるさ」とも思っていたが、心だけでは駄目、言葉も同じくらい大事だって、そう思った日だった。

よくやったアルジャン。自閉症とおさらば

8月12日（火）カルカッタ（インド）

　風邪で2日間休んでしまったため、ボランティアも久し振りな感じがする。

　早速、アルジャンのベッドに行って、グーチョキパーをやると、すげーうれしそうな顔で、思い出しながら、一緒にやってくれる。覚えてくれている！

　いやー、まじで、感動だぜ！　アルジャン。完璧に、良くなってるもん。

　前は、ほんまに人と目を合わさなかったし、独り言をぶつぶつ言ってるだけやったのに……。

　その後もずっと、アルジャンにかかりっきりで、リハビリをしていた。何度も何度も、グ

ーチョキパーって……。

アルジャンに「今度は一人でやってみろ」って言うと、チャレンジしてみるのね。やれた時は俺もスゲーうれしいし、めちゃめちゃ誉《ほ》めてやる!!

「バルアチ×2（いいぞ、いいぞ）」って!!

ところが、間違ったりすると、オーバーアクションで、きつい視線と表情で、「違うでしょうー？」って。するとアルジャン、スゲー焦った顔でやり直そうとする。それがまた、あどけなくかわいい。その繰り返し。

足の治療の時間も、ずっとこのグーチョキパーを続けていた。肉がえぐれて、骨まで見えてる左足の甲が痛くて、この前までは治療中暴れていたアルジャンが、一生懸命にグーチョキパーをやって、必死に痛みを我慢していた。全く暴れないで、いい子にしていた。

よくやった！　アルジャン！　確実に、いい方向に向かっている。

シスターも、「あなた今日が最後なの？　アルジャンが寂しがるわよー。あの子、あなたが来て確かに変わったわー」って言ってくれた。

「俺もすげーさみしいよ、シスター！」

ほんとに、今日で最後でいいのかなー、もっといてやりたいなーって思ったりもしたけど、ずっといるわけにもいかない。またの機会を見つけて、是非来るさ。帰り際、アルジャンを遠くから見ると、何と！　隣のベッドの患者にグーチョキパーを教えているではないか！

信じられないその光景に、思わず涙がこみ上げてきた。

2日間の滞在のつもりだったカルカッタ。

アルジャンに出会ったり、体調こわしてしまったりで結局6日間いた。

そして、今からブッダガヤへ、鉄道で移動だ。22時カルカッタ・ハウラー駅発、ガヤ着が朝の5時半。

かなり盗難が多いことで有名なインドの鉄道。気を引き締め直して、いざ出発！

いざ！　走る電車から飛び降りる！

8月13日（水）ブッダガヤ（インド）

カルカッタから電車で7時間かけて、ブッダガヤというところに来た。その電車で、ハプニング！　危機一髪！

昨日の夜、22時に人で溢《あふ》れかえるカルカッタのハウラー駅を出発した電車。俺は、2nd sleeperというクラス、いわゆる寝台車にいた。3段ベッドのいちばん上で、爆睡をこいていた。

Zｚｚｚ……

27時間テレビを見ている。さんまがフル○ンを出す。

「あれ？　今、出ちゃってたよな？　やばいだろー？　つるべの次は、さんまかいなーー？」

なんて、会話を友達としている。

インド人若者「ガヤ、ガヤ、hニシジサイアジうしゅfsュエゥーエkジャ？」

ナオト「は？」

インド人若者「フnsiアイシハハkジャ？」

ナオト「え？　どこで降りるのかって？　ああ、ガヤで降りるよ」

インド人若者「ガヤ！　ガヤ！」

ナオト「ガヤ？　あ、今止まってるこの駅が、ガヤ駅ね。はいはい、わかった」

ナオト「えー!?　ここが、ガヤー？　ヤバイ、降ります！　俺、この駅で降ります！　ちょっと待っててよー！　ありゃりゃりゃ、電車完全動き出してるぜ！　これ、次の駅に止まるのなんて何時間先になるかわからねー？　急げ！　バッグだろー、水だろー、靴はいてー、あーーー急げー落ち着けー落ち着けー、ああ、電車の速度が速くなってる！　忘れ物ないかー？　ＯＫ！　降りる！　降りるよーーー!!」

もう既に速く走りかけている電車のドアから飛び降りようとするが、けっこうなスピードで、一瞬腰が引ける。しかし、次の駅まで何時間も揺られるわけにはいかない。「せーのっ！」で、清水の舞台から飛び降りるつもりでジャンプ！ 着地と同時に、体が吹っ飛ばされる。そして、何メートルか先のおっさん2人にぶつかり、ようやく止まる。ガン睨《にら》まれる。

何がなんだか分からないまま、どうやらガヤに着いたようだ。

うん？ さんまは？ あれ？ フル〇ン⁇ ……夢か……。

時速15～20キロくらいのスピードが出ている電車から飛び降りたんだろうか。完全、ジャッキー・チェンだった。日本で同じことをしたら、飛び降り自殺と間違えられ、電車、即止まるだろうな。ってか、走ってる時に電車のドアがまず開いてないか。でもまあ、無事にガヤに着いたようだ。

早朝、寝ぼけながらもなんとかゲストハウスにたどり着き、少し寝て、昼から行動開始。次の目的地、バラナシへの電車のチケットを先に買っておこうと、チケットカウンターに行った。

しかし、明日の夜、あさっての朝、夜、しあさってと、いっぱいらしい。

困ったなー……空いてるのは、明日の早朝5時だけか。しばらくいるか、1日だけで発つか？

旅をしていると、こういう選択を迫られることがたまにある。そういった時は、ピンとくる直感に身をまかすのだ。うん、ここは、早く次へ進め、と自分の直感は言う。決断する。

今朝5時に着いて、明朝5時の出発、24時間のブッダガヤ巡りとなる。

まずは、ブッダガヤのメイン、ブッダが悟りを開いたという、つまり、仏教の始まりである神聖なお寺へ向かう。そこに大きい菩提樹があり、その前で、ブッダは悟りを開いたのだという。実際、目の前に座ってみるとその菩提樹から、何かパワーをもらった気がした。

噂では、とあるロン毛で目の細い空中浮遊するとかいうあの日本人が、木の上に登って瞑《めい》想《そう》したり、象に乗って入ってはいけない所に入ったという失態によって、その菩提樹の周りに囲いができたという。本当なら同じ日本人として実に情けなく恥ずかしい。

その後、日本寺に行き、座禅を組んできた。それこそ精神が研ぎ澄まされ、頭の中が穏やかですっきりとした。

日本寺を出ようとすると、さっきの寺で仲良くなった可愛らしい12歳の男の子がいた。少し話をしていたら、「じゃあ、お前ん家《ち》に、遊びに行っていいか?」ということになる。そいつの名前は、サバ。インド人には珍しくキレイな英語の発音をする。

以前、学校に日本人の先生が来たということで、少し日本語も知ってて、それがまた上手。可愛らしく、人なつっこい。いいオーラが出ている。9人家族、7人兄弟の長男だ。

歩くこと20分。サバの住むパチャッティ村に着くと、村の男たちがサッカーをしている。やらずにはいられないのは、言わずもがな。15分くらい、混ざる。

みんな、はだしだ。俺もすぐ靴をぬぎ、走り出した。原っぱは、さっきのスコールのせいで、ぐちゃぐちゃだ。牛のふんもあたり前のように落ちてる。ヌルヌルサッカー。

泥と汗でぐちゃぐちゃになりながらサッカーを終え、ようやくサバの家に到着。粘土でできているお家。インドでは中の中くらいの階級だろうか。お父さん以外は全員集合。急な来訪者に初めはみんなびっくりしてたけど、弟、妹たちも心を開き始め、仲良く遊んだ。

お母さんに焼き魚とミルクティをいただいた。お返しに、俺のサンダルをあげた。そして、みんなに日本語で名前を書いてあげる。珍しい文字にみんな喜んでくれる。

何でも金、金、といってくるインドの中で、心と心の自宅訪問で愛でつながれたこと、嬉しかったぜ、サバ！　ありがとな！

ゲストハウスに戻り、すぐ荷造りし、チェックアウト。

予約してあったオートリクシャと呼ばれる乗り物が来ない。仕方なく、レストランのおっちゃんにタクシーを呼んでもらって、ガヤ駅へ。ガヤ駅前の別のゲストハウスで、明朝5時発の電車まで、5時間くらい寝るつもりが蚊に苦しめられ、一睡もできず。

「眠れない夜は、寝なければいいい」をモットーに、起きて屋上でヒンディー語やら、英語の勉強を始める。ふと夜空を見上げると、星が尋常じゃない光り方をしている。またしばらくして見てみると、その星は消えていた。星の終わりを見たのだ。インドでは何でも起こりうる。

物体と化した人々を眺め、我想ふなり

8月14日（木）バラナシ（インド）

ブッダガヤから電車で6時間半。ヒンドゥー教の聖地、聖なる川のもっとも聖なる場所、バラナシに着いた。予定到着時間より、2時間遅れだ。インドの電車は、これぐらいの遅れはいたって普通だ。誰も何も気にしない。電車の窓から外を見ていると、草むらに男たちが点々としている。しかも、座っている。何してるんだ？　ん？　まさか？　あれは大きいものを放出している行為ではないか。しかも集団公開大便。さすがです。

駅に着く。改札を出ると、一気に10人ぐらいのオートリクシャ運転手に囲まれる。言い寄ってくる奴は、全く相手にしないに限る。こういう奴についていくと、だまされたり、あとで高い金をふっかけられるのだ。ちゃんとした奴は、待っている。余裕があるもん、やっぱ。オートリクシャがたくさん停まっている方に自ら行って、ゴードリャー交差点までいくら

プージャ・ゲストハウスの屋上で眺める夕焼けショウ

か聞く。15ルピー（約45円）という。それは安すぎる。聞いていた相場は、30だ。

こういう時も、たいてい何か落とし穴や、めんどくさいことが隠されているものだ。試しに話を進めてみると案の定、「ホテル、決まってないだろう⁉ 連れてってやるから」なんぞ、言ってくる。やはりだ。信用ならん。

言い寄ってくる奴、しつこい奴は、基本的に要注意。相場を知っておくことが、何よりも大事だ。

結局プージャ・ゲストハウスに、チェックイン。屋上からの眺めは、バラナシでいちばんいいと評判だ。ガンジス川（こちらでは、ガンガーと呼ぶ）を一望できる。シングルで、80ルピー（約240円）。少々高いが、悪くない。

チェックインし、少し落ち着いてから、近くにある火葬場に行った。聖地バラナシには毎日たくさんの死体が運ばれ、そこで焼かれる。それは、もう完全公開儀式である。24時間ずっと、煙があがっている。

見に行った時もまた、薪《まき》の上に、物体と化した人が横たわっていた。

初めは衝撃を受けたその光景が、長い時間見ていると、いつの間にか、自然に感じるようになる。慣れなのか、それとも「死」と向き合い、受け止められたということなのか。

人は生まれ、生き、死んでいく。

今また、一人死に、一人生まれる。
そして、俺も、生まれてきて、今、生きている。
そしていつか死ぬ。
それを受け止めなければならない。
だったら、めいっぱい楽しんでやろう。
だったら、やりきって死んでやろうじゃないか!

ノリノリ観衆。インド映画初体験

8月22日(金) バラナシ(インド)

先週8月15日、聖地バラナシで誕生日を迎えた。ナオトの誕生日といえば、終戦記念日。そしてなんと、さらに、この国、インドの独立記念日。街は、旗を持った人々が走り回り、宴《うたげ》が夜な夜な繰り広げられ、自分を祝ってくれているようで、ちょっと得した気分。

海外で迎える誕生日は、24回目にして初めてだ。24歳のこの1年は、きっと俺の人生において、とても重要な年になることは間違いない。全財産をはたいて、飛び出した世界一周の旅。一生の財産となる経験に変えてみせようか!

インドに来て、無性に行きたくなった所……映画館。インドの庶民にとって、最高の娯楽といえば映画だ。映画は、インドの音楽シーンにとっても、最も重要なものだ。唯一音楽を発信できるツールが、映画なのだ。ヒット曲は、ほぼ映画の主題歌であり、サントラ盤だ。

昨日、ローカルな映画館で、インド映画のホットな新作『テレ・ナム（Your Name）』を見た。25ルピー（約70円）と安い。

セリフはもちろんヒンディー語。字幕なんかありゃしない。ただ映像だけで意外と内容が分かるものだ。この映画はどうやらラブストーリーだ。セリフを推測する楽しみを覚えてきたその時、なんとも中途半端な場面で、突然場内が明るくなる。え？　終わり？　……どうやら休憩らしい。この映画は3時間もあるので、途中で10分の休憩をはさむのであった。よく見ると、お客さんは全員男。女性はこの国ではまだ自由に出歩けないようだ。日本にも昔、そんな時代があったように。

エンディングはどろどろ。ハッピーエンドに慣れている俺の心を、大きく裏切る展開であった。

内容うんぬんよりも、何よりも面白かったのは、インド人の映画を見てる時のリアクションである。インド映画には、ミュージカルのように登場人物たちが歌う場面が数多くある。

その盛り上がる曲が流れた時、日本では想像できない光景に遭遇した。曲にあわせて、手拍子をし、みんな一斉に歌い出す。さらに、男の主人公が悪者に囲まれ危機一髪で相手を倒すシーンでは大きな歓声と共に、拍手が湧き起こるのであった。なんともハッピーで、ノリのいい、なんと分かりやすい人種だろう。飛行機の着陸時の騒ぎようも、今ならば驚かない。

そんな風にインド映画を満喫して、余韻に浸ってゲストハウスに帰る途中、ピンチはやってきた。

ピンチの原因＝犬。

まあ、この街には、野良ウシやら野良ヤギやら、野良イヌやらが散乱（？）している。昼間比較的おとなしい犬たちが、夜遅くになると吠えたり、活動が活発になる。細い小道なので、かなりの接近を余儀なくされ、5、6匹の犬たちの横を通らなくてはいけない場面。ふと、不安がよぎった。噛まれて狂犬病になったら、かなりの確率で死ぬんだろうなー、と。きっと、めっちゃ怖がってる俺の姿を見たら、飛びかかってくるんじゃないか。それならばと、最大級の強がりをみせ、何度も「こわくないぜー、びびってないぜー」と唱えながら、堂々と、横を通り過ぎた。

背後から襲ってくる気配がしないと判断すると、猛スピードでバラナシの夜の街を走り抜けた。この旅、どうやら危険なのは、悪い人間だけではなさそうだ。

シタールに首ったけ

8月23日（土）バラナシ（インド）

シタールというインドの楽器にハマって、バラナシを抜け出せないでいる日本人がここに1名。しかも!! 通ってるシタールスクールで、シタールを遂に買ってしまった。買うつもりもなければ、習うつもりすらなかったシタール。それが、あれよ、あれよ、という間にその虜《とりこ》になってしまったのである。

不思議な楽器。不思議な響き。シタール。

全長1メートルを超える、長く、でかい弦楽器。ギターを弾く俺にとっては、幾分感覚は摑《つか》みやすい。ミーンミーンと鳴る弦の音が脳にしみわたり、癒《いや》される。落ち着く。落ち着きすぎて、ときどき本気で、眠くなる（笑）。

今、新しいことを始める楽しさ、夢中になる楽しさを、がっちり感じている。新しいことを始めるという機会は、大人になるにつれて少なくなっていくものだ。そう、ちょうど10年前、中学2年の9月、初めてギターを手にし、テーピングを巻き、毎日わくわくしながら必死に練習していた、あの頃のように……。

今日も老師とシタールレッスン

8月24日（日）バラナシ（インド）

朝8時起床。今朝も、隣の民家のラジオから爆音で聞こえてくるインド独特の旋律が、自分がインドに居ることを、寝起き3秒で気付かせてくれる。

コンタクトの装着、歯磨き、洗濯……と、お出かけの準備をし、ゲストハウスを出る。空いたお腹《なか》を揺らし、家々に挟まれた細い小道を、牛や山羊のフンを避けながら、いつもの屋台へ向かう。

カレーと揚げパンセット、6ルピー（約15円）。

この朝食を、地元の人たちと一緒に食べることが、すごく普通の生活になっている。そして、りんごをかじりながら、シタールレッスンへと向かう。ガキたちが寄ってきて、いつもの挨拶《あいさつ》をする。「遊ぼう、遊ぼう」と腕を引っ張られる。「後で、後で」と、遊ぶ約束をして放してもらう。

9時。部屋に入ると、今日も先生が座っている。

老師。

俺はそう呼んでいる。70歳を超えているらしい。白髪に小柄な体。そして、しわだらけのその顔は、物事の何もかもを知り尽くしているように見える。何かただ者ではないオーラ。

俺は老師が大好きだ。どことなく、俺のじいちゃんに似ているし、何故か一緒にいて妙に落ち着く。だましの多いインドで、そういった俗を完璧に超えている人である。

俺がシタールにはまったのも、この人あってのことだ。

そして今日も「サレガマパダニサ」（ヒンディー語でドレミファソラシド）から、マンツーマンのシタールレッスンの幕開けだ。

昨日から、ようやく曲を教えてもらっていて、かなりまたテンションが上がっている次第である。

老師とのコミュニケーションツールは、心と音だけである。老師は英語をしゃべれない。その分、老師が繰り出す音に集中する。この9時からの2時間は、あっという間に過ぎる。

その後、少しの休憩を挟んで、自主練習を2時間。

ゲストハウスに戻り、飯を食べると、昼の3時。今日で、レッスンは10日目。完璧と言っていいほど、この規則正しいスケジュールである。

バラナシに着いて、なんともう11日。早い。充実しているからかな。シタールに完全首ったけ。

インドミュージックは、いろいろ奥が深い。知れば知るほど、もっともっとインドに居た

シタールのレッスンに向かう通学路にて

子供たち流のあいさつ

くなる。あと何日居るのか、俺自身にもわからない。昨日までは、そろそろバラナシを離れようかと思っていたが、今は、もうちょっと長く居ようかとも思う。あとちょっと、あと一歩で、自分の中でのある程度のシタールの解釈や、納得ができそうだから。

先のことは、わからない。時の匂いを感じるしかない。

8月25日（月）バラナシ（インド）

生きてこそ

新しい場所を探検してみようと思い、街を歩く。予想していた通り、ローカルな商店街を発見。初めて足を踏み入れるその道を、ズンズンと奥に進んでいった。が、これ以上行くと、帰れなくなってしまうのでは——という不安から、来た道を引き返す。

そして、半分くらい戻ったところで、露店でサモサとジャガイモを買い、店の隣にある階段に座り、それを食べている時であった。

突然、街の明かりが全て消えた。停電だ。

バラナシに来て、もう10回目くらいだろうか。本当に突然真っ暗になるので、道を歩いている時は、自分がどこにいるのか分からなくなり、恐怖がよぎる。幸運にもその時は、座って食べていたため、その心配はなかった。

っとその時、いきなり人の大きな話し声が耳に飛び込んでくる。さらには人が歩く音、犬の鳴き声、そして、街のあらゆる騒音、雑音がはっきり聞こえてくる。何だ？　これは。

その答えが出るには、時間はかからなかった。

普段、目が見えている時には気にならない音が、真っ暗になることによって、聴覚が研ぎ澄まされ、聞こえてきたのだ。身を守るため、耳から情報を集め始めるのだ。この体験が、視覚と聴覚の関係を追求することに発展していった。

食べ終えるとちょうど街の電気も復活したが、階段に座ったまま、すぐさま旅ノートを取り出し、今感じてることを文に残しておきたいと思いたち、殴り書きを始める。

突然世の中の全ての音が消えたらどうだろう？

電気が止まるのを停電というなら、停音とでも言おうか。

それもまた想像すると、とてつもなく怖い。

それは無声映画を見ているかの如く、本来、3次元に見えている街が、急に平面の2次元の世界にいるかのような感覚に見舞われるのではないか？

音がないということで、自分が存在していない気がするのではないか。

にもかかわらず、エジソンは電気を発明し、ベートーベンは名曲を世に残した。

逆にたとえ目が見えなくても、音が聞こえていれば、
3次元にいるという実感は残るのではないか。

そこに、その空間に自分が存在しているということは、感じられる気がする。

そして、スティービー・ワンダーは歌い続けている。

ここまで書いた時、ペンが止まる。何か、忘れている気がした。もう一つ、大事な何かを思い出せないでいた。人間が物を認識するのは視・聴・臭・味・触の五感。しかしもう一つ大事な感覚があったのではないか？

何だ？ 思い出せない。

しかも、それが自分にとって欠かせないものだという気がしていた。

しばらくして、思い出す。音を発する感覚だ。

言葉を発する感覚。

特に、俺にとって、しゃべること、歌うことは、何物にも代え難いもの、なくてはならな

いものだ。五感とその感覚が、今、正常に機能していることに感謝せねばならない。

最近、感じたこと。
世界一周をしたから、すごいんじゃない。
いろいろなことを知ってるから、すごいんじゃない。
いろいろ経験しているから、すごいんじゃない。
偉い仕事についているから、すごいんじゃない。
お金をたくさん持ってるから、すごいんじゃない。
生きているから、すごいのだ。
それが、すべてだ。
「生きてこそ」

ギタールとシタール〜インド人の英語

8月27日（水）バラナシ（インド）

今日、シタールレッスン中にふと、すごいことを思い付いた。世紀の大発見！　これは、かなり、すごい。鳥肌モンである。

インドに来て最初の頃、インド人の英語に少々戸惑った。はい。なまってたり、かなり聞き取りにくい。

もう慣れたが、聞き取るいちばんのポイントは「R」にある。インド人英語は、大体「R」を発音する。

どんな感じかというと、川のことをriver＝リバル。

あなたの髪はかっこいいね。

Your hair is good !!＝ヨアル　ヘアル　イズ　グッド!!

こないだも、「ヘローサル！」って言われて、「お前、猿って、お前なー」と言おうとした時に、このことを思い出し、そいつが「Hello sir !」って言ってることに気づいた。

さあ、本題に入ろうか。思い付いたすごいことの話だったね。

今日の午前中もまたいつものようにシタールレッスンを受けていた。

「こんな短い時間で、お前は覚えが早い」と老師が誉めてくれ、「ギターをやってるから要領がわかるんだろう」みたいなことを言われた時のことであった。

「ギタール」

そんな言葉が老師の口から出た。聞いたことのない単語に反応できずにいた。

祖父似の老師

ギタール？　……もしかするとRを読んでいるのか？　Rを取ると……あ、ギターのことか。

待て、待て。ギターはギタール。ということは……！

シタール……。

まーさーかー!?

世界中で、あの楽器に対して呼んでる名称、シタール。本当の名は、シターなのでは、ないか？

インド人のRの発音によって、シターがシタールになったのではないか。ただ、インドの楽器なので、発音はインド人が決めていいわけで、あの楽器の呼び名は、もう二度と変わらないだろうが。

シタール。ますます奥が深い楽器だ。

怒り大爆発！　キマる大演説!!

8月30日（土）バラナシ（インド）

今日も2時間のシター（シタール？　どっちやねん！　笑）のレッスン。集中しているので、あっという間に過ぎる。午後の自主練習の前にふらふらと散歩に行く。

ガンガー（ガンジス川）を見渡せる、階段状のガードに座った。座るやいなや、近くにいたインド人2人が何やら声をかけてくる。

「バカ、バカ！」

まただ。

インドには、結構日本語が達者な奴がいて、特にバラナシのような観光客の多い所では、店の奴などは何らかの日本語を使い、日本人の旅人の気を引こうとする。そこまでは何も悪いことではないし、むしろ嬉しいことではあるが、時にこういった悪い言葉を歩いてる人に向かって無差別に言って喜んでいる奴らがいる。

バカだの、チ○コだ、マ○コだ。クルクルパーだの。

まあ、冗談で言っているのも分かっていながらも、毎回、一瞬ムカッとする。少なからず、日本人がなめられていることは確かだ。歩いているヨーロッパ人にそんなスラングを言おうものなら、ぶち切れられるのはわかっているのだ。だから日本人にしか言わない。日本人は怒らないし、怒っても体が小さいので恐くないのだろう。

一発ガツンと言ってやらないと、日本人はなめられ続ける‼　他の日本人も、ずっと同じ思いをするはめになる‼　毎回、怒ってはいられないが、さすがに溜まっていたものが一気に吹き出した。

そこから、ナオトの大演説が始まる。

「お前なー、馬鹿ってどういう意味か知ってるのか⁉ 知ってるよなー‼ まじ、ムカツクんだよーー。グワーー☆☆☆☆☆☆☆☆☆☆‼」

かなり大きい声を出して憤慨している日本人の周りに、あっという間にインド人のひとだかりができる。その数30人以上。

俺の本気度に気がついた、バカと言った2人のうちの1人が寄って来て「冗談じゃーん」って言ってきた。

「お前ね、冗談っていうのは、知り合って仲良くなってから言い合って、初めて面白いんだろう？ 初めて笑えるんだろう？ いきなり、『バカ、バカ』って言われて、どんな気持ちになる？」

この辺りから、やじうまの数もさらに倍に膨れ上がり、俺のテンションもマックスに上がり、自分でもびっくりするくらいの大きい身振り手振りと、自分でもびっくりするくらいの流暢《りゅうちょう》な英語で、その2人に全くしゃべる隙《すき》を与えない言葉の攻撃が始まる。

「俺は、インドが大好きやー！ インド人を愛してるさー！ ほとんどのインド人は、めっちゃいい奴らで、大好きさ。でもよー、ほんのちょこっとのあかんインド人がインドのイメージを悪くしてんのや。わかるか⁉　ほんのちょこっとの奴らのせいで、普通のインド人もいい迷惑や！　お前！　お前じゃ‼　反対に、お前が1人で、初めて日本に来たとしよう。それで、日本ってどんな所だろうって、胸を躍らせながら歩いていたとしようや。そしたら、みんなで寄ってたかってヒンドゥー語で『バカ、バカ』って言われたら、どう感じるん⁉　どんな気持ちになるんや⁇　お前‼　ええ⁉　聞かしてみー？　どうなんやー？」

するると、2人のうちの1人がそのバツの悪さにそそくさと逃げていった。残った1人は、降伏の意をこめた握手を求めてくる。あたりをすっかり囲んだやじうまの中のおっさんが、言う。

「お前が正しい！　いい考えを持ってるなーー。あいつ、何もいい返せないで黙って逃げていったなーーー（笑）」

うんうん、って他のやじうまたちも、ニコニコしながらうなずいてくれた。

「ありがとう！　だって、俺、みんなみたいなインド人、むっちゃ好きやもん‼」

すると、どうだ。さっきいそいそと逃げ帰った奴が、「悪かったよ。俺が悪かった」って言いに戻ってきたではないか！　むっちゃ嬉しかった。思いが伝わった気がした。

やはり、思いは、言葉に出して態度にしないと伝わらん‼　ふうーーー。

分かってもらうために、なんか、すげーエネルギーを自分が発してたことに気づく。でも、ほんまに伝えたいことは労力を使わなあかん。ほんまに情熱をもって、気持ちをこめて伝えたら、必ず思いは伝わるものである。言葉を使って、いろんな自分の思いを人に伝えていこう！

「ええんよ、分かってくれたなら。戻ってきてくれてうれしいぜ！　それよりも、他の日本人のツーリストにこれから絶対言ったらあかんで!!　約束せーーやー!!　うんうん。わかったらよろし。そう、友達になって仲良くなったら、バカでもチ○コでもマ○コでも言ったらええやん！　そんなん、そりゃウケるわ！　そりゃそうや、俺だって、そんなん大好きやもん！」

インド人37人分の外国人料金　タージマハル

9月1日（月）アグラ（インド）

750ルピー（約2200円）。

おかしいだろう!?　インド人の入場料20ルピー、外国人は750ルピーって!?　俺1人の料金で、インド人37人も入れるやん!!　くそー、観光地ならではやな。まあ、でも入らないと、なんのためにアグラに来たか分からん。仕方がないので、しぶしぶ払うことにしよう。

タージマハル。

ムガール帝国3代目皇帝、シャー・ジャハーンが、自分の妃ムムタージのために巨大なお墓を建てた。それが、タージマハル。

恥ずかしながらインドに来るまで、世界遺産であるこのタージマハルの存在を知らなかった。途中で会った学生の旅人との会話。

「え⁉　タージ知らないで、インドに来てるんですか⁉　ガイドブックにすごいでっかく載ってるじゃないですか？」

「そんなもん、持って……ない。だってリアル・ロールプレイングやもん。リアル・ドラゴンクエストやもん。ふはは、だって、ここで今、お前からタージの存在、情報ゲットしたやろー。これでいいんじゃーー。よしよし。それで、タージって何？　ふんふん、あー、うんうん……」

タージは、その左右対称感が実に美しかった。やはり生で見るのと、写真で見るのとは全然迫力が違う。感動した凄《すご》いもの・きれいなものを写真で撮ろうとするが、シャッターを押さずにバッグにしまってしまうことがある。実際目の前のものはこんなに凄いのに、レンズごしで見るとそのスケールの小ささに意気消沈してしまうのだ。やはり、何でも生が一番だ。

そしてその夜、ついに夢がかなった。バラナシでシタールを習っていた時、こんな想いが浮かんでいた。「いつかタージマハルをバックに、夜、シタールを弾きたい」と。

同じ宿に泊まっているバックパッカーたちの前で、演奏した。

気持ちいい。心地いい風。いい夜だった。

弾きながら、インドでのいろいろなことが思い出される。明日はデリーだ。

もうインドもわずかだな。寂しい気持ちと、新しい国への新鮮な期待感が入り乱れながら、心地いい夜の風と共に、シタールの音色はインドの空に響き渡った。

インドはこれだから面白い〜回想

9月2日（火）デリー（インド）

インド。

街には人が溢れかえり、車もバイクも自転車も人力車も同じガタガタ道を、クラクションを鳴らし続けながら走る。

牛が道で寝そべり、犬が食べ物を探し、山羊がけんかをしている。

ごったがえす人たちは皆、熱気を帯びており、人と人が交じり合って生きている。実に人が活き活きしている。躍動している。インドの街は「これから感」に包まれている。

やはり、発展途上国への旅が面白い訳は、そんなところにあるのだろう。

日本を含めて先進国の人々はある意味、「もの」が揃《そろ》い、満ち足りた生活を送っているため、他人とかかわらなくても生きていける。その分、人間関係は希薄になる。お隣さんの顔すら知らないことがある。

日本も戦後は生きていく必死さに満ちあふれ、人と人が助け合って生きていたのであろう。お隣さんに醤油を借りに行ってたというじゃないか。

インド人はいい意味で実に人なつっこく、悪い意味でなれなれしい。楽しい奴らである。基本的にツーリスト相手には騙《だま》そうとする。こっちももうわかっているが、したたかだ。また、男同士で、手をつないで歩いてる光景によく出くわす。それは、普通の仲のいい友達同士らしい。日本だと、完全勘違いされる。面白いな、国民性の違い。

インドに来たばかりのある日、値段交渉をし必死に値切っていたところ、店の人が最後、浮かない顔で首をかしげた。そして、商品を袋に入れ始める。あれー、なんで、袋に入れるんだ。もう一度、「この値段じゃなきゃ買わない」と言うと、また浮かない顔で首をかしげた。そして、連続で首をかしげた。

え？　まさか。これは、イエスなのかも、と思い、もう一回値段を確認する。

また浮かない顔で首をかしげた。

そう、インド人のイエスは、首をかしげるのだ。初めのうちは、これにはかなり戸惑った。浮かない顔で首をかしげられたら、なおさら、イエスにはとれないのである。そんな文化の違いも、興味深い。オッケーの時、今ではすっかり自分も首をかしげてしまっていることに気づく。

カルカッタではボランティアをし、ブッダガヤではゆっくりとした時の流れを感じ、バラナシでは、生と死・宗教について考えたり、シタールやヨガに挑戦してみたり、アグラで美しい世界遺産の建造物を見て、デリーで美味しい本格的なインドカレーを食べ、実に充実した1ヶ月であった。

小さい頃から何かお祝いごとには家族でよくインド料理を食べに行った。その頃から、インド料理は大好きで特にナンがお気に入りだ。ところがインドに来ると、ナンはちょい高く、ナンよりも薄く、味もないチャパティーが主流だった。インドの米はくせがあってまずかったので、チャパティーやナンで、カレーを毎日食べていた。

当然のように、初めの1週間は下痢をし、3回ほど微熱も出たが、今は何の問題もない。

インドは、とてつもなく大事なことを感じるのに最高の舞台だったのかもしれない。人生において何よりも大事なこと、「生きてこそ！」これに尽きる。

誰が決めるの？　結婚相手

9月3日（水）デリー（インド）

空港へ向かうタクシーの中、外を眺めながらインドの旅を回想していた俺にタクシーの運ちゃんが何やら、にやけながら例の「R」を強く発音する英語で話し掛けてきた。またセックスの話だ。

インド人の男は、ヒンドゥー教の教えのおかげで、性に対しての関心は中学生並みだ。二言目には、大概下ネタである。ヒンドゥー教の教えでは、結婚するまでは異性と関係を持ってはいけない。最近では少しずつラフにはなってきているらしいが、エロ本や、エロビデオもないし、女性の服の露出も少ない。インドの男たちの欲求はこうしてツーリストに向けられる。

運ちゃん「お前セックスはどうなんだ？　1日に何回ヤるんだ、俺なんか1日に5回だぜ」

ナオト「毎日かい？」

運ちゃん「そうさ、強いだろー！」
ナオト「すげーなー、誰とヤるんだ？」
運ちゃん「最近結婚した嫁さんだよ、毎日さ」
ナオト「最近か。おめでとう。そうとう愛し合ってるんだね？」
　すると、突然、運ちゃんの顔色が変わる。
運ちゃん「いや!! 愛してない」
ナオト「はあ？ 愛してない!? どういうこと？」
運ちゃん「愛してるわけないだろう？ ジキジキ（セックス）ラブだよ。ヤるだけの愛さ！ 愛してない」
ナオト「じゃあ、なんで結婚したの？」
運ちゃん「親父が決めた結婚。親父が決めた相手さ！ 親父はとても古い考え方の人なんだ。俺は今の妻となんか結婚したくなかったさ。めっちゃ可愛いガールフレンドがいたんだからな。5年間付き合ってて、愛し合ってたのさ。でも……。あー、ちきしょー、嫁さんと別れたいなー。別れて、ガールフレンドと一緒になりたいなー。別れようかなー。別れよう。別れてガールフレンドと一緒になろう。ちきしょう。別れてやる。絶対別れてやる！」
　インドでは両親が結婚相手を決めるらしい。結婚が自由じゃないなんて、日本人である俺には、あまりにもあり得ない話だ。話をしているうちにだんだんテンションがあがってきた運ちゃんはどうやら離婚を決断してしまったらしいが、果たして両親との壁は乗り越えられるのか。

ナオト「じゃあ、今の奥さんと別れて、そのガールフレンドと結婚して、子供ができたとしよう。その子供が大きくなった時、その子供の結婚相手は誰が決めるの？　子供？　あんた？」

運ちゃん「俺か、奥さんが決める」

ナオト「ぷぷー！（吹き出す音）なんでやねん。変わらんやん！　お前の親父と変わらん。古い考え方やん。あかんよ！　子供に決めさせてあげないと！」

運ちゃん「そうか。わかった。わかった」

そんな人生相談風会話をしているうちにタクシーはニューデリーの空港へと着く。

さあインドを発ち、４ヶ国目、いざトルコへ！

SHOOT 3
♪セニセビヨルーン ナオト即興トルコ語ソング炸裂！

ウズベキスタン（タシケント）〜トルコ（イスタンブール／カッパドキア）

こんな所であのBluem of Youthに!!

9月4日(木) タシケント(ウズベキスタン)

ウズベキスタンの首都タシケントの空港で、トルコ、イスタンブール行きの便の連絡待ちをする。なんとも適当な空港職員の対応に、旅行者たちは右往左往させられる。どこでチェックインをすればいいのかと尋ねても、ただただ「ここで待て」と言い、何時にチェックインかと尋ねても、ただひたすら「ここで待て」と繰り返す。

そんなウズベキスタン人に翻弄されている客の中に、なんとなく見覚えのある顔があった。日本人であろう。会ったことがあるのか、それとも、知り合いに似ているだけなのか。あっちもなんとなく、こっちの存在を気にかけているようにも見える。誰だろう。

顔を確認し、自分の記憶の奥の方の、これまでの人生の出会い辞典のページを必死にめくってる途中、あっ!! もしかして。いや、まさかこんなとこで会うはずが。いや、そうであろう。もし、そうだとしたら、もう一人、相方がいるはずだが……。あ!! いた。そうだ。間違いない! 彼らだ。

「雷波《らいは》少年」でロシアを横断した二人組、「Bluem of Youth」だ!

一度、誰かのライブ会場でご挨拶したことがあって、松さん(松ヶ下宏之)とは軽く面識があった。

　思い出すと同時に、近寄っていって話しかける。

ナオト「ブルームの方ですよね」

松さん「え？　は、はい」

ナオト「あ、俺、ナオトっていう歌を歌っている者なんですが、ほら、前に一回どっかでご挨拶させていただいたことあって……」

松さん「そうだよね、俺もどっかで見たことあると思ってたんだよねー」

ナオト「ですよねーー」

　そんな会話から始まり、初対面のユージ君（別所ユージ）も含め、そこは完全日本の居酒屋へと早変わりしていた。日本から買ってきたというビールとおつまみの残りをいただき、日本人としての俺の味覚がよみがえった。

　日本の梅しば、かきピー、いか、すごい。まじでうまい。さっぱりした味。インドから来た俺にはなんとも、この味が懐かしかった。

　ブルームは、あの企画以来ロシアでの音楽祭に毎年招待されており、今年もそのライブのために、モスクワに向かう途中であった。

　まずは、このありえない出会いのことで持ちきりである。

俺は、インドからトルコに入る途中の経由地として、今ここウズベキスタンにいて、ブルームは、日本からロシアに入る途中に、今ここにいる。

いわば新宿駅で俺が山手線から、都営新宿線に乗り換える途中に、小田急線から、丸ノ内線に乗り換えようとしていたブルームの二人に会うような感じの、ワールドスケール版である！

会わない可能性は無限にある。そのうちのひとつの確率で出会った。

俺がデリーを出る日は完全に予定外であった。デリーには4、5日いるはずが、安いチケットは今日の便の次が、5日後といった具合だったので、仕方なくデリーを2日目に飛び出した。

今俺がここにいる確率だけでも相当低いはずなのに、そこにブルームがいて、今こうして話に花を咲かせている。ブルームのこれまでの歴史や苦労話、あの「雷波少年《らいは》」のロシア横断のさまざまなエピソードを聞いたり、逆に俺の話や俺の曲を聴いてもらったり。

楽しい時間は早く過ぎるもので、あっという間に4時間ほどの居酒屋タイムは過ぎ、モスクワ行きの便に乗るため、ブルームの松さん、ユージ君、事務所の方2人計4人は、ロビーを後にした。

空港に着いた時と同じように、また独りに戻る。

彼らと違って、俺は全くの独り。

独りで、にやけた。

集団というものに、少しうらやましさを感じると同時に、独りという自由さに誇りすら感じた。独りというのはどうやらいちばん強いのかもしれない。

そして俺もいつかは、ライブをしに絶対海外に行ってやろうと自分に誓った。

マジデ？ ギャル語操るトルコの女の子

9月5日（金） イスタンブール（トルコ）

トルコのイスタンブールの街は、明らかにインドとは違った。住み心地がよさそうである。

まず、道路に牛の糞がない。街全体がいい匂いである。清潔である。ちょっと寒いが、湿気がないので快適だ。

人も信用できそうだし、何といっても女の子がカワイイ!! スタイルもとてもいい。

ここはヨーロッパだ。物価はインドに比べるとかなり高い。宿はドミトリーでも1泊720円する。

旧市街、新市街と練り歩く。なんともいえぬ心地よさを感じながら。すると、3歩歩くごとに目に付くポスターがあった。初めは気に掛けなかったが、あまりに目にするのでいい加減内容を読んでみないわけにはいかなくなった。

どうやら「Rockn' Coke」という音楽フェスティバルが6、7日の両日イスタンブールで開催されるということだ。トルコ人のバンドや、なんとヨーロッパからはカーディガンズや、ペットショップボーイズなどのビッグネームも確認できる。

もう少し調査を進めると、トルコ最大級の野外イベント（コカ・コーラ主催）の1回目ということで、テレビでも新聞でも大きく取り上げているらしい。日本でいうフジロック級であろう。これは見に行かないといけないでしょう！　このタイミングでここにいるんだから。

だんだん気持ちが盛り上がってきて、早速チケットを買える店を人に尋ねるが、英語が通じないというのは、なんとめんどくさいことか。あっちだと言われ行ってみると、今度は今来た方向を指し、あっちだと言う。

たらい回しにされてようやく店に辿《たど》り着くと、トルコ人の若者に声を掛けられる。

「ニホンジンデスカ？」

あまりにも不意打ちだったので、俺までなまって「ハイ、ソーデス」と答えてしまった。

「マジデ？」などを使いこなし、日本の若い子の日本語をしゃべる。彼女の名前はエニセ。ついこの間まで、日本に1年間留学していたという19歳の女の子。

ギャル語をあやつるエニセ

レストランで聴くトルコ伝統音楽

もう一人の女の子は、ヨーロッパ的な顔立ちをしたデニス。英語が達者でよくしゃべる。

21歳の男のエフェムは、幾分体の大きな、黒い顔立ちをしたアメリカ育ちのナイスガイ。

「ロッキン・コークに行こうと、チケットを買いにきたんだ」と言うと、エフェムが、「マジか!? 俺も行くんだ。一緒に行こう!!」と、すんなり同行が決まった。

そのあと、さらにサルプという男も加わり、5人で飲みにいった。トルコの伝統音楽を生演奏している雰囲気のいいお店だ。

そこで、トルコと日本について語り合った。

トルコは、ほとんどの人がイスラム教信者（モスリム）である。イスラム教のことをいろいろ話していると、面白いことが判明する。最近の若者は、どうやらお祈りを頻繁にしていないようである。

エニセ「だってー、忙しいもん。そんなモスクとか行ってる時間ないしー。若者はほんと行かないねー、モスク。1日5回のお祈りも無理だよ。時間がない。うちのお母さんは最近、モスクに行き出したよ。死が近づいて来たからねー」

ナオト「今までお祈りをしてなかったのに、急に始めて神様は許してくれるの？」

エニセ「わからない。大丈夫じゃない……？」

年々深く信仰する人は減っていっているそうだ。

これから発展を遂げようとしている国は時間が貴重である。勉強しなければならないし、働かなければならない。

かつて世界史上最も広い面積を誇ったオスマントルコ!!　南ヨーロッパから西アジア、北アフリカまですべて統一してしまったという、とてつもなく強い国だったトルコ。今では小さい国になってしまったが、もう一度あの栄華を目指すべく、イスタンの中心街の時間の流れは確かに速く感じられた。

教育に対していちばん感心したのは、中学か高校を卒業した後、みんな1年間語学だけを勉強することである。

英語やドイツ語やスペイン語。

自分で選択した語学学校に進む。すごくうらやましい教育システムだ。

俺ら日本人は大学を卒業するまで10年間英語を習っていながら、ほとんどの人が自由に英語を操れない。外国人と話していて、「何年英語を習ったんだ?」と聞かれるたびに「10年」と答えるのが、どれだけ恥ずかしいか。日本の英語の教育システムの改善を願う。

でも、英語に限らず語学は、習うものじゃなく必要性を感じて自分からやらないと、結局はものにならない。日本にいる分には、まったく必要がないのでやる気になれないのだろう。

エフェムとサルプと俺の男3人で、あさってのロッキン・コークの待ち合わせ場所・時間を決め、みんなと別れる。その国やその街を深く知るには、その国の友達をつくるに限る。イスタンブールで偶然の最高の出会いをし、ほろ酔い気分で心地よく誰もいないドミトリーでひとり眠る。

'02年W杯で日本がトルコに負けた理由

9月8日（月）イスタンブール（トルコ）

ロッキン・コーク野外フェスティバルinイスタンブール！

ベストパフォーマンスは、スウェーデンのポップバンドのカーディガンズ！　2曲のメガヒットは、世界中の人々が口ずさめるような、キャッチーなリフで、1万5000人のトルコ人が埋め尽くす会場は揺れに揺れていた。

ペットショップボーイズが、見事に期待を裏切った代わりに、トルコのスカバンドのアテネが、実に盛り上がる。地元バンドということもあり、みんながトルコ語で大合唱！　会場が一つになった熱くすばらしいパフォーマンスだった。

1年に1回、しかも1回目のこのイベントのタイミングに、イスタンにいられて幸せだ！いろいろ、パフォーマンス面で刺激を受けた、実に内容の濃いイベントであった。

昨日のロッキン・コークの興奮がまださめやらぬ中、イスタンブールの街を歩いていた。

ふらふら街を探検している途中、サッカーコートに出くわす。サロンコート（4対4のミニゲーム）だ。ここは一発やったらな、あかんな。

そして、「俺は日本から来たんだけど、一緒に混ぜてくれよ！」と伝えると、快く自然に入れてくれる。

相手は、おじいさんがいたり、たまたま通りがかった郵便屋さんがいたりで、見かけはいかにもサッカーのできなそうな人たちであった。その時はまだ、トルコのサッカーをなめていた。

試合開始からしばらくは、うちのチームも好調だった。リフティングで相手の頭上を越し、そのままシュート！　ゴール!!　そんな俺のスーパープレーも飛び出し、次第に集まってきたコート周りの観衆30人くらいも、ドレッド日本人のプレーに大きな声援を送ってくれた。

ところが、次第にペースは相手チームに奪われ、苦しい展開になる。サッカーでボールを一方的に回され、点を入れられ続けるほどつらいことはない。手も足も出ない（まあ、手はそもそも出したらダメだが。笑）。

何だ。なんでだ。

うちのチームと、相手チームの違い。何だ？

うん？　あのじいさんだ。

あのじいさんの役割をしてる奴がうちのチームにいない。チームの心臓だ。

一見、前の攻めの2人が得点を量産し、活躍してるように見えるが、実はチームのバランスをとってるのは、間違いなくあのじいさんだ。日本サッカーの特徴であるクレバーさ。これでなんとか対応できないものか。俺は必死に、中盤でバランスをとり始める。すると、みるみる巻き返し、対等な試合展開になってきた。しかし、終わってみると、大敗であった。

それまでトルコサッカーをなめていた。

トルコに来るまで、トルコと日本のサッカーのレベルは一緒ぐらいだと信じていた。2002年、ワールドカップの決勝トーナメント第1戦を仙台に見に行った時、トルコに0対1で負け、悔しい思いをした。勝てた試合だったじゃあないかと心から思っていた。トルコの3位という結果もまぐれだと受け止めていた。

しかし、違った。ここには確実にサッカーの文化、かつてブラジルで感じたようなサッカーの文化が確実に存在していた。街を歩けば、いたるところでミニサッカーコートが目に付くし、国内プロリーグの地元チームへの市民の熱の入れようはほんとにすごい。

ロッキン・コークの帰りのバスで、エフェムとサルプが、トルコ語で「ベキシタシ（イルハンのいたチーム）はいちばん強いんだ!!」と、自分たちの好きなチームを崇《あが》める言葉を俺

ストリート・サッカー　with未来のトルコ代表

海外でも長い！　ライブのMC@カッパドキアのレストラン

に教えていた時のこと。突然近くに座っていた若い女の子がすごいムキになった顔で、「それは違うわ!! いちばん強いのはガラタサライよ!」と、俺らに立ち向かってきた。まじ、日本じゃありえん。俺が「レイソル一番!」と言ったら、「いや、ジェフの方が強いんだから!」と、本気で熱くなれる千葉の女子高生はどのくらいいるんだろうか? 日本はまだファンレベルでしかサッカーが浸透していないが、歴史の長いトルコでは市民レベルでみんなが地元チームを愛しているからなー。

トルコ代表がワールドカップで3位になったことは全然まぐれではなく、納得の結果であると気づかされた日だった。

トルコはヨーロッパ? それともアジア?

9月10日(水) イスタンブール(トルコ)

ようやく、シリアのビザをゲットし、イスタンブールを出る時がきた。

トルコのイスタンブールという都市は、来る前から非常に魅惑的な街だと感じていた。そして実際に来てみても、何かわかりきれない魅力が残っている。

ヨーロッパなのか、アジアなのか?

モスリム（イスラム教信者）なのか？　あまり深く信仰してないのか？
街を歩いている人は、アラブ人なのか？　ヨーロッパ人なのか？
イスタンの旧市街に、典型的日本人宿「ツリー・オブ・ライフ」という安宿がある。そこに泊まっている旅人に情報をもらおうと、泊まりはしなかったが何度か通った。人からの情報集めは大事だ。

話をしていると、面白いことが分かった。俺のようにアジアからトルコに入った人は、ここをヨーロッパだと感じ、ヨーロッパからトルコに入った人は、ここをアジアだと感じるというなんとも不思議な国だということだ。

確かに、中心の町はきれいでヨーロッパ的な造りで、歩いている人もヨーロッパナイズされているが、その一方で、物乞いもいるし、平気でぼったくろうとするし、アジアの発展途上国の匂いもする。

ここ、イスタンブールは地球の東西の重要な交差点である。
アジアから、ヨーロッパから、そしてアフリカから中東を抜けてトルコへ入ってくる。そしてここですれ違い、また違う方向へ旅をする。

かつて飛行機などがなかった時代は、世界の貿易や、さまざまな文化交流の交差点で、極めて重要な街だったに違いない。

そんな位置にあったからこそ、いろいろな文化が混ざり、いろいろな人種が混ざり、他の国にはない異色で、かつオリジナルな現在のトルコという国になっていったのだろう。トルコはヨーロッパでもなく、アジアでもなく、トルコであるのだなあ。

カッパドキア永住のすすめ

9月12日（金）カッパドキア（トルコ）

カッパドキアは、ギョレメという街を拠点とする一帯を指し、「関東平野」みたいな総称である。

昨日ここギョレメに着いてから、ろくなものを食っていない。というのも、どうやって残りわずかのトルコ・リラで、トルコを脱出するかが大前提にあるからだ。

もうすぐシリアに入るのに、3日やそこらのためにドルを両替するのは馬鹿らしい。しかし、ギョレメは観光地ということで物価はやや高めだ。レストランで食事しようものなら、500円から1000円はかるくいってしまう。日本と変わらん。貧乏バックパッカーにはそれは無理だ。

そこで、編み出したのが、フランスパン大作戦！　こぢんまりした店で、0・2ミリオンリラ。実に20円弱で、20センチほどのフランスパンがゲットできるのだ。
昨日の朝、昼、夜と3食とも、これで済ます。
今朝は奮発し、ジャムをつけ、さらにジュースまで飲んだ。でも、85円程度。いい具合にセーブできている。
そして今日は1日、カッパドキアを回るバスツアーに参加。昨日、近場のスポットは自力で回ったので、遠くにある目玉の場所を見て回るツアーである。
集合場所で、パンをかじりながらバスを待っていると、目の前のレストランのママが近づいてくる。
ママ「どうしたの？　その髪は？」
ナオト「いやいや、どうしたって。かっこいいだろう？」
ママ「あんた学生なのかい？」
ナオト「いや、歌唄いだよ」
ママ「本当かい？　うちのレストランで毎晩、トルコの伝統音楽のライブしてるわよ。見にいらっしゃい。ところであんた、本当に歌えるのかい？」
ナオト「本当さ。聴きたいかい？　ギターはあるかい？」
ママが手際よく持ってきてくれたのは、6弦のないぼろぼろのギター。自分の曲「宇宙一お前を好きな男の歌」を唄ってみせると、感動してくれたママは、「すごいじゃないか! あんた今晩ここでライブやんな! そんなパンかじって、どうせろくなもん食べてないんだろう? ライブをやってくれたら、ディナーご馳走してやるからさ」と。

ライブ、ディナー、ただ飯……おお!! なんとすばらしいのだ! うってつけだ! よっしゃー。歌うぜー。

話が成立するとすぐ、まるでタイミングを見計らったかのように、ツアーバスがやってきた。夜飯を確保した今、ツアーを最大級に楽しもうではないか。カッパドキアの初めの見どころ、ピジョンバレー。この谷はかつて、鳩のフンを畑の肥料にするために、大量の鳩を飼っていたというところだ。一斉に飛び立つ鳩の影は、この谷が真っ暗になるほどであったと。

次の目玉、「地下都市」にやってくる。ここはいくつかある地下都市の中でも最大級の規模のものだそうだ。地下8階まであるというその都市は、入ると肌寒く、ひんやりしている。ここに、キリスト教信者たちがなんと1万人も暮らしていたというから驚きだ。地下にか? 神秘だ。どうやって掘ったのだ? どのくらいの年月? それは、まだ解明されてない。謎だらけだという。

その後、ウフララ渓谷を1時間ほど、すばらしく平和なハイキング。

午後、あの『スター・ウォーズ episode 1』の撮影で使われたという、三角のとんがり

旅の道連れET君とカッパドキア

違う惑星に来たかのような景色

岩が何個も連なっているところを見に行く。

ギョレメに戻る途中で、湖に立ち寄ったり、陶芸見学をしたり、また、1つの岩の上にキノコ形の3つの岩が乗っているなんとも奇妙な岩を見に行く。まるで男のシンボルのような形。その形を見て興奮してしまうレイディーも少なくないはずだ。自然にできたというのだから、参ってしまう。神秘としか言いようがない。

日もすっかり暮れ、夜の8時前にギョレメに帰ってくる。

さあ、いざ、飯をいただくべく、ライブである。レストランに着くと、もうすでにトルコ人3人組が生演奏をしている。サズという弦楽器を片手に綺麗な声で歌いあげているロバのような顔のハンサム男。

アラブの太鼓タルブカをリズムよくたたいているのは、中学生の時、生活委員であったであろうまじめそうな顔つき。

でかいタンバリンのような打楽器をたたいているのは、ロン毛のナルシストといったところか。

俺に気づくとママが寄ってきて、「この後にやんなさい。お腹減ってるんでしょう？　そこ座んな」と言い、早速トマト系パスタ料理とスープとパンをいただく。久しぶりのまともな食事だ。あっという間にたいらげた。

伝統音楽の演奏が一区切りつくと、俺の番になる。

ギターは相変わらず、6弦がない。他のはないか？　と聞くと、持ってきたギターは、今度は1弦がない。

さあ1弦なしか？　6弦なしか？

普通ならベース音は大事なので6弦を必要とするだろうが、屋外でやや音が通りにくいこの環境では1弦の高い音は届きやすく、表現しやすいだろうと判断し、6弦抜きギターでライブを始める。

1時間弱歌ったあたりから、何度終わろうとしても、地元トルコ人のおっさんがアンコールを繰り返す。

終わらんやん。まだ、満足してないんやなー。

よっしゃー、満足させたるわい!!　そこから、なおと即興トルコ語ソングが炸裂《さくれつ》。

「ナッスルスン（調子どう？）!!　チョッキイイーム（まじ最高さ）！」を繰り返し、お客をあおる。

続けて、「テシェキュレデレン（ありがとう）」を、ノリのいいリズムで歌い、最後の最後には、とっておきのこれだ！

「セニセビヨル〜ン（愛してるよ）」

こいつを実に甘いメロディーに乗せて歌い上げる。

トルコ人のお客さんは、大喜び、歓声、拍手！　そして、実に1時間半にわたるソロライブ、ようやく終わらせてもらえた。

その後、地元ミュージシャンとのセッションが始まった。ロバに似たハンサム君の後に続けて、意味もわからないトルコ語をリピートして歌っていた。

観衆は、ドレッド日本人のつたないトルコ語に、夢中になって目でエールを送ってくれる。15分くらいして、ロバ君の歌のテンションがあがってきた時、今だ!!　ロバ君の言葉を繰り返すと見せかけて、

「セニセビヨルーン!!」

お客、大うけ！　大爆笑の渦!!

楽しい楽しい時間は、日付が変わってもまだなお続いた。

ライブが終わって、ママがまたもやご馳走をくれた。ボーナスまでご用意していただいて。フランスパンにしかありつけなかった俺の食欲はフル回転で、料理を味わった。その料理の温かさは、昼のカッパドキアツアーの感動を忘れさせてしまったほどであった。ママの旦那やら、息子やら、いとこやらのファミリーに囲まれ、幸せなひと時を過ごした。

そして、ママが真剣な顔で何か俺に言おうとしている。

「ナオ！　あなた、今SOSゲストハウスに泊まってるのよね。もうそこから出て、家にいらっしゃい。そしたらホテル代もかからないし、朝、昼、晩と食べさせてあげるわ。あなたは毎晩、ここで歌っていればいいのよ。ね？　ね？」

びっくりした。

そのママの言葉に驚いたというより、「はい」って言おうとしてる自分にだ。

危ない、危ない。だめだ。

明日のシリア・アレッポ行きのバスのチケットをもう買ったし、しかも、これからまだまだ回りたい国がいっぱいあるのだ！

非常にうれしい心躍るお誘いではあるが、残念ながら今回は丁重にお断りすることにしようか。日本を出て40日目の、選択であった。

SHOOT 4
35人のシリア人出稼ぎ男たちとアラビアンダンス

シリア（アレッポ/ハマ/パルミラ）〜レバノン（ベイルート）〜ヨルダン（アンマン）

シリアは歌舞伎町の1000倍安全な国

9月15日（月）アレッポ（シリア）

今まで行ったことのある国は、街の看板のアルファベットの文字を、なんとなくでも発音できたし、数字は共通なのでわかった。

ところがここに来て、ここまで手も足も出ない文字は初体験であった。

アラビア文字。

まったく読めない。しかも右から左に読むらしい。値段の表記もなんか訳のわからん象形文字。これはなんでもインド数字の文字らしい。アラブの国々ではインド数字の文字を使い、インドでは、アラビア数字を使うとか。

（そうやったんやー……）

なんでやねん！　逆やないか！　シリア人もこの不思議に首をかしげていた。

とにかく、字がまったく読めん。蛇やら精子みたい（笑）のがいっぱい文字の中で泳いでいる。

シリアの北方の町、アレッポに入った。

トルコのイスタンブールから中東を通り、エジプトのカイロまでバスを乗り継ぎ陸路で行こうという計画だ。当初の予定ではトルコからギリシャに入り、ヨーロッパを抜けようと思っていたが、きれいな国は、将来新婚旅行で奥さんと「うわーきれいー」って一緒に感動すればいいかなと考え直した。

そして、この旅の途中、数々の旅人たちが中東の魅力を教えてくれ、次第に中東の安全に対しての不安よりも、期待の方が勝るようになる。

平和を強く願う人間として、長い間解決されないこの中東問題を、実際、少しでも自分の目で見、自分の体で感じたいと思ったのだ。

何も決まってない旅は、こういった順路の変更がいくらでも利くところがいい。自分の直感に身を任せ、行きたいと思った国に行く！「生きてこそ」が大前提だが……。

「シリア」この国に対して日本人はどういったイメージを持つであろうか？

危険、危ない国。

そんなイメージがまず浮かぶのではなかろうか？（実際親や友達から心配メールが相次いだ）

アメリカのイラク攻撃の後、次の標的はシリアか？なんて報道もあって、俺自身もそれほどいい印象ではなかったのは確かである。

ところが、一歩シリアに入って、街を歩き、人と触れてみると、そのイメージとのギャップの大きさを痛感した。

ほんとにシリア人はみんな底抜けに明るく、かなりの親日で、

「日本人の方、シリアにようこそ!! 楽しんでってねー！」っといったような笑顔で声をかけてくれる。

子供たちは、くったくのない笑みではしゃぎ、大人や老人も子供のまま育っているような、ほんとにきれいな純粋な笑顔をしている。

そしてお節介一歩手前ぐらいまで優しいし、インド人のように人を騙さない。

もちろん、悪い奴は中にはいるだろうが、それはどの国にも存在するし、日本でも悪い奴を数えたらきりがない。

何しろ、最高な人々なのである。まじで、大好きだぜ！ シリア人！ と大きな声で叫びたいくらいだ。

夜一人で歩いていても危なくないし、とても安全な国である。歌舞伎町の方が２００倍も危険であろう。

シリアに来なければ、この状況は絶対に感じられなかっただろう。それだけでも来てよか

ったと思う。

日本にいると、中東のイメージは主にテレビなどのメディアを通して創られる。しかもテレビの情報といったらアメリカ寄りであり、アラブの国の方が問題であるといった視点からの報道が多いのが現状だ。

アレッポ城に登った時に、3人のシリア人の大学生に会い、2時間ほど、語り合った。

初めはたわいもない話をしていたが、だんだん中東情勢の深刻な話になってきた。

「どう思う？　イスラエルの国の話。シリア・レバノン・ヨルダン・パレスチナはもともと兄弟なんだ。そんな兄弟があんなにされたら、やっぱりおかしいと思うんだ。もともと俺らの土地なんだぜ。あそこ、イスラエルは。もし君がある日、家に帰ったら誰か知らない奴が君の家にいて、ここは俺の家だ、出てけって言われたら、どう？　イスラエルは、それと同じことをしているんだ。それをアメリカが武器を売ったり、イスラエル軍を支援するのさ。アメリカはだめだ。世界征服をしたいだけなんだ。イラク攻撃も結局、石油がほしいだけなんだ。………続く」

なるほど、話には聞いていたが、生の声でアラブ人の素直な気持ちが伝わった。

アメリカ批判は、いろんなところで聞くが、果たしてアメリカが間違っているのか？　アメリカがかかげる正義とは何なのか？

どちらにしろ、アメリカに対する日本の立場は、あの敗戦以後ずっとこの先も変わらないだろう。その場合の日本の、そして日本人としての役割は何であろう？　ヒロシマ・ナガサキ、唯一、原爆を受けた国としての平和への強い願いを、どうやって掲げればよいのか？

もし、このまま第3次世界大戦が勃発したとしたら、俺らは間違いなくアメリカにつかねばならなくなり、こんな善良なアラブ人の血を流す手助けをすることになるのであろうか？

一方のイスラエル人の話をまだ聞いていない今の俺には、公平に判断し、結論を出すのは難しすぎる。もっともっと勉強したい気持ちになった。今の俺には、まだ自分の意見をまとめるには情報が少なすぎる。この中東を歩き終えたら、何かしらの気持ちが生まれているかもしれないな。

人生史上、唯一体をゆだねた男

9月17日（水）アレッポ（シリア）

ハンマームと呼ばれるお風呂がトルコにある。そういえば、かつて日本の風俗の代名詞といえば、トルコ風呂だったそうですね、お父さん。

トルコのハンマームは有名であるが、値段が高い。シリアにも同じものがあるという情報を得て、シリアで行くことにした。

ギョレメからのバスで一緒で、アレッポでも同じ宿に泊まっている、英語の下手なフランス人、ギヨムと二人でハンマームに向かう。

綺麗なつくりのものというイメージを大きく裏切り、ぼろく、古びた庶民的なつくりであった。そこに、白ひげのじいが一人、待ち受けていた。

「よう来たな！　アカスリ&マッサージじゃな」

と、たぶん言ったのであろう。そのコースで頼もうっ!!

サウナな部屋で、汗をかきまくる。背の高いギヨムと二人でうつ伏せになっているその姿を上からみたら、きっと「リ」という人文字であろう。初めは、温かい床に体をつける快感から、二人の会話も好調であったが、15分、30分と経つにつれ、しゃれにならないふやけ感&のぼせ感に、マックのしなしなポテト化していた。

45分から1時間が経とうとした頃であろうか、救世主・白ひげじいが、勇敢にも助けに来てくれたではないか？

早くここから出してくれー！

そして、白ひげじいは、俺だけを連れ、別室へ向かった。

それからは極楽であった。至福の瞬間であった。

熱湯を体にかけ、旅の間に俺の体に付着しているアカだの、汚れだの、匂いだの、あらゆるものを、白ひげじいのアカスリテクニックで、次々に退治してくれるのだ。

強く肌をこするので、時に部分的に痛さもあったが、その痛さがまたたまらなく気持ちいいのだ。そんなマゾヒズム的快感は、新たなるステップである解放感へと導かれた。

初めは照れや、警戒心があった。一応腰にタオルは巻いてるものの、どこまでやるのか？　どこまで触ってくるのか？　しかも、息子が勃《た》っちまったらどうしよう？

気持ちよかったら、うかつにもありえてしまう。

禁欲中の息子よ！　落ち着け！　落ち着きたまえ！

ばか、そんなこと考えたら、余計に神経がそこに集中しちまう。

考えるなー。考えるなー……っていってる時点で、考えてるー!!

宿の人の話では、中にはセクハラチックなアカスリ師も存在するという。そうかー、女の子は大変だなぁ。っと、思った時に、「男にでさえね」その言葉が甦《よみがえ》る。

白ひげじいは大丈夫かなー？　変な気持ち入ってないかなー？

そんな警戒心とは裏腹に、白ひげじいはゴシゴシ手袋型アカスリタオルで、ひたすら仕事を続けている。

時折、たぶん唯一知っている英単語であろう「Good?」で、俺の気持ちを確かめる。俺の返事の「Good……」はだんだん、快楽から力の抜けたいやらしい声になっていることが確認できる。

そして解放感がマックスに到達した時、すっかりはだけたタオルは、あってもなくても同じ状態になっており、白ひげじいも別に何も気にする様子もなくラストスパートをかけようとしている。

まじで気持ちいい！ もう、いっそ、触られてしまってもいいかも……？ むしろ触ってしまえばいいじゃない……。白ひげじいに、完全に身をゆだねた瞬間だった。ここまで、男に体をゆだねたのは初めてだった。どうにでもなれと。日本ではありえないだろう、日本人のおっさんに、俺はここまで裸になれないんだろうなと思った。

まさに至福の時は、実際は20分くらいであったのであろうが、実に2時間ぐらいのような楽園気分を味わった。

完璧に綺麗になった体を盾に、いざ前進あるのみだ！ 旅をリフレッシュさせてくれた白ひげじいに、感謝。あなたは、俺の人生史上、唯一体をゆだねた男の方です。

『天空の城ラピュタ』のモデルとなったお城

9月19日（金）ハマ（シリア）

アレッポ城でモハメド・アリと名乗る一人の男と仲良くなる。

モハメドはアレッポ大学に通っており、大学に面白い友達がいるというので、次の日に会ってみることにした。シリアでいちばん日本語が達者なシリア人であるアハマドだ。

アハマドは、シリアの全国日本語テストで一番になり、日本政府から日本に2回も招待されているのだ。各国から日本語ナンバーワンが一人ずつ招待されて、50ヶ国ほどの各代表が、1週間ほど日本で生活をするというのだ。つまりアハマドは、日本語シリア代表である。すごい。すごすぎる!!

今日返却されたという大学の日本語テストの答案用紙を見せてもらうと、77点であった。が、しかし、よくそのテストの内容を見てみると、問題はきわめて難しく、しかも全部日本語での質問である。謙譲語や尊敬語が入り混じり、さらに漢字の読み書きまである。

俺がやっても難しいのに……77点!! こやつ、やはり、すごい。

なんでも、アラビア語は、ネイティブ。英語は、かなりのグレイド。さらにスペイン語にフランス語、しかも日本語もこんなに達者。

23歳。一コ下……。

デブ……メガネ……汗……でかい……いい奴……マジでいい奴……。

俺のアラビア語と英語の先生……RESPECT! AHAMADO!!


出会いは時に、旅のスピードを遅くする。

アレッポには、2日もいれば充分だと思っていたのに、うっかり4日も滞在した。

そしてアレッポからバスで2時間南へ行ったハマという、水車で有名な田舎の町に来た。

この町を、「クラック・デ・シュバリエ」というお城と、世界遺産パルミラ神殿に行く拠点にするためだ。

アレッポから一緒だった日本人カップルと、ハマに来てさらに急激に仲良くなる。将来医者になるというたくろうと、ダンスをやっていたという元気はつらつの、かっすん。波長が見事に合い、しかも二人とも俺とタメであり、一緒にいる心地よさを感じるようになる。

ハマに来て2日目、彼らとクラック・デ・シュバリエに足を運ぶ。ここハマからセルビスというワゴン車を使ったミニバスで、ホムスという町まで、50分。ホムスから、違うセルビスに乗り換え、1時間したところの山の上にある。

クラック・デ・シュバリエ。訳すと、シュバリエ城。

それは、あの『天空の城ラピュタ』のモデルとなったお城と旅人の間では言われている。

シリアではこういった公共の建物の入場料が3種類ある。外国人、シリア人、学生。学生は、値段が10分の1や20分の1になる。そんな旅の知識は身につけていたので、バンコクのカオサン通りで作った偽国際学生証を入り口でかざすと、400円近くするところが、一気に25円になる。すごい効果だ。

いざ、中に突入していくと、城の中は昔のままの状態で残っており、広い敷地に迷路のように部屋が連なっている。

十字軍が建てたと言われているが、その後イスラム教のマムルーク朝が乗っ取ったため、ヨーロッパ形式と、イスラム文化の融合で、異様な雰囲気が醸し出されている。

ここの壁はヨーロッパっぽいが、天井はイスラムかな。

ここからたくさんの兵士たちが、戦いに出かけて行ったんだな。

頭の中で、その当時の暮らしをフル回転で想像してみる。

その映像はこの城にぴったり合い、この城の現役時代にタイムスリップした。

城の頂上からの眺めは、絶景である。あたり一面に平野や山が広がり、町のありかも確認できる。やや強めの風が心地いい。

お城の中で3人で終始繰り広げられたラピュタごっこ。

『ラピュタ』のモデルになった城

見事な眺めのこの地で、シータ役のなおとのこの呪文で、ラピュタごっこも幕を閉じる。

「リーテ・ラトバリタ・ウルス・アリアロス・バル・ネトリーヌ」

大家族アハメッド家に宿泊

9月22日（月）パルミラ（シリア）

シリアに入ってアレッポ、ハマに続いて3つ目の町、パルミラに向かう。

パルミラは、古代シルクロードに残る最も魅力的な遺跡であると言われており、余裕で世界遺産である。

ハマからバスで3時間、夜の9時半にパルミラに着く。夜に新しい町に入るのは、何かと不利である。足元を見られがちである。

いかがわしいタクシーの運ちゃんや、ホテルの勧誘マンが寄ってくる。高い値をふっかけてくる。

寄ってくるのは、基本的にはぼったくろうとしている奴らが多い。一瞬その余裕のなさから、もうこれぐらいのところでいいかと、手を打ちそうになる。しかし、しっかりと気を持ち直す。

ハマで情報をゲットしているサンホテルの場所を探すために、そばにあったレストランに入る。しかし、英語をしゃべれる人がいない。今、自分がどこにいるのかも分からない。困った。持っている情報はサンホテルだけだ。自力で探すしかないのか。レストランを離れる。

道路では、2人の子供を連れているお母さんが迎えを待っているようだ。少しやつれ、お金持ちではないと、ひと目でわかるような苦労人の顔だ。このお母さんはハマから同じバスに乗っていたので、何回か目で挨拶はしていた。そのお母さんにサンホテルの場所を尋ねる。

すると、どうやらうちに来てもいいというようなジェスチャーをしている。

願ってもないお誘いである。本当かな？

確認のため、こっちからも「ほんとに、あなたの家で寝ていいの？」といったジェスチャーを返す。

「もちろんよ。来なさいよ!!」

これは信じていいようだ。

そして迎えがくる。夫か？　と尋ねると、どうやらお兄さんらしい。

トラックの後ろに飛び乗る。パルミラの夜の風がビュンビュン顔に当たる。どこに連れて行かれるか分からない不安感よりも、どんな家なんだろうという期待感の方が明らかに勝っている。

15分くらい経ったであろうか。家の前に止まる。

家から人が次々に出てくるわ、くるわ。大人も子供も、初めて来た日本人に驚いているようだ。歓迎モードで、家の中に案内される。すると、さらにその敷地の中にまだ人が大勢いるではないか。

大家族である。

どうであろう、シリアにおいて中の上といったところか。想像していた家とは違い、普通の家で、貧しいといった様子は見られない。連れてきてくれたお母さんのラミヤの旦那だというムハンマドがいろいろ世話をしてくれる。

ムハンマドにまずは、家族構成を聞くことにした。

親子3代にわたるビッグファミリー、アハメッド家。

じいさん、ばあさんの子供は、男3人、女8人の11人きょうだい。男は3人ともすでに結婚しており、子供がたくさんいて、その3家族が一緒に住んでいる。さらに、8人の娘のうち、結婚していない3人がこの家に残っている。その数、総勢28人。同じ敷地にだ。

中心にテラスがあり、そこに面して部屋が7個ほどある。

なにしろ多いのは子供の数で、じいさんばあさんは、いつもこれだけたくさんの孫と一緒

すっかりアハメッド家の一員

すっかりアラブ人に変身

に暮らせて幸せそうである。

家族の中にムハンマドは3人いるし、アハメッドも3人いる。名前がかぶりすぎである。1人を呼んだら3人が振り向く。

しかもアハメッドは、苗字《みょうじ》と名前が一緒ということだ。

俺の名前が「ナオト　ナオト」だったら、困るだろう、いろいろと……。

食事やチャイ（紅茶）をいただき、寝る部屋を用意してもらい、至れり尽くせりのおもてなしを受ける。

移動で疲れていて、しかもどこにいるのかも分からなかった状態から、一気に快適な家にいる自分。まさかの逆転サヨナラホームランである。

子供たちはほんとうに澄み切った目をしている。

家の外では宗教上、黒い服で顔まで覆っている女性陣も、家の中ではラフな格好で活き活きしている。「これ、超暑いのよ、着てごらん！」と手渡される黒い布（モスリム女性のこの格好は『千と千尋の神隠し』好きの俺にとって「顔なし」に見えてしょうがない。ハヤオさんはきっとヒントにしているに違いない）。

街では見られない姿や生活感に触れることができて、よりシリアという国を深く知れた気持ちになった。

夜遅くまで話をし、出会いに感謝しながら床につく。

それにしても、「人は見かけによらない」ということを改めて痛感した。ラミヤの初めの印象は、下手したら物乞いにもとられかねない格好と顔のやつれ具合だった。その第一印象からは残念ながら、この家とこの大家族はまったく予想ができなかった。

人を外見や、一瞬のイメージで判断してはいけないと心底思った。それで、知らぬ間にとても大事なつながりを逃すことになるのだ。大事なチャンスを逃してしまうのだ。

人のその顔の奥を、人のその格好のその奥を、違うレンズで見られるようになりたいと思った旅50日目の夜の出来事だった。

アラブ城のご来光

9月24日（水）パルミラ（シリア）

だだっ広い砂漠の中。

かんかん照りの太陽。

少し歩いただけですぐ渇く喉《のど》。

これほどスケールの大きい雄大な遺跡を初めて見た。

アラブ城を目指し、なんとか原形を保っているパルミラ遺跡の門をくぐり抜けた。

おじちゃんと手を取り合って、多くの観衆の前で円形状のローマ劇場でアラブの歌を歌いながらアラブの踊りを踊る。暑さを忘れ、ただ笑いながら回ったり手をしなやかに動かして踊った。

気が付くと、そこは遺跡に戻っていた。

観衆など誰もいない、さびれたローマ式の劇場跡で、飲み物売りのおじちゃんと手をつないで踊っていた。まさにタイムスリップのような感覚を覚えた。

きれいなサンセット（日の入り）を見ようと、小高い山の上に悠々とそびえるアラブ城へ向かった。

だんだん高度を下げ山際に消えゆく太陽は、せつなさを帯び、ゆっくりと消えていった。いや、消えていったのは俺たちだな。

あまりにもその光景がきれいだったので、それだけでは物足りなく感じ、同じ場所で翌朝の朝日を見に行くことにした。3時50分、目覚まし時計で起床、4時に宿を出る。

まだ外は暗い。街から離れ、山のてっぺんを目指すべく歩く。寒い。昼との気温差は相当である。

凍える体を温めるために走る。何か政府の大きい建物の前を通る。軍の監視が2人、門の

舞踏会@ローマ劇場跡

ヨルダンでいちばん大きなローマ劇場

前に立っている。2人とも大きい銃を持っている。その横をこんな時間にランニングをしながら通り過ぎようとする、ドレッド頭の外国人。

怪しい。確実に怪しい。怪しまれている。めちゃくちゃ凝視している。視線が痛い。

何でもないですよー。ただ、朝日を見に行こうとしているだけですよーと、必死に心で、念力で気持ちを送る。

それにしても走っているのはちょっとおかしい。歩いた方がいいかな。いや、ここでジョギングから歩きに切り替えたら不自然だな。もっと怪しいな。下手したら撃たれるな。

本物の銃はまじで怖い。

だが、ポジティブにいこう!

お願い、撃たないでーと、祈りながら少しペースを落とした。2人の監視の横を通り過ぎる。

振り返れない。

撃たれてない。

なんとか、1面クリアーしたようだ。

しばらくすると、真っ暗の荒野から何匹かの犬が激しく吠える声が聞こえてくる。野犬だ。

恐怖が体を走る。インドで夜中に野犬に囲まれた恐怖と、全く同じものだ。ポジティブにいこう!!　大丈夫だ。

犬たちは、自分たちが怖いもんだから相手に「俺は強いんだぞ」って威嚇しているだけで、実際は嚙み付いてきたりしない、っと、必死に冷静さを装い、祈るような気持ちで小走りに通り抜けた。頼む！　どっか行ってくれ。

だんだん吠える声が遠ざかっていく。

ふうぅぅぅぅぅ、2面クリアー！


アラブ城に向かう道。それは、二度も死の恐怖を感じさせられる険しい茨《いばら》の道。ところが、ちゃんとご褒美が待っていた。

山へ登る坂道に入って、灯が極端に減った時、息を飲んだ。
☆だ。
山の上、空一面に無数の☆が目に飛び込んできた。その数といったら、東京で見るそれの何百倍なのだろう。首が痛くなるまで空を見上げ、それを眺めながら歩く。

オリオン座のあの一角の中に、あんなにもたくさんのお星様がいらっしゃったのですね。

四角の中に斜めに☆が3つ計7つと思っていたらとんでもなかった。

登っている途中のアラブ城の姿といったら、ほんとに童話の中の世界のような厳《おごそ》かで貫禄のあるお城であった。

背景にはまばゆいばかりの☆を従え、その雰囲気は、まさにアラビアンナイトであった。

アラブ城に着き、日の出を待つ。

とても寒い。山の上は相変わらず風が強く、ひたすら寒い。

しばらくすると、空の色が薄くなっていった。

空には幾重にも層が重なり、それぞれの色が違いグラデーションがとてもきれいであった。

いよいよ、太陽様の御なーーーーりーーーー!!

太陽が出てきてまず感じたこと。

暖かい。

それまで、寒く凍えていた体を一瞬にして照らし、温めてくれる。

そして、まばゆいほど明るく、幸せいっぱいな気持ちにしてくれた。

あいつみたいになりたい! そう思った!!

地平線から飛び出した彼は、早くも高い位置に移動していた。

意外と早いな。

うん? 待て。違う。出てきたのは、俺たちだ。

回ってるのは地球であって、彼からしてみると、俺らが登場しては消えていき、また登場したと思ったら消えていく。

視点を変えて物事を見るというのは非常におもしろい。

久し振りに会った友人に対し、随分雰囲気が変わったと思ったら、実は変わったのは友人じゃなく、自分かもしれない。

自分が変われば世界が変わってなくても、変わったように見えるだろう。日本に帰って、動かなければ何も起こらないだろうし、動けば何かが起こるであろう。

中心を太陽と見るか、中心を自分と見るか。宇宙という遊園地の中の地球というメリーゴーランドでただ馬に摑まって回って、一生終わるわけにはいかない。

動けば、何かが変わる！

青山？　銀座？　モダンなダウンタウン

9月25日（木）ベイルート（レバノン）

きれいに舗装された道路に、小綺麗なブランドのお店やレストランが並び、買い物や食事を楽しむお金持ちの人々。ここは、青山か、はたまた銀座か。

こういった高級感あふれる場所では、ヒゲの伸びた旅人は何か場違いな気持ちに陥る。

「こいつら、小馬鹿にしやがって」と、お店の人や歩いてる人に対して、訳のわからない被害妄想さえ湧いてくる。しかも、ここがダウンタウンというから驚きだ。

ダウンタウンといえば、新市街からちょっと離れた庶民的な安い店や安宿などが多い旧市街を指すことが多いが、ここレバノン・ベイルートのダウンタウンは、モダンな地区になっていた。

新しい国、新しい街に入ると、まず自分の頭に地図を描くために街を練り歩く。

人に絡みながら、情報を得ながら、練り歩く。

おしゃれなダウンタウンを通り、中級のホテルが並ぶハムラ地区を通り、地中海の海沿いの道に出た。

そこで、ありえない速さで回っている観覧車を見た。

は、はやい。

どうやって乗るのか？　どうやって降りているのか？　何周回るのか？

疑問だらけだったが、今日のところはひとまず通り過ぎようとしたところ、その遊園地の向かいに、ミニサッカーコートを見つける。これは行くしかない。

サッカーをやってる奴を見つけたら一緒にやる！　やらないと気が済まない。

俺ってほんとサッカー馬鹿なんだなーっと、にやけてしまった。

サッカーが終わって、レバニーズ（レバノン人）である大学生の彼らと、いろいろ話した。一緒にボールを蹴った仲間との話は、会話が弾むものである。下ネタから平和の話まで。

すぐ隣のシリアと、レバノン。

元はひとつの国だったが、今はその生活の水準に差があるのは容易に感じられた。

しかしレバノンの復興の早さはすごい。ここが本当に10年前まで15年間の宗教トラブルによる内戦が繰り広げられていた国か？

建物のところどころに銃の跡はあるものの、それを感じさせないくらいの発展を遂げている。

日本だってあの敗戦の跡形をちっとも感じさせないくらい発展した。人ががんばった証拠である。どんなにボロボロな状態でも、がんばって前に進もうとする力、上に這《は》い上がっていこうとする気持ちがあれば、国だって人だって、立派に成長できるんだな。

何回倒れたって、また立てばいいさ。

その度に必ず大きくなってるはずだ。

P.S.

ベイルートからバスやヒッチハイクで行ったジェイタ洞窟は実にすばらしかった。

芸術である。

地球が誕生してから何十億年の歳月をかけ、少しずつ少しずつ作られたという自然の芸術作品。その圧倒的な美しさに一瞬にして心を奪われた。広い洞窟の空間に、石灰岩が織り成すさまざまな形。

天井からはつららのような形で、大きいものから小さいものまでぶら下がってる。奥行き3キロあるという洞窟の下には川が流れている。その水と岩のハーモニーが、俺に安らぎを与えてくれた。心が澄み渡る……。

仰天！ 2つの小部屋に35人の男が生活!?

9月26日（金）ベイルート（レバノン）

ベイルート南郊の難民キャンプのサブラ地区を歩く。

パレスチナ人をはじめ、シリア、レバノンの貧しい人々がベイルートの外れの一角に生活している。ある意味、スラム街のサブラ地区に一歩足を踏み入れると、そこはシリアのような土臭い空気に一気に変わる。ぼろぼろの服を着た子供たちが走り回り、人があふれ返り、活気を感じた。

そこはもはや近代化されたダウンタウンを歩く女性のあの香水の匂いとは、ほど遠い場所であった。

露店の並ぶメインの道を歩いていると、その店の奥の人々の生活がかいま見える。ふと一本横の道に入ってみることにする。

みっちり並んだ小さなぼろい家が並んでいる。迷いこんだ振りをして、歩いていると、手招きをしてくれる男がいた。待っていましたと言わんばかりにそのお言葉に甘え、家の中へと入っていく。

まずびっくりしたこと。

2つしか部屋のないその狭い家に35人もの男たちが一緒に暮らしていた。ありえない。どうやったら、ここにそれだけの人が寝られるというのだ。

10歳ぐらいの子供から50歳くらいのおやじまで確認できるが、いちばん多いのは働き盛りの20代といったところか。

突然の来訪者、しかも日本人ということで、むさくるしい男たちが全員集合。もの珍しそうに、みんなにやにやして俺をながめている。でも、そのにやにやは好感の意味だと感じられる。

手招きをしてくれた彼がいちばん英語がしゃべれるらしく、いろいろ説明をしてくれる。

「ここにいるみんなはシリア人なんだ。家族はみんなシリアにいて、家族のために働きに来ているんだ。一日9ドルしか稼げないが、朝から晩までそれぞれが、いろんな仕事してるんだ」

いわゆる出稼ぎである。

話を聞きながら、食事の時間に突入した。一緒に食べていけというお言葉にも大いに甘え、ご馳走になる。

これがまたうまい。

トマトとジャガイモのとろとろスープのたるが3ヶ所に置かれ、それぞれ10人くらいでそれを囲み、もちろん素手で、パンにスープをつけて食べる。その辺のレストランで食べるよりずっとうまい。

夢中になって、たらふく食べさせてもらった。

その後、食堂はレクリエーションルームへと変わっていった。

男たちはアラブのダンスを踊り始め、それを見よう見まねしている日本のヤングボーイを見て、喜んで、さらに踊りは激しさを増していく。

彼らにとってのエンターテインメントは、こういったみんなで何かをすることなのだ。決してお金を使って遊ぶことではなく、一人でテレビ画面に向かってゲームをすることでもな

36人分の男臭さが充満した部屋で夕食

い。こうして、みんなで楽しいひと時をすごす。それがエンターテインメントなのである。

家にお邪魔させてもらい、話を聞かせてもらい、飯《めし》までご馳走になったあげく一緒に汗をかきながら踊って、楽しい思いをさせてもらっては、日本人として何かお礼をしたくなった。

お礼、俺にできるお礼。

そうでしょう、歌でしょう。

35人のシリアからの出稼ぎ男一同が眺める中、近所中にも響き渡っているであろう大きい声で、お礼の歌を歌う。

初めて聞く日本の歌に、アラブ人の男たちは目を輝かせながら暖かい視線を送ってくれた。

その時、そこが中東のレバノンのベイルートのサブラ地区ということを忘れた。

そして、その部屋は、レクリエーションルームから雑魚《ざこ》寝《ね》状態の寝室へと変わる。

そこの空間は、まさに高校時代、男子校のサッカー部での3年間、あの夏の汗臭い男だらけの合宿のようであった。あの懐かしき、つらく楽しい合宿を思い出させた。

P.S.

サブラ地区には、暗く重い歴史がある。

サブラ・シャティーラ虐殺事件である。

21年前、1982年9月、ここサブラと、シャティーラ両地区のパレスチナ難民キャンプにおいて、2000人以上もの住民が虐殺された事件。レバノン南部に進攻していたイスラエル軍の指揮下、ファランジストと呼ばれるレバノンのキリスト教勢力が、パレスチナ人を大量虐殺したといわれている。この事件は、内外の非難を集めた。男たちは熱くなって、その歴史を語ってくれた。

本当に浮いた!! 死海

9月30日（火）アンマン（ヨルダン）

世界の自然現象七不思議のひとつ、死海。

標高マイナス400メートルという世界で最も低い位置にある湖。極端に塩分が濃い水のため、人が沈むことなく水面に浮遊することができるというのは有名な話だ。

泊まっているアンマンのクリフホテルから、バスとヒッチハイクで1時間かけて死海に向かう。

誰が死海というネーミングをしたのだろう。ちょっと薄気味悪いが、本当に浮くのか……確かめるべくやってきた。

そんなに汚くもきれいでもない湖の中に、おそるおそるゆっくりと浸《つ》かっていく。

すでに肌で感じる水の感触が、普通の海とは違う。何か、すごく軟らかいというか、まろやかというか、とろとろ感があるように感じる。

体が全部浸かる前に、指についた水をなめてみることにした。

うわっ!! 痛っ!

この感覚は初めてだったので、舌君がびっくりしていた。辛いとか、しょっぱいとかを超えて痛いのだ。そうとう濃い塩分であることを、つい体を張って試してしまう。

それではいよいよ体を水に預けてみようではないか。

仰向けにゆっくり水の上に寝るように、体を倒していく。

するとどうだ。

いつもならここで足をバタバタしなければいけないところだが、何もしなくても、ふわっと、体が浮いている。

すげー。ほんまに浮いた!

浮遊してる! 気持ちいい。

浮くために足で水をかかなくていいから楽やなー。

宇宙へ行ったら、もっと無重力を感じるのかなー。どんな感じなんだろーなー。

ラクダに乗っていざ死海へ進め

死海に浮くドレッド

俺の人生の旅の最大の夢は、宇宙から地球を眺めることだ。もしその神秘を見ることができたら、この上ない最高の幸せだろう。自分の住んでいる星を外から、一回でいいから見てみたい。２０５０年の夢やね。

死海から、ちょっと日焼けした顔でアンマンに戻った。アンマンの街を歩く。やってきたのは、ローマ帝国時代に造られそのまま残っているという、ローマ劇場だ。門をくぐると、それはそれはスケールの大きい空間が上に拡がる。もちろん屋外である。６０００人もの観客を収容でき、ヨルダン随一の大きさを誇るという。円形劇場のいちばん上方の客席は、ステージから30~40メートルくらいあるであろうか。かなり急な階段を登っていき、いちばん上に行ってみると、全空間が見渡せ、大変眺めがよい。ここで、何千年前も昔から踊りや歌の数々のショウが繰り広げられたのだ。

舞台に立っている人からの眺めはどうか。また下に降りて、円形のステージに立ってみる。そして、歌を歌おうかなーと思ったその瞬間、地元のおっちゃんが寄ってきて、「そこじゃない、ここに立て」と、立ち位置を指示される。

なんでだ？ と思いながらも、それに従い、クロスしている矢印のマークが薄く彫られている場所に立ち、客席の方を向いて、少し声を出してみる。

あっ!!　すげー!!

自分の出す声と石にぶつかって返ってくるその声の時間差がすごい効果を生んでいるのだ。電気がまったく通っていないのに、マイクで声を拾っているかのようだ。

かつて、大阪のアメリカ村にある三角公園でストリートライブをしたあの時も、同じような効果に驚き、感動したことを思い出す。

もう俺の心は歌わずにはいられなくなっていた。

ゆっくりゆっくり、声の響きを確かめながら、そして、上の方まである客席を眺めながら、心地よく歌っていた。

1曲歌い終わると、まばらな拍手が聞こえてきた。

客席のあちこちに散らばった地元ヨルダン人の若者やおっさんが、うれしそうにこっちを見て拍手をしてくれている。

そして、「続けろー、もっとやれー」といったアラビア語であろう言葉と、そういったしぐさを俺に向かってしてくる。

もちろん、そのつもりとばかりに、夕暮れのアンマンの心地いい風に乗せて、アカペラで次々と歌う。

観客の数、20人。しかし6000人の観客の声援を思い浮かべながら、にやけて歌っていた。

ワールドツアーでヨルダンに来ることがあったら、間違いなくここでやろう。

もう一度この場所で。

SHOOT 5
PLO議長府でアラファトさんに歌う「上を向いて歩こう」

パレスチナ（ラマラ）〜イスラエル（エルサレム/テレアビヴ/エイラット）

PLOアラファトさんに歴史的謁見

10月5日（日）ラマラ（パレスチナ）

なんということが起きたのだろうか⁉

2003年10月5日（日）、イスラエルのパレスチナ自治区ラマラにあるパレスチナ解放機構＝PLO（Palestine Liberation Organization）の議長府で、アラファト議長の前で歌を歌い食事会に出席し、話をさせていただいた。

ありえない！　でも、確かに起こった！

すばらしい突然の機会に、心の底から平和を願う歌を無我夢中で歌った。

世界のアーティストの誰が、ここに独りで個人的にやって来て、アラファト議長の前で歌う機会があるというのか⁉

歌っている時、そこの会議室の空間は、ひとつになっていた。

何十年も続く中東問題。

今、ここは世界の紛争の中心。

イスラエル・パレスチナ問題は世界中が気をもんでいるいちばん大きな問題であろう。

ここにきてさらに泥沼化しているこの問題が解決するのは容易ではない。

そんな中でも、歌は、音楽は、一瞬でもその場を平和な空間へと導くことのできる、とてつもなく大きく素晴らしいパワーを持っているものだと、改めて確信した。

昨日、パレスチナ自治区のヘブロンへ行き、イスラエル入植地に入った。

ユダヤ人とパレスチナ人との間は実際、どのような状況なのか、この目で見たいという気持ちからだ。

ヘブロンでは1994年虐殺（29人のパレスチナ人が死亡）が起こったり、つい2ヶ月前には、ユダヤ人を装ったパレスチナ人が自爆テロをし、ユダヤ人夫婦が死亡。常に緊張が走っている街である。

パレスチナ人の家で、パレスチナ人たちと長い間話をし、チェックポイントのイスラエル兵とも長い間話した。話をしている途中、衝撃的なニュースが入る。

イスラエル北部の街ハイファで、19人の死亡者が出る大きな自爆テロが起こったというのだ。

ハイファといったら、ユダヤ人もパレスチナ人も非常にうまく混ざり合い、共存しているといった、安全かつ平和に見える街。そんな街での事件だけに衝撃は大きかった。イスラエルの国の中で危険でないところはないようだ。

中東に入って、特にエルサレムに来て、毎日平和について頭が痛くなるほど考えるようになる。しかし、じゃあ、自分に何ができるのか？　その答えにはいつも行きつかなかった。

そして今日、ＰＬＯ議長府のあるラマラに行こうと決めたのだ。

エルサレムから近くて、日帰りで行ってこられる所。運良くアラファトさんの前で歌えたりして。主な理由はそんなことであったと思う（しかし、実は、自爆テロの後で、イスラエル軍の報復攻撃の的になりやすい非常に危険な場所であったことを、この時はまだ気がついていなかったのだが）。

エルサレムのファイサル・ホステルを発つ直前に、元朝日新聞記者で、今はフリーで活動しているジャーナリストの方に、「ラマラかー。（テロがあった）昨日の今日だし、それに、今日の夜からユダヤの正月を祝う祝日が始まるからなー、行けるかなー？　無理かもよー!?」という、助言をいただきながらも、まあ、行ってみないとわからんということで、ラマラへ向かう。

セルビスを3台乗り継ぐと、ラマラには意外と早く、あまりにもあっけなくたどり着くことができた。

そのことが信じられず「ここはラマラか？　ほんとにラマラか？」と道行く何人もの人に確認するほどであった。

んで？　どこに議長府が？

着いたはいいが、まったく情報はない。唯一持っている情報は、アラファトさんのいるPLO議長府がここにあるということだけだ。

大手町の駅に着いて、皇居どこですか？　と道行く人に教えてもらうかのごとく、議長府に向かった。

議長府に着くと、外からでも、敷地内のほとんどの建物が崩壊しているのが確認できる。以前のイスラエル軍の攻撃によってだ。

中に入れるかな……。とりあえず、突き進むのみだ。入り口には銃を持った見張りの兵士が、暑さのせいでだれた感じで2、3人座っている。

「アッサラーム・アレイコム！」と、アラビア語のコンニチハのあいさつをし、向こうも「ワーアレイコム・アッサラーム」と挨拶を返してくる。

兵士たちに、ニコニコ・スマイルを送りながら、中に入っていくのがあたかも当然な堂々としたオーラを放ちながら、つかつか中に向かって歩いていくと、兵士たちも「そうそう、君ここに用事があるのね？」といった雰囲気で何も疑問を感じない様子で、ニコニコ・スマイルを返してくれ、そのまま通してくれた。

ん？　これ進めたな。もしかすると、ほんまに入れるんちゃうん？

意外とあっさり駒を進めることができ、やや拍子抜けした矢先、やはり大きな壁が目の前に立ちはだかる。その門はコニシキが張り手をしても開かなそうなくらい頑丈なものである。

とりあえずためしに、門をトントンと叩いてみる。すると目の位置の小窓が開き、兵士が外を覗きドレッド姿の俺を確認すると、「何だ？　貴様は」という感じの言葉を発する。それはあっさり通り抜けた第一関門とはまったく違う空気感である。

そりゃそうだ。簡単に入れるはずないよな。厳重警戒態勢だ。そりゃそうだ。アラファトさんを暗殺しようという動きは今までに何回もあった。誰でも入れたら、大変なことになる。ゆえ、あなたのその毅然《きぜん》とした対応は当然ですよね、と納得しながら、しかし、それでも何と言ったら入れてもらえるのかを超高速マッハで考える。その時一瞬、兵士の後ろに人がたくさんいるのが見えた。

その人たちは、各国からやってきているカメラマンやジャーナリストといったメディアの人たちであろうと0・2秒で判断。その次の瞬間、

ナオト「ジャーナリストだ。日本から来た」

と、自分でもびっくりするぐらい素敵な上手なウソが口をついて出た。

兵士「ジャーナリストIDは？」

　ID……。やばい……。

そ、そうだよな。そんな口でウソ言って、入れたら大変なことになるよな。

そんなもんはないが、ジャーナリストなんだ！　と言い張ったところでコニシキに寄り切られるべく余裕で門前払いであろう。

　家に忘れてきました！　すいません。と小学生の宿題級の話をしても無駄であろう。ID
なんかないよー。だって、俺、本当はジャーナリストじゃないもん。IDなんか、あるわけ
……IDなんか……。

　ID？　ID!!

うっそ！　ある!!　俺、持ってる。作った。タイのカオサン通りで。偽ジャーナリスト・カード。もしかすると、もしかするぞ。あれで、あいつで入れるかもしれないぞ〜!!

でも、作って以来、まったく使い道がなく存在を今の今まで忘れてたからなー。宿に置いてきたバックパックにあるんじゃないか？　まさか、いくらなんでも、このウエスト・ポーチには入って……る!!

　入ってたー！　すげーぞ!!

ナオト「ある！　これだ、ほれ！」（問われてからこの間3秒）

水戸黄門の助さん格さんばりに、これが目に入らぬかとジャーナリスト・カードを掲げる。フリーランスとかかれたそのカードの発行元はロンドンのなんたらかんたらと書かれている。しかし、写真がドレッドヘアーなので、余裕であやしい。

ジャーナリスト・カードを取り上げ、念入りに調べる兵士。

兵士「カメラはあるのか？」

ナオト「あ、ある。これだ。ビデオなんだが、写真も撮れるんだ」

兵士「そうか（また念入りにジャーナリスト・カードを眺め）、よし、入れ」

そうだよね、やっぱバレるよね……こんな……？　入れ？　カム・イン？　まじ？

あらら、ホントに門開いちゃった。入れちゃった。

すごい、あんなジャーナリスト・カード、どのタイミングで使うものかと思っていたが、ここだったかー！　パレスチナのラマラのPLO議長府の門で使うものであったかー。

そして、ボロボロのTシャツを着たドレッドヘアーの日本人ジャーナリストは、胸を張ってPLO議長府の敷地内に入っていったのであった。

議長府の敷地の中には世界中から集まってきているカメラマン、マイクを持ったリポーター、ジャーナリストたちがそこらを右往左往している。そこをパレスチナ兵が警備している。

歌声が聞こえる。しかも合唱だ。

イスラエル軍の攻撃を受け崩壊しているPLO議長府

緊張が走る議長府の中

敷地内の建物の前で、30人弱のおじさんたちが歌っている。

そこにカメラマンたちが集まっている。俺も自分のビデオをまわし、マスコミの人になりすました。何してんだよ？　俺は。カメラマンかよ。

ああ、歌いたい。俺も歌いたい。平和の歌を歌いたい。

いつも通り、歌いたい症候群が強い症状をあらわし始める。

どうしたら歌えるんだ？　どいつがここを仕切っているんだ。そこから、キーマン探しが始まる。鋭い洞察力で状況を観察する。

その合唱団の曲と曲の間に、マイクでしゃべっている細身の髪の薄い男がいた。あいつだ！　彼に違いないと直感する。彼に話しに行けば歌えるかもしれない。

そしてタイミング計りが始まる。いつ行ったらいいんだ？　ややびびった感もあり、なかなか踏み込めずにいると、その合唱団の発表は終わり、みんな建物の中に入っていき、マスコミは散らばっていった……。しまった……タイミングを逃した。もっと早くに言いに行かなければいけなかったのかー。

しかし、まだ何かチャンスがあるかもしれない。

あきらめず、建物の中に入っていくと、さきほどの髪の薄い男がいた。

よっしゃ、今だ。と、その男に近づいていく。

彼の名前はアドナン。どうやら予感的中で、この合唱団を仕切っているコーディネーターの人であった。

かなりいい人で、どこの誰かもわからん日本人の若者に、快く対応してくれた。そして、俺も歌いたいという旨を伝えると、二つ返事でＯＫが出た。

「13時……アラファ……ここに13時ちょっと前……」

早口で、ところどころしか聞き取れなかったが、歌う機会を与えられたことは確かだった。

まじか!?　よっしゃー、ゲッツ!!

まだその時は、まさかアラファトさんの前で歌を歌おうとは、夢にも思っていなかった。

約束の時間となり、人々が集まり始める。イタリアからの合唱団、平和運動家の人たちといったようなメンバー、総勢50人あまり。マスコミは完全シャットアウトされた。

会議室に案内され、楕円形の机を囲んで席に着いた。まさかと思いながらも隣に座った男に「何待ってんの？」と聞くと、「アラファトさんが、今いらっしゃる」との答え。

「あ、そう、アラファト……えー？　本物のアラファトさんが、アラファトさんが来るー!?」

みんなが、アラファトさんの登場を心待ちにしていた。

緊張した。久々に緊張を覚えた。

20分ぐらい経ったであろうか。側近の人たちに囲まれながら、アラファトさんが姿をあらわした。

その入場に際し、イタリア合唱団が歌い始めると、うれしそうな顔で手を上げながら、ゆっくりゆっくりと、席に着いた。

イタリアの合唱団が一曲歌い終わる。

その時、この会を仕切っているアドナンが、向かいの席から「今だ」と、俺に伝える。

今か？　このまだ拍手が鳴り止《や》んでいない、今か？

それは、サッカーW杯フランス大会のアジア予選で、カズが途中交代させられる時に、何度も自分の胸を指し、「交代するのは自分か」と確認する光景に似ていたと思う。

もう一度「今だ」とアドナンがサインを送る。

わかった！　いくぞ！

突然すぎて、心の準備が何もできていないまま、無我夢中で歌い始めた。

♪上を向いて〜歩こう〜　涙がこぼれないよう〜に
思い出す〜　春の日〜　一人ぼっちの夜〜

…………♪

アラファト・スマイル

平和についてアラファトさんとマンツーマンでお話し中

緊張のあまり、keyを高く歌い始めてしまったことに、途中で気付く。このままでは、「幸せは～雲の上に～～」の展開部分では声が出ない。

こんな中でも、まだ脳の一部が実に冷静に状況を把握し、ひとつの決断をする。展開のところから、keyを下げよう。その作戦は見事に成功。自分の声のいちばん伸びの出るところにズバリ、フィットした。史上初「上を向いて歩こう～転調バージョン～」が会議室に鳴り響く。

アラファトさんは、「日出ずる国」からやって来た一人の小僧の歌声を実に暖かく、強いまなざしと満面の笑みで見守ってくれている。

時々、その喜びを体で表現し、側近の人らにそれを伝えている様子。そういえば、歌っているのは日本語であるが故、みんなは何について歌っているのか分からないであろう故、体全体で伝えてみようと思った。

そこから、激しいボディーアクションが加わり、平和を願いながら、愛を伝えながら、パレスチナとイスラエルに向けて、そして目の前のアラファトさんに向けて、歌い切った。

誰よりも先に、アラファトさんが拍手を送ってくれた。

やった。伝わった。……ような気がした。

俺の思いを伝えられる唯一の手段である歌で、伝えることができた気がした。

そこの会議室の空間は、その泥沼化した情勢には似つかわしくないほど、ピースフルな空気になっていた。

そしてアドナンが俺のことをみんなに紹介してくれようと、しゃべり始めたその時、その言葉を遮るかのように、イタリアの合唱団がお前に持ってかれてたまるかとばかりに、また歌い始めた。

俺がどこの誰だか誰にも認識されないまま、その歌は鳴り響く。だが、それさえも全く気にならないほど、俺は興奮していた。

歌が終わると、アラファトさんと側近の方の話が少しあり、みんなは隣の部屋に移動した。そこには、なんと食べ物と飲み物が用意されており、アラファトさんを囲んでのお食事会が始まった。

昨日のテロの報復攻撃で、イスラエル軍がこの議長府に攻め入ってくる可能性がある。特に最近はイスラエル側はアラファト議長の「remove＝排除」を強く宣言したばかりで、その可能性は少なくなかった。

そんな中、この集まりはイスラエル人平和運動家の方の主催で、そこに世界各国からの平和運動活動家の方々が、いわば「人間の盾」となるという深い目的で、この敷地に泊まり込みに来たのであった。

イスラエル人がいればいくらアラファトさんを攻撃したくてもうかつに攻められないだろうし、さらに世界各国の人がいて、それを世界各国のメディアが報道していたら、攻撃はしてこないだろうと。

食事は、バックパッカーなおとにとってはとても豪華なもので、場所を忘れて次々に手をのばしていた。

しばらくして、「今だ。この和やかな状況の今ならアラファトさんと話ができるであろう」と、意を決する。

突然席を立ち、つかつかとアラファト議長のもとへ歩いていく日本人。

ひやひやした人もいたであろう。一瞬、警備の兵士にも緊張が走ったであろう。

そんなことは全く気にしていないこの日本人は、握手から始まり、英語で自己紹介を始める。その後、平和についての自分なりの意見を述べる。

「アラファトさん。ご存知の通り、日本という国は唯一、核爆弾を受けた国です。ヒロシマ、ナガサキでたくさんの人が亡くなりました。当時、日本人はみんなアメリカ嫌いだったと思うんです。だって、あれだけの人が殺されたんだから。でも、今、自分たちの世代は違います。嫌いな人もいれば好きな人もいる。

でも絶対忘れてはいけないと思うんです。ただその中で、許し合うこと、理解し合うこと、知り合うことも大事なのではないかと思うんです。そうでなかったら、やられてやりかえしてを繰り返していたら戦争は永久に終わらないと思います」

生意気な意見だが、政府レベルではない一般の、一人の日本人の若者の一意見として伝えたかった。

原爆の話が俺の口から出た時に、アラファトさんは今までのかわいらしい顔から、突然目を見開き、厳しい顔に急変した。まるで、スーパーサイヤ人に変身するかのような迫力があった。そして、イギリスからのレポートでイスラエルの核兵器のことが報告されていることを、引き合いに出してきた。それに対しては、自分ももちろん反対であることを表明し、パレスチナの独立を願っていること、パレスチナの独立記念パーティーにはまた歌いに来ますと伝え、最後は笑顔のアラファトさんと長めの握手を交わした。

それにしても、どこの馬の骨かもわからないドレッドヘアーの日本人若造相手に、対等に熱くお話をしてくださったアラファトさんの懐の深さを感じた。ムキになったアラファトさんからはものすごいオーラが発せられ、アラブ中が崇拝しているお方だということがなんとなくわかった。

平和の歌を歌う。

ギターもピアノも、バックバンドもいない。

声だけで思いを伝える。

とても、シンプルで明確だ。

飾りようもない。

ドレッドもほつれかけて汚らしい。

服だってTシャツで、ぜんぜんアーティストっぽくない。

でも伝わった。心は伝わった。そんな気がした。


アラファトさんとの歴史的謁見とお食事会の後、その会の主催者であるらしきイスラエル平和運動の第一人者のユダヤ人御夫妻や、いろんな国の平和運動の団体の方々15人くらいと、仲良くなり、議長府滞在の誘いを受ける。

彼らの滞在の目的は、人間の盾である。そして俺も自分の判断で自分の責任で、議長府に滞在することを決意する。「生きてこそ」の範囲の中での、自分にできることの一つであった。

荷物を小体育館のようなフロアーに置く。ここに就寝用のマットが置いてある。我々の生活場所はどうやらここのようだ。

ご飯もちゃんと配給される。旅人にとってみると、3食付きの寝場所の確保は、ありがたい。とそんなノンキなことばかりもいってられない。初めにアラファトさんの側近の方々から、イスラエル軍が攻め込んできたら、向こうの建物の地下に逃げるのだ、などの緊急時の対処について説明を受ける。緊張感が湧く。

ほんとに戦争の真っ只中なのだな、ここは、今でも……。

ご飯を食べたり、平和活動家の方々と交流を深める他、特にすることがない。極度の退屈を感じている兵士たちと遊ぶ。

2日目の午後、ふと街に出てみたくなり、議長府を後にし、ラマラの市街へと出かけた。今まで旅してきたシリアや、ヨルダンなんかとなんら変わらないアラブの国の雑多な街並みを歩き、お店を見て回ったりしていた。

ドドドド〜！

突然!!　人々が向こうからなにやらすごい形相で叫びながら走ってくる。一気に街の空気が変わる。

通りに並んだお店は急いでシャッターをバターンバターンと閉め始める。あわただしく人が動き出している。緊張が走る。

走る走る。人が目の前を次々に通り過ぎる。

何事か⁉ ただごとではないことは俺にもわかる。胸の鼓動が尋常ではない速さで打っている。

その状況を徐々に理解すると、慌てて自分もダッシュで逃げ始める。走って逃げている市民の中から、投石を始める人が出てくる。まさに日本のテレビで見るあの光景だ。

武器を持っていないパレスチナ人の抵抗が始まる。逃げ始めてからすぐ、向こうから何がやってくるのか見たいと思った。しかし、それがイスラエル軍の戦車であることぐらい分かっていたし、そんな興味だけで最悪な事態に巻き込まれるのは、本質と違っている。生きてこそ。

パレスチナ人の猛ダッシュの波に揉《も》まれながら必死に逃げる。怖い。もし、今この瞬間、戦車から爆弾が発射されたら……。

騒動のあった市街から歩いて20分くらいかけて議長府に戻ってくる。外で門番している兵士も友達。さらには、昨日偽造ジャーナリスト・カードを提示してギリギリ入り込めた最後の門で監視している兵士もすでに友達。

ノックして、小窓が開く。兵士が俺の顔を見るなり、「おお！ ナオか！ 入れ〜！」と言い、まるで自分ん家に帰ってきたかのように門がいとも簡単に開く。

兵士が「どうだった？　街は」と問い、「イスラエル軍の戦車が来て、騒ぎが起きてたぜ」と答えると、その情報はいち早く報告され、議長府内に最新の情報として出回っていった。

ダメもとで訪れた議長府が今は住居になっている。同じ建物が今ではまったく違ったように見える。

「帰宅」し、しばらくゆっくりしていると、周りの平和活動家の何人かが、テレビの取材らしきインタビューを受けている。世界中のマスコミがやはりここの中の動向を気にしているのだな。

その中の1つのカメラがなんと、このドレッドの日本人を撮りたいと。そしてそのカメラはなんとパレスチナの国営放送、日本でいうＮＨＫである。

パレスチナの独立を望んでいることや、昨日アラファトさんの前で歌を歌ってきたことを話すと、是非、その歌を聞きたいとのことで、なんとパレスチナの国内全土に放送されているカメラに向かって、「上を向いて歩こう」を今度は転調せずに歌った。

外の緊張をよそに、敷地内はゆったりした空気であった。そして、議長府にいる兵士たちや、雑用係の若者たちとも仲良くなった。何か楽しいことはないものかと退屈している兵士にとって、このハイテンションな日本人は刺激的であったであろう。サッカーをし、歌って踊って、言葉を教え合う。

なかでも、雑用係の一人、19歳のパレスチナ人、モデスとすごく仲良くなった。いつもニコニコしている爽《さわ》やかな青年だが、彼の両親と妹は、1年前にイスラエル軍に殺された。モデスには帰る家というものがないのだ。想像を絶する孤独である。

俺なんか、第三者の安全な立場から平和について語っているだけだ。じゃあ実際、自分の愛する人が、自分の家族が殺されて、何もしないで黙っていられるか？

モデスと夜な夜な語り合い、心が通っていった分、感情というものは移るもので、その悲しみ、憎しみが少しだけ分かったような気がした。

議長府を離れる日、モデスと別れる時は、涙が溢れるのをおさえることができなかった。


イスラエルは侵攻を止めなければならない。

パレスチナは自爆テロを止めなければならない。

そうしないと、この問題は永遠に続くだろう。

日本人の若造として、そして一個人「ナオト」として、中立の考えを保ちつつ、強く平和を歌っていこうと思う。

「ウォーリーを探せ」ならぬ「ナオトを探せ」

お手伝い係モデスと

障害児の学校でエンターテインメントショウ

10月9日（木）エルサレム（イスラエル）

ＰＬＯ議長府のあるラマラから、久々にエルサレムに戻ってくると、エルサレムの安宿ファイサルホテルのオーナー、ビシャムが俺を待っていた。

「明日、handicapped children（身体、精神上の障害を持った子供たち）の学校に行って歌を歌ってくれないか？」

明日とはまた急な話だが、興味が湧く。

ビシャムは、俺がアラファト議長の前で歌ったことを、先にエルサレムに戻ってきているその場に居合わせた、平和運動の連中からすでに聞きつけていたのだ。

明日からの俺の予定はあってないようなものだ。

こういう自由な旅は、いくらでもスケジュールの調整が利くところが、特権である。何よりもまた歌で、人をハッピーにできるその機会を与えてもらえたことがうれしく、疲れている体が軽くなったような気がした。

そして詳しく話を聞くと、パレスチナ人のその学校で、ジャグリングの人たちのショウに、俺も歌担当として加わるということだった。

ジャグリングとは、数個のボールでお手玉したり、ボウリングのピンのようなものを同時に空中で回したりする大道芸。時にお客さんを巻き込んで笑わせたり、本当に愉快なピエロである。

翌朝、面識のなかったジャグリングの人たちと会い、ホテルを後にし、学校へ向かう。そこの学校は、身体的な障害の子よりも、精神的な障害（知的障害）を持った子を中心とする施設であった。

わりときれいな建物は3階建てで、5クラスほどの教室に5、6人ずつくらいが授業を受けていた。小学生であろう。

校長先生と挨拶をした後、ショウの打ち合わせを始めた。ジャグリングのショウの中に俺の歌を組み込んだ、ミュージカル的なエンターテインメントショウをすることにした。

そこまではいいが、そのジャグリングの人たちは3人ともアメリカ人で、自分たちのジャグリングプログラムを俺に説明してくれるんだが、まじで速いマシンガン・ネイティヴ・イングリッシュに全く手も足も出ず、焦りましたな。あれには。

「ゆっくり、ゆっくりしゃべって」と俺が頼んでいるのに、彼らのあの思いやりのなさは何なんだろう？　逆になんでわからないの？　っつう、その態度に、だんだん腹立ってきた。着替えながらの上の空の説明で、気持ちが入ってなーい。それが腹立つ！　ちゃんと説明せーい！

俺かて、日本語やったら、流暢にしゃべれんねんでー！ ちきしょー。わからねー。それで？ それで？ その後は？ それでいつ俺が登場すんねん？ うおぉー。時間もなーいー。

そこの学校の先生らしき男の人が部屋に入ってきて、「オルガン使うか？ 誰か弾けるか？」と、尋ねる。

一瞬みんな顔を見合わせ、使いたいけど、誰が弾くのよー？ といった空気が漂う。オルガン？ まあどんなもんが出てくるか分からんが鍵盤やろ？ おもしろそうやんけ。

ナオト「俺が弾いてみようか!?」

みんな「おおーー！ 弾けるんか？ よっしゃ、頼むでー！」

そして先生が持ってきたオルガンとは、キーボードのことで、日本ならホームセンターで9800円くらいの、いろいろな音色の出せる代物であった。これを弾きながら俺は、ショウの音楽監督も引き受けることになり、初めての経験にワクワクした。

生徒30人くらいと、先生たち5、6人が待つ、外のテラスのステージへと向かった。

まずは俺が登場し、キーボードに向かうと、子供たちからすごい歓声が上がる。嬉しかった。登場しただけで歓声をもらえた快感と、子供たちのその暖かい声援は、showmanなおとのハートに届いた。

アラブっぽいメロディーでピエロたちを呼び込むべく、イントロダクションを弾き、ショウの期待感をあおる。

そして、3人のピエロが登場。ここからは、楽しい明るいメロディーで、ハッピーなピエロの動きが映えるBGMにする。ピエロの動きに合わせ、何が効果的かを即時に感じ、ときどき音色を変えたり、効果音も使い、時にジャズっぽいドラムだけにし、時にパーカッションで子供たちの拍手をあおる。

完全、裏方ではあるが、目の前の人間の動きに合わせる完全なる即興演奏は、とても心地よかった。

こんな小さい会だったけど、将来ミュージカルの音楽、ドラマの音楽、映画音楽……そんなことにも、いつか携わっていけたらなと本気で思った。

3人のピエロたちのショウは見事だった。

言葉が通じない分、大きいアクションとファニーな動き、そして確実な技で、子供たちは大喜びしている。

そして、俺の歌の番だ。空気イスに座るパフォーマンスで、ピエロたちが一人ずつ座っていき、最後に俺が座る。そこに、管理人役のおじさんが来て、

「そんなとこで、何してるんだい？」

「見たらわかるだろう、みんなでベンチに座ってくつろいでいるんだ」

「あのねー、申し訳ないんだが、ここのベンチは昨日あっちに動かしたんだけど……」

「え……!?」

オーバーなリアクションで、みんながどっと後ろに倒れる。ここは倒れたまま歌い始めた方がいいな。

「うーえーをーむーいーてー　あーるこーう……」

そして立ち上がり、みんなを起こし、テンポを速くして、歌う。

子供たちの前を歩きながら、そして座ってる子供をステージの方に引っ張り出してきたりしながら、ミュージカル調に歌う。

これまた、ミュージカルはおもしろいやろなー、と感じた瞬間やった。

いったん、BGMのキーボードに戻り、しばらく弾いた後、最後にエンディングテーマ的に俺の曲「Peace for children」を歌い、舞台は幕を閉じた。

本当に純粋な心の持ち主である子供たちは、鳴り止まない拍手と歓声をくれ、そのショウが成功したことを、僕らに伝えてくれた。

ショウが終わると、3人のピエロたちと自然に大きな連帯感が生まれていた。

それはお互いが初めて見るショウでありながら、終了後はお互いをリスペクトし合ったそ

ピエロとエンターテインメント

ハンディキャップドピープルの学校でのライブ

んなショウであった。いきなりぶっつけ本番で一緒にやったスリリングなセッション。その時にはもう、ゆっくり説明してくれなかった彼らへの嫌悪感は、すっかり消えていた。

エンターテインメントは偉大である。

あの空間はまさに、戦争などとはほど遠い、ピースフルな空気に満ち溢れていた。笑いと、笑顔と、歓声に包まれたあの空間。時の存在すら忘れていた。

その夜、再びエンターテインメント集団を、結成。

イスラエル平和運動団体主催のパーティーの席だった。エルサレムの新市街にある小綺麗なヨーロッパスタイルの建物で行われた。スウェーデン、ノルウェー、デンマーク、カナダ、アメリカ、イギリス、イスラエル、パレスチナ、フランス、日本（俺）といった国の人たちが、60〜70人集まった。

エンターテインメント集団の大黒柱、29歳のジョンは、ヤング・フェイス&ハートで、ほんまもんのサーカス集団でやっているピエロだ。

今回は、中東和平のために、ショウをしにサンフランシスコからやってきているという。23歳の女の子2人、エンジとイドュンは、逆に27〜28に見えるくらいの大人びたコンビである。ノース・カロライナ出身で普段から本当に明るく、いい意味で馬鹿な、楽しい彼女らである。

ジョンと、エンジ&イドュンは、エルサレムで出会って、3人で即席で組んだらしい。そして、俺が加わり今日は4人の集団になり、また明日からは離れ離れ、バラバラになるのだ。

「Let's go. Get them !!（よっしゃいこうぜ!!）」

ネイティブな表現も、彼らから教えてもらった。いちばんいい英語の勉強法である。

パーティーでは食事もバイキングでがっつりいただき、お酒も飲めて、バックパッカーにとってたまらなくありがたい会であった。

そこでのショウは、2回目ということで、余裕があった。

昼間のキーボードはギターに変わり、一つの音色でいろんなリズムとコードで表現した。プログラム的にはほぼ一緒であるが、何がすごいって、子供にも大人にも同じようにウケるというところである。

結局、みんなが「楽しい」という気持ちを持ち続けていれば、子供の気持ちのまま楽しめるのだ。

無事ショウも終わり、パーティーもたけなわになってきた頃、なおと単独ライブをした。

ギターでの弾き語り、3曲。そしてMCでは、不自由な英語で何度も詰まりながらしゃべり続け、なおとなりの平和の解釈を、10分ほど必死に熱く語った。

すると、平和運動の活動家のみなさんから大きな拍手が沸き起こった。

自分の考えを認められた嬉しさもあっただろう、英語で伝えられた達成感もあっただろう（と同時に、単語力不足も痛感）、充実した想いがあった。

イスラエル的ちゃんぷるーミュージック

10月12日（日）テレアビヴ（イスラエル）

エルサレムではずっとアラブ人の地区にいたから、シリアやヨルダンなどのアラブの国と、人や空気感は変わらなかった。

そしてようやく、エルサレムから、ミニバスで行くこと2時間。テレアビヴに着いた。

イスラエルの中でも、いちばん栄えている近代都市だ。ようやく「イスラエル」の国に来た気がした。

テレアビヴの街を、練りに練り歩く。物価ははんぱなく高い。日本と変わらん。

店員さんや、街を歩いている人、そしてテレアビヴでいちばんホットなクラブで知り合った人たち……と、いろいろなイスラエル人と話した。話している時に、いちばん面白いのは、出身を聞く瞬間である。

「どこで生まれたの？　へーここかー」

大体若者の世代はイスラエルで生まれている……。

「お父さん、お母さんも、ここ生まれ？」

"No. My father was born in France."

"My father was born in Germany."

こんな具合に、フランス、ドイツ、イタリア、スロベニア、ポーランド、ロシア、ウクライナ、モロッコ、イラク、チュニジア、アメリカ……。必ずいろんな国の違った答えが返ってくる。

お父さんは、ポーランド人で、お母さん側のおじいちゃんは、イラクにいて、ここに移ってきたとか、またある奴は、4つ、5つの国の血が少しずつ混ざっていたり……ハーフ、クォーター、その半分。

街を歩いている人も、いろんな国々の顔が混ざり合っていて、彼らの顔をみているだけでも面白い。

そんなミクスチャーな国は、また音楽がおもしろい！

ジャンルという枠がほとんどないくらいの混ざり合いです。はい。

アラブのオリエンタルな影響もあり、ラップあり、ロックあり、ファンクあり、ディスコあり、なにしろカラフルなポップでありますな。

なおと的には、イスラエルの音楽シーンは大ヒット！　この混ざり具合は、なおとミュージックに共通するもの大ありです！　はい!!　混ぜたれー!!　ちゃんぷる〜!!

ラマラのPLO議長府で出会って仲良くなった老夫婦（老なんつったら怒られるな……）と、テレアビヴで再び会う約束をしていた。

スイス系ユダヤ人のスーザン・ママと、ドイツ系ユダヤ人のアンドレアス・パパである。2人ともイスラエル人で、平和運動を続けるすばらしい人格者だ。俺にも本当に優しく接してくれて、イスラエルの親のような存在である。

スイスにも家があり、アンドレアスの仕事の状況に応じて、スイスに住んだり、ここテレアビヴに住んだりしているらしい。

スーザンの友達のイタリア人、アメリカ人のご夫婦と共に、素敵なお食事会に招待された。スーザンのほーんとにおいしい手作りカレーが、幸せな時間を過ごさせてくれた。

が、その後、再会の喜びからワインを飲みすぎ、気分が悪くなり、苦しみ、あえなく、ほーんとにおいしい手作りカレーは、わずか30分で、なおとの体から、いや、口から凄い勢いで追い出されてしまった。

P.S.

ここまでの旅の中でも既にたくさん曲が生まれています。そんな曲にすぐコードをあてたい！　という思いから、テレアビヴで遂に、中古ギターを買ってしまいました。

はい、やはり、音楽バカなようです。やはり、音楽を愛しているようです。かなりワクワクしています。

愛くるしい音を出す、ほんと可愛い奴です。こいつを連れて、世界を回ってやろうと思います。ちなみに、7000円くらいでした。

なぜ無視するの？　板前さん

10月13日（月）エイラット（イスラエル）

全くのノー・インフォメーション。イスラエル南端の海と国境の町、エイラットに着いたはいいが、この街についての情報はない。

旅をしていると、ガイドブックを持っていなくても、意外と情報はいろいろ手に入るものである。すれ違うバックパッカーたちは、自分の通ってきたルートで、どこどこの街ではあそこのホテルが安いだとか、どこどこの食堂がうまいなどの情報を交わすのだ。

ところが、たまにこうして、あまりメジャーではないところに来ると、情報ゼロからのスタートになる。

とりあえずは、宿である。背中のバッグちゃんを早く落ち着かせてあげたい。重さゆえの余裕のなさを早く払拭《ふっしょく》したい。

安宿はどこにあるのか？

バスを降りたこの辺りは、けっこうリゾートな匂いがして、「ここはキミみたいな貧乏パッカーが来るところじゃないぜ！」と言っているかのように、高級ホテルばかりが並んでいる。

しかし、情報を得ないことには、始まらん。ってことで、手当たり次第人に当たるが、安宿のありかを知っている人はなかなかいない。

ある若者たちが安宿を紹介してくれたと思ったら、怪しいオーナーが50、50って言ってくる。50シェケル（約1500円）ならまあいい。しかしつきつめると50ドル（約6000円）だった。

重いバックパックを背負っての長時間の宿探しは、さすがにくじける。

焦りと、疲労が徐々にたまってくる。明日の朝一でヨルダンに入ればいいから、どこかの建物の脇で野宿するかな、と思ったその時っ!!

おお！ あれは、日本食レストランではないか!? こんなところに、こんなタイミングで！ ナイス！

あそこで働いてる日本人から、情報をゲットできるはずじゃ。

3年前のタイ一人旅の時にも、プーケットでそのようにして、ナイスな安宿情報をゲットした経験がある。ほっと一安心である。

ゆっくりと店に入っていくと、予想以上にお客さんが入っている。外人さんが必死に箸を使って寿司を食べている光景に、ほほえましさを感じる。

はっぴを着て、ねじりハチマキをした寿司職人2人を発見する。

「こんにちは！」と威勢よくあいさつをしたが、反応は薄い。

1人は、奥にいたから聞こえなかったのかもしれない。もう1人は、俺の顔を見てニコニコニコしている。なにか言いたげな顔ではあるのだが、声はない。そして、後ろ向きの彼の方を指差した。なるほど、あっちの人の方が、いろいろ知っているのだなと思い、忙しく料理を作っている彼の後ろ姿を見ながら、待っていた。

そして、彼がカウンターの方にやってくるなり、「こんにちは！ あのー、この辺で安宿ありませんか?」と、困った顔で尋ねてみた。

するとゝ彼もニコニコして、すぐに返事をしてくれない。

あれ? こいつもか。2人して、何をニコニコしているのじゃ!?

俺の顔になんかついてるんか? それとも俺の格好がなんかおかしいんか?

もう一度、『千と千尋の神隠し』で、千尋が湯婆に対して、必死のやや高めの声で「ここで働かせてください!」と、懇願した時のニュアンスで、

「すいません、この近くに安宿はありませんか?」

すると、またもニコニコしながらも、ようやく口を開いた。

「そおりー、のっと、じゃぱに〜ず……」

????

のっとじゃぱに〜ず? のっと・じゃぱに〜ず?

ノット・ジャパニーズ? Not Japanese!?

まさか、お前は、のっとじゃぱにーずなのかー!!

ということは、日本人ではないのかー?

安宿情報を得られなかった残念さよりも、彼らが日本人でなかったということに、最大級の驚きと、おかしさを感じた。

話を聞くと、彼らはタイ人であった。ニコニコしていた理由が分かった。

「ごめん、俺ら本当は日本人じゃないのよ〜」という申し訳なさと、照れたニコニコであったのだ。

出稼ぎでやってきているタイ人が、日本人に顔が似ているということで、こうして働いているのだ。それをイスラエルの人は、完全日本人だと思いこんでいるに違いない。だって、日本人である俺も騙されたくらいだからな――。くすっ。

SHOOT 6
カイロのミイラ屋で日本代表「背番号10」になりすます!?

エジプト(ダハブ/カイロ/アスワン/ルクソール)

紅海先に立たすまい、ダイヴィングを決意

10月19日（日）ダハブ（エジプト）

地球の70％は海かー……。70％!? ほとんど、海やん。この星！

うーむ、なるほど、その70％の部分も見てみたいなー。

海は大好きやけどなーーー……うーむ、海の中は怖いなーーー。ドレッドも崩れるだろうなー。どうしようかなー……。


地球を一周してやろうと日本を飛び出した俺。

やはり、地球を一周する中で、その地球の大半を占めている海の中の世界も見ておかなければ!!

ということで、世界の3大ダイヴィングスポットの中でも、真っ先に名前があがると言われている紅海を目《ま》の当たりにし、ここダハブで、ダイヴィングのライセンスを取ることを決意したのであった。

その決断の裏には、2つの決定打があった。

1つは、紅海の中でも有名なストーリーのあるWreck（沈没船）。

60年前、第二次世界大戦中に、爆撃されて沈んだイギリス軍の大きな船が紅海の海底に眠っているというのだ。世界中のダイヴァーたちが、その沈没船を訪ねてこの紅海に潜りに来るらしい。

そしてもう1つは、日本の沖縄与那国島《よなぐにじま》の海底遺跡の存在である。昔、大陸が繋《つな》がっていた時の遺跡が海に沈んでいるとの話を、まだ日本にいる時に耳にした。いつか、潜って見に行きたいと思った。

そんな2つの海の中のロマンを体験するためには、ライセンスが要《い》る。両方とも水深30メートルまで潜ることのできる「アドヴァンス」コースまで取らなければならない。

ここダハブでは4日間で「オープンウォーター」が、そのあとさらに2日間かけて、「アドヴァンス」が取得できる。

ちなみに、エジプトは物価が安い。ダハブの安宿はシングルで7ポンド（約140円）、瓶のコーラは20円くらい、飯も安くて美味《うま》い。海はめっちゃきれい。

さらにアフリカからの黒人がドレッドショップを開いているため、全ダイヴが終わった後のドレッドの修復も可能やし、最愛のチョチョリネス（イスラエルで買ったガット・ギター）もいるし、何かと居心地のいい条件が揃っているのだ。

ここにきて、ダハブで少し長居してしまいそうだが、とりあえず、沈没船を見に行こう!!

どSのスパルタ教師・ジャッキー
10月21日（火）ダハブ（エジプト）

ジャッキー。

小見出しにしてしまうほど、俺にとって強烈な人物である。
スーダン人で、ドレッドヘアーの黒人で、俺のダイヴィングのインストラクター、つまり先生である。しかしまじで、厳しい先生なのである。
その厳しさは、筆舌に尽くし難いのだが、あえて、カタカナ4文字で表すなら、「ス・パ・ル・タ」である。

ここダハブには、日本人インストラクターもいるが、やや値段が割り増しということと、英語の勉強も兼ねて、違うダイヴィングセンターで申し込んだ。ただ、生命に関わる大事な知識。英語だけの説明では不安である。

そこで、申し込んだダイヴセンターには、けいこさんというダイヴマスター見習い中の日本人の方がいて、その方がずっと付き添ってくれ、通訳やら説明やらをしていただけるはず……だったのだが……。

結局、最後までけいこさんとは都合が合わずで、ジャッキーの英語による説明と授業で、アドヴァンスまでのライセンスを取得したのだ。気合いと根性で。

日本語でさえ難しいのに、英語の専門用語が飛び交い、もうほんといっぱいいっぱいな、なおちゃんであった。

ライセンス取得には、机上での授業と、水中での実技レッスンが必要だ。

正しい知識と、水中でのあらゆるトラブルに対応できるようなスキルを身につけていく。

こうして、いろいろなことを覚えていくにつれて、4年前のタイでの体験ダイヴィングのことを思い返すと、本当に危険であったと思う。

2、3時間の簡単な講習だけで、何の知識もないまま、すぐ海の中に潜った。もし、あの時、何かのトラブルが起こっていたら、完全、パニック・ダイヴァーと化していたに違いない。

ジャッキーの話をしてみよう。

見た目は、ノリのいい黒人のドレッド兄ちゃん。ところが、ふたを開けてみると、ダハブでも名高いスパルタ教師。講習を受けている時、蓄積された疲れから睡魔が襲う。

寝てはダメだ。分かっていながらも……ｚｚ……おーっと、危ない。ダメ、ダメ、頑張れーナオト!!

ジャッキーが黒板を使って一生懸命説明してくれ……て……ｚｚ……。

危ない。危ない……ｚｚｚ……。

しまった!

3秒ほどであっただろうか。意識が飛び、体がピクッとなってしまった。教室の空気は完全凍り付いている。

ジャッキーが、獲物を見つけたライオンのようなすごい形相で、こっちをじーっと睨み付けている。言葉はない。

こ、こわい。ご、ごめんなさい……。も、もう寝ません。

しばらくするとようやく、何も言葉を放たず、また黒板に向かい、説明を始めた。中学生の時の、厳しい先生の授業以来の懐かしい緊張感である。

水面や水中のレッスンの時も、少しでも理解していなくて、間違ったことをすると、

「あー、なんて、ステューピッドなんだ! 何してるんだ! おまえは!! うわーー、わかってないのかー。うわー、日本人はいつでもスマート（賢い）と思ってたが、うわー、おまえは、日本人のイメージを悪くしたー。うわー……」

のような、すごい怒られようである。ボロクソに言われる。久しぶりにこんなに人に怒られた気がする。

あるエクササイズで、一度、パニックに陥ったことがあった。もうライセンスをとるのを止めようと思った事件が。

それはオープンウォーターコース4日目、「水中でマスクが外れた時の対処」のスキルの時のことであった。

「水中5メートルくらいのところで、水中でマスクを外し、インストラクターに掴まりながら、15メートル泳いで、またマスクをつける」

といった、文章にすると、なんとも簡単に見えてしまうことだった。

そんなこともできないのー？　ナオトーー!?　と言われてしまいそうなくらいのことだが、これには本当にまいった。コンタクトをつけているので、マスクを外している間、目は開けられない。さらに外している間は、息を吐いた泡が顔にダイレクトに当たり、なんとも嫌な感覚がするのだ。

この2つの理由から、マスクを外し、ジャッキーに掴まり泳ぎ始めると、もうどうしようもないくらいの恐怖に見舞われた。

いちばんの原因は、海の中での暗闇である。俺、暗闇が大っ嫌いである。インド・バラナシでの日記でも記したが、目をつむった状態での、聴覚への神経の集中はすごいもので、その時、レギュレーターを通して息をする音が、相当大きい音で聞こえてきた。

怖い。海が怖い。暗闇が怖い。だめだ、パニックになったらだめだ。

ダイヴィングでいちばん大事なこと、「どんな時でも、ゆっくりと深く息をすること」。もちろん、その通りにしようとするも体がいうことをきかん。

落ち着こうとする気持ちとは裏腹に、どんどん、鼓動は高まり、呼吸は早くなり、乱れ、このまま、息ができなくなってしまいそうになり!! 無理だ! 頼む! 水面に上がりたい!! と、必死にジャッキーに合図を出し、助けを求めた。

そして、水深約5メートルのところから、一気に浮上し、水面に上がった。

水面に上がり、レギュレーターを口から外し、息をした。心臓はまだ、バクバクと早いリズムを刻んでいる。水面にプカプカ浮きながら、「あー、怖かったー!」と、大きい声で叫ぶと、ジャッキーに「shut up !!」と一喝された。さらに、「もう一回行くぞ!!」と。この人は鬼だと思った。

死にそうになってる生徒に向かって、よくもまあ、そんなことが言えるなと。

超スパルタ先生ジャッキーとのコンビ「ドレッド・ブラザーズ」

「無理だ!! 待て! 落ち着かせてくれ……」

その時、ダイヴィングなんか止めようと思った。もう、ここまででいいと。あれは絶対、俺にはできん。怖すぎる。あの恐怖には勝てん!

しばらくして、落ち着いてくると、ジャッキーが「行くぞ!! やらなきゃ、だめなんだ! 男だろ? その後は、楽しいぞー! できるさ!」と声をかけてくる。

悪いイメージが脳裏をよぎるが、ここで止めては男が廃《すた》る、なおとが廃ると、不安を隠し切れない体に鞭《むち》をうち、奮い立たせて、もう一度チャレンジすることにした。

2回目も、同じように恐怖感は襲ってきたが、一つ自分に言い聞かせた。

「おまえ、息してるじゃねーか!」

そうだ。確かに暗闇だが、息をしている。呼吸ができている。なら、死ぬことはないのだ。それで、だいぶコントロールできるようになり、なんとかそのスキルをクリアーしたのであった。

しかし、そこはジャッキー、飴《あめ》と鞭。できた時の誉《ほ》めてくれ方は、大きいアクションである。水中で、少しスローモーションになりながらも拍手や、握手、ガッツポーズをしてくれる。本当にたいそうすごいことをやってのけたかのような気持ちにさせてくれる。俺も単純やから、めっちゃうれしかった。

少し余裕が出てきた頃には、二人してドレッドヘアーをなびかせながら、水中で踊ったりはしゃいだりしていた。こんなインストラクターは、いない！　ジャッキーの講習を受けて本当によかったなと思った。

確かに、厳しいジャッキー。体育会系の「なおと」としては、高校時代、サッカー部1年生の時の厳しさを経験している「なおと」としては、これぐらい厳しい方が性に合う。命にかかわる大事なことだから、厳しくなるのだ。この人にだったら、海の中でついていける！　といったような信頼へといつしか変わっていた。拙者の命、あなた様に預けますぞ!!

そしてなんとか、オープンウォーター、さらにアドヴァンスのダイヴィング・ライセンスを、取得したのである。

ふはっはは、これで世界中の海、水深30メートルまで潜れるぜー！

ライセンス取得のための実技のダイヴでは、ここ紅海のダイヴスポットであるブルーホール、そしてキャニオンにも行った。

長〜い魚をお食事中の「たこ」にも遭遇した。あの「たこ」って奴は、イメージと全然違うんだな。たこ焼きの絵のように、○の下に足を8本描いた、あの「たこ」のイメージが植え付けられているからな、初め気が付かなかったぜ。

62年前、戦争で沈んだ船の中を泳ぐ

11月4日（火）ダハブ（エジプト）

アドヴァンスライセンスもgetし、ついに楽しみにしていたWreck（沈没船）Diveに行く時が来た。

朝早くからのダイヴィングなので、前日の夜からのツアーだった。夜の11時に集合し、そのポイントに近いシャルム・イッシェーフの街までワゴンに揺られて向かう。そういえば、ダハブに辿り着いて以来19日目にして初めてあの小さいダハブの街の外に出ることに気が付く。

深夜1時頃に街に着き、港に停泊している船に乗り込む。その船が今日の寝床だ。

2時半頃、寝ようとするが、緊張感からか船の揺れのせいか、なかなか寝付けない。

3時、寝られない。

3時半、寝られない。

寝なきゃー！　明日のダイヴのために寝なければー。

その「寝なきゃ」が強くなればなるほど、目が冴えていくばかりであった。お目め、パッチリである。

ノラ・ジョーンズの癒しの声でも、眠気を誘うことはできなかった。

4時、ようやく寝つけたような気がした時、大きなエンジン音と共に船が出港し、揺れを増した。また、強烈な寝られない要素が増した。

結局、とてつもなく浅い眠りを1時間半ほどし、朝の6時に起床した。

朝食をとり、少しの休息後、8時半、ついに、その時が来た。

ワクワクのポジティヴな緊張感と、ドキドキのネガティヴな緊張感が同時に体中を駆け巡っていた。後者の方が、明らかに大きかった。少なからず、びびっていた。かなりナーヴァスになっていた。それには、訳がある。

この沈没船ツアーは、3本のダイヴで構成されており、1本目は沈没船の周り、2本目は沈没船の中、3本目は場所を移動して、ラス・モハメッドというポイントである。これらの難易度は極めて高く、ライセンスを取りたてのダイヴァーは相当の覚悟が必要であると言われている。

実際、1週間ほど前にこの沈没船ツアーに参加した日本人仲間は、

「海の中の流れが強すぎて、まじで前に進めないんだよ」

「死ぬかと思った」

「なんで、お金を払ってこんなにつらいことをしているのかと思ったよ。特に、ラス・モハ

メッドの方は本当に大変だった」

と、全員が口をそろえて、そのつらさを語っていた。

「脅かし」ではなく、「警告」の意味が含まれていた体験談であった。

確かに同じツアーの欧米人と話すと、みんな今までに100本、150本潜っているつわものぞろい。

ガイドのインストラクターに、今まで何本潜ったかと聞かれ、サバを読んで「11」と答えた。まさか1桁の「9」なんて言ったら、「お前は連れていかん、船に残ってろ」と、言われそうな雰囲気すらあった。

海の中の流れの強さは、潜ってみないとわからないらしい。ここまで来たら、あとは運に身を任す他ないのだ。そう、ジャッキーの特訓に耐えて、乗り越えた成果を、今こそ見せるのだ！　時は来たれり！

タンクを背負い、マスクをつけ、足にフィンをつけ、いざ船から海に飛び込むべし！　海の中には、ロマンが待っている……。

第二次世界大戦さなかの、1941年10月6日の夜、イギリス軍の輸送船「The Thistlegorm」が、アフリカに向かう途中、紅海にてドイツ軍の戦闘機による空爆にあい、撃沈された。全長126メートルもあるその船は、62年経《た》った今でも、紅海の底に沈んだままである。

それを見た時、時間が完全に止まった。

これが今実際に自分の目で見ているものだと認識するのも難しいくらい、幻想的な光景であった。

目の前には、62年前、戦争で沈んだ大きな船が、海の中にずっしりと横たわっていた。まだ航海を続けてるかのように、実に活き活きと。

エントリー（海の中に入ること）してから、しばらくはその圧倒的な光景にドキドキしていた。海の中に、こんなに大きな物が沈んでいるとは。現実離れしていて、まるで映画を観ているような感覚であった。

沈没船に近づき、その外周を回っている途中、またしても、驚嘆を余儀なくされる光景に出くわす。

巨大な魚の大群が、円を描いて泳いでいるではないか!!

目を見開き、息をのんだ。今まで見たこともない、大きな魚だ。マグロであろうか、カツオであろうか。形は普通の魚だが、その大きさたるや、1メートル20〜30センチはあるだろう。そして分厚い。そして、20〜30匹ほどの大群。そんな魚、魚、魚が、沈没船の近くで、円を描き、泳いでいるその姿を想像していただきたい。さぞ、想像しづらいことでしょう。

俺もあの記憶は夢であったかのような感覚である。

巨大な魚たちにすっかり心を奪われたが、その後は、もちろん主役の沈没船の探検だ。爆撃された所は、ものの見事に破壊されている。戦車がひっくり返っている。船から攻撃するためのライフル銃もある。

こうして62年間、海の中で誰にも乗られることもなく、トラックやオートバイがズラリと並んでいる。長靴や、戦闘服、他にもさまざまな輸送物資が、ここにある。

地上にあったら、処分されてしまうものが、海の中にあるため、そのままの保存状態なのである。戦争の博物館のようだ。あるいはタイムスリップしたかのような感覚だ。船の中は薄暗く、懐中電灯をつけて進んでいく。スリリングで、ワクワクの探検であった。途中、そこが海の中であることを忘れ、船の中を魚が泳いでいることに不思議な気がした。

しかし、まだ、ダイヴィングを始めたばかりの「ナオト」君は、その感動や、驚きのたびに、ダイヴィングでいちばん大事な「ゆっくりと深く呼吸する」ことを忘れていた。1、2本目とも、あえなくエアー切れで、ガイドのエアー（オクトパス）を分けていただくことになった。

午前中の2本のダイヴで、すっかり自信をつけて、勢いに乗った俺らに、強敵と呼び名の高い「ラス・モハメッド」の海は、また最高に素敵な環境を用意してくれていた。

透明度は、最高。

どこまでも、見えた。

海の中の先がどこまででも見えるのだ。

同じ海でも、何も見えない湘南の海とこうも違うものか。視力が追いつかないくらいである。

もう一度、言おう。

視力が追いつかないくらい、透き通った海なのだ！

さらに、あれほど脅かされ、心配していた海の中の流れ（カレント）は、全くなかった。

なんという、ラッキーダイヴなのだ!!

さらに、さらに!!　さまざまなビッグ・タレントのオンパレードであった。

シャーク・リーフと呼ばれる、水面から800メートルもの海底までずっと続いている崖《がけ》に沿って泳いでいる時は、ピーターパンのように空を飛んでいるような感覚であった。

「うおー下見ると、こえー！」という感じが、気持ちいい。スカイダイヴィングのような感覚かな。

そこで、サメに遭遇!! リーフ・シャークと呼ばれる種類で、目が合ったと思ったらものすごいスピードで海の奥に消えていった。なんともすばやいやつである。

サメ並みに大きく、危ないといわれているジャイアント・バラクーダの10匹ほどの群れにも遭遇。でかく、長い。ええ、1メートル50センチくらいあったのではないかと。

まだ、まだー！ ジャイアント・モーレー！ 訳すと、超でけーうつぼ！ まじ、ありえんくらいでかい。黒く細い体の彼は、岩から体を乗り出し、口をぱくぱくいわせていたが、大きい黒いおばけの人形のようであった。

紅海ダイヴィングでのヒーローであるナポレオン・フィッシュ君の記述が、4番目になってしまうほど、レアーなスターたちのラッキーなお出ましであった。

午後は、落ち着いて呼吸ができたので、エアーも最後まで持ち、完全試合であった。

全てが、完璧であった。潜る前の緊張感が、海からあがった時、達成感と充実感に変わり、それらが満ち溢れてくるのを感じた。

海の中の世界。

すばらしいファンタジーであった。

まずは、海の中の生物さんたちに、「お邪魔させていただいてありがとう」と、お礼を言わなくてはならない。

海の神様、守ってくれてありがとう！

なおとは、今、生きています！

地球の7割を占める海のほんの一部だが、見られたことは大変大きな経験だった。俺には、ファンタジーだが、お魚さんにとってみたら、海の中が普段の生活。家なんだもんなー。

人間は、自然の中でいろんな生物と、この地球という星に共存していると改めて認識できた、そんな素敵なダイヴィング体験だった。

またカリブの海でも機会があれば、ちょっと潜ってみようと思う。

なんていったって、俺はアドヴァンス・ダイヴァーですから！　免許持ってますから!!

ふはははは!!

MTVアンプラグド風ナオトワンマンショウ

11月5日（水）ダハブ（エジプト）

海辺の街、ダハブでの生活が、もう20日も経とうとしていた。

沈没船ダイヴィングの感動もまだ記憶に新しいところだが、さらにもう一つ、ダハブでやるべきことがあった。この地を出る前に何か、俺の足跡を残しておきたかった。しばらく考えて、ようやく決めたことが、「ナオトＬＩＶＥ」であった。

これまで訪れた国々でしてきた飛び入りライブではなくて、自分だけの「ワンマンショウ」をしたいと思い立った。

その会場となったアダムス・バーは、屋外に小さいステージがあり、コの字形に突起したそのステージを囲むようにお客さんが座る。ちょっとしたステージ照明もあり、雰囲気は完全ＭＴＶである。

が、違うのはお客さんの種類である。お客さんの大半は、俺からみれば外国人である。それを見越して、ライブの構成を練っていた。

11月5日、水曜日、夜10時。

アダムス・バーには、１００人を超えるお客さんが集まっている。ダハブにいた日本人パッカーも少なくないが、エジプシャンを筆頭に、欧米人、韓国人……実に、さまざまな国籍の方が来て下さった。

ステージ裏の扉の奥で待機。お客さんが「今か、今か……」と楽しみにして下さっているザワザワを聞いている時の、こちらのワクワク感は、久しぶりで気持ちがいい。

CDで自分の曲を流してから、さっそうと登場……の予定だったが、そこは、エジプト。CDデッキが急に壊れてかけられないと、スタッフが慌てて俺のところに伝えに来た。

「フィシュ・ムシュケラ！（問題ない！）」

そういったトラブル、逆境があればあるほど燃えるタイプである。よっしゃ！　いざ、出陣！

扉を押し、登場。

ライブ空間芸術を織り成す暖かい歓声と、拍手……。

まずギターを置き、アラブ圏の男たちが頭にまくバンダナみたいなものをマントにし、それをひらひらさせ踊りながら、登場のそのままの勢いで、アカペラで、英語の歌から歌う。

4年前ニューヨークで受けたヴォイストレーニングの先生、ワニータから教わった曲である。（M1）

♪Baby, baby, I need your lovin', need your lovin' today……♪

よし、きた！　オープニングは、完璧にうまくいった。つかみはＯＫ!!

初めから座ってしっとり日本語で歌ったら、外国人のお客さんを引き込めない。自分の良さが伝わりづらい。そう、読んで思い付いた。

１曲目へのお客さんの拍手をそのまま、２曲目への手拍子に促す。ガットギターを抱え、椅子に座り、そのお客さんのテンションをビートに、即興で挨拶ソングを歌う。（Ｍ２）

「How's it going？　調子はどう？　アーミルイー？」

英語、日本語、アラビア語で、同じ意味を表す言葉をファンキーなカッティングに乗せ歌う。お客さんの返答を聞きながら。

会場の雰囲気が暖まって来たところで、さらにテンションを上げておこう！　ってことで、「Growing up !!」（Ｍ３）

曲の途中でお客を煽《あお》る。「♪オオーー　♪カモーン！」さすがに、外国人。ノリがよく、反応がいい。こういった参加型のエンターテインメントは、世界共通である。

続けざまに、「美しき恋の詩」（Ｍ４）

歌詞といいメロといい、非常に日本らしい曲であると自分では思うのだが、リズムは、レゲエなだけにこれまた反応よし。特に日本人のお客さんには、歌詞が伝わっている反応が顔に出ていて、嬉しい。

1発目のMCの途中では、アラブの国々で、ビッグヒットしている曲をアラビア語で披露した。「アハスマック」という曲で、レバノン人のナンシーというセクシーフェロモン系女性アーティストが歌っている。

シリアでその曲を聞いてからというもの、レバノン、ヨルダン、パレスチナ、エジプトと、どこに行っても、その強烈なミュージック・クリップは流れていた。

アラブのミュージック・マーケットは、連動しているらしく、その他イラク、モロッコなども含め、一度火がつけば他のアラビックカントリーにもたやすく広まるのである。旅をしていて、そこの土地の地元ッティと仲良くなる際に、その時のそこで流行っている曲が、時に瞬間接着剤になったりするものである。

ちょうど1年前に、「アセレへ」を歌って、ブラジルのTV局30周年記念野外フェスタに飛び入りで出させてもらった時にも、1万人ものブラジル人の心をつかんだものだった。同様、「アハスマック」を歌うと、やはりそこに来ているエジプシャンたちは、大ノリで飛びついてきた！

「Pappa do」（M5）は、簡単なフレーズの繰り返しなので、お客さんと一体となった。パッパドューと、みんなで一緒に合唱し、その間奏部分には、ボブさんの「No woman no cry」を挟み、海の街独特のそのゆるい風を、みんなで感じた。

2回目のMCでは、ナオトなりの平和、この旅を通じての出会い、感じたこと、アラファトさんへの謁見のことなどを話し、そのまま語るように日本の曲を歌う。

「大きな栗の木の下で」(M6)

この曲は究極のピースフルソングだと思い、この旅の間よく歌ってきた。

♪大きな栗の木の下でーあなたと私ー仲良く遊びましょうー大きな栗の木の下で♪

早く、パレスチナ、イスラエルが共に仲良く暮らせる日が来ることを願って。

ウエストバンクのラマラの議長府で出逢い、仲良くなった青年モデスのことを思い出しながら。

続けて、「上を向いて歩こう」(M7)

そして、自分の平和ソング「Brotherhood」(M8)に突入した。

この曲の途中、酔っ払った一人の欧米人のおっちゃんが踊りはじめ、ステージの方にやってきた。

かつて柏(千葉)や、渋谷でストリートライブをしていた時にも、そういった酔っ払いのじいさんが時折登場し、その空間を困らせたりすることがあった。

しかし、そのおっちゃんは違った。明らかに、曲の意味を理解し、恥ずかしがらず大きな

アンプラグド・ライブ@ダハブ

様々な国籍のお客さん

声で、歌いながら体を揺らしている。その姿は、俺を動かした。

ギターをステージに残し、おっさんのとこに歩み寄り、抱き合い、手を取り踊りながら、歌った。

♪ブラザーフッド　ブラザブラザーヘイヘイ♪

そのおっちゃんとの間には、国籍や人種の隔たりは、全くなかった。チェコ人のおっちゃん(後から話して判ったことだが)と、国籍・人種を超えた兄弟であることを確認し合ったのだった。

「Brotherhood」が終わり、次の、そのラストの曲にまつわる1つのメッセージを皆に伝えた。

動かなかったら、何も起こらない。

しかし動いたら、何かが必ず起こる。

さあ、行こう!!　起きろーー!　目を覚ませーー!「Good morning」(M9)

この曲に、韓国人の女性がやたらノリノリのうれしい反応を示してくれたりして、最後はテンションをあげて、ナオトＬＩＶＥは幕を閉じました。

ところが、うれしいことにアンコールが聞こえるではないか!　予想していないアンコールは、うれしいものであるな。

ふむ。ふむ。はて、どうしようか、何をしようか。

しかし、約束の時間よりおしているため、短くちょろっとできるものはあるまいか？　と、心にたずねたところ、ありました、ありました。シリアの大学生のモスリムの女の子に教えてもらったあの歌が。

再びステージに登場し、歌い始める。

「♪If you're happy and you know it, clap your hands !!♪」

「幸せなら手を叩こう」の英語版である。

さすがに誰もがこの曲は知っていて、1回目から早い反応で、手を叩いてくれる。2番で、足を鳴らして、3番では、「ＯＫ!!」と言わせた。

そして、一旦曲を止めて、「これからは、3つ混ぜるから注意しろよー！　間違えんなー！」と説明し、手を叩け！　ＯＫと言え！　足鳴らせ！　をミックスしていく。

ＯＫと言え！　ＯＫと言え！　手を叩け！　足鳴らせ！　手を叩け！　手を叩け！

さらに、テンポをだんだん速くしていく。赤上げて、白下げる。赤下げない、白下げない……みたいな旗ゲームと一緒の興奮がわき上がってくる。

お客さんは間違えまいと、よーく俺の歌う歌詞に耳を傾けているのが手に取るようにわかる。間違えた人の悲鳴やら、笑い声で、あーもうーこの緊張耐えられないーといったような飽和状態になる。

今だ！

♪If you're happy and you know it and you really wanna show it, if you're happy and you know it, say "NAOTO" !!!!!♪

?? "NAOTO" !!

決まった!!

ありえないくらい完璧に決まった！

最後、お客さんは予期していない「NAOTO」という言葉に、反射的に反応し、無意識に言わされた形になった。

一瞬唖然《あぜん》とした後、やられたーといったような気持ちと、集中していた緊張感から解き放たれた解放感が合わさり、この上ない満足感に満ちた拍手を、ステージを去る俺の背中に浴びせてくれた。

終わった後も、興奮していた。ここまで完璧なフィナーレは、滅多にない。もう、この言葉以外、当てはまりようがない。決まった!!

2010年のワールドツアーへの自信というか、ファースト・ステップというか、素晴らしい経験を積んだなと、感じることができたライブであった。

一つは、すべてのMCを英語で行ったこと。もちろん、つたないものであるが、言いたいとは伝えることができた。

さらに、エンターテインメントの重要性を再確認できたこと。基本的に日本でも参加型のライブを目指す俺にとって、いい経験だった。

これで、心置きなくダハブを去ることができる。


翌日、夜行バスでカイロに向かったのだが、昼間最後にダハブの街を歩いていると、ちょっとした有名人？　人気者？　になっていた。

通りを歩くと、「昨日は、最高にファンタスティックな夜をありがとう！」と知らないエジプシャンに声を掛けられたかと思えば、「昨日、お前、すごいショウしたんだってなー。俺、行けなくってさー、次は、いつだ？　ぜったい行くから！　いつだ？」なんて、これまた知らないエジプシャンに迫られたりした。

さすがに、道が海沿いに1本しかない狭い街だ。噂が流れるのも速い。何かを成した後のリアクションを感じることは、うれしいものだ。

その後、ルクソールで会ったある日本人の若い旅人が、俺の前で「ナオト」がいかにすごいかを語ってみせた。その「ナオト」が目の前にいる奴だとはまったく知らずに。そのライブの何日か後にダハブに着いて、そこでいろんな人から「ナオト」のすごさを叩き込まれたらしい。彼のあまりの熱弁に、つい名乗るタイミングを失ってしまった（いや本当のところは、もっと聞いていたかったんだがね）。

ふむふむ。すごい奴なんだー。へー。へー。

「会ってみたいなー！　ナオトにー!!」とまで、奴は言っている（会ってるー!!　今、お前の目の前に居るー!!）。

足跡を残してきてよかった……とそう思えた分かりやすいエピソードであった。

しかし、あのライブはダハブで会った日本人バックパッカー連中の協力なしではありえなかった。一緒に、ビラを貼ってくれ、配ってくれ、会場でも手伝ってくれ……。「ほんま、ありがとう」

あの宴は、ダハブでの思い出のハイライトである。

3ヶ月たった今の心境

11月8日（土）カイロ（エジプト）

父さん、カイロにやって来ました。カイロといっても、父さんのいつも身につけてるカイロとは違うわけで。

来てしばらくは体が重かったわけで。

楽園ダハブから、車びゅんびゅん、人うじゃうじゃの大都市にやってきたためと思われるわけで。

空気も悪いわけで。

でも肌寒さが、秋の日本と似ていたわけで。

♪懐かしい匂いがしたー　♪すみれの花時計ー♪

大黒摩季《おおぐろまき》のそれこそ懐かしい歌を口ずさんでみたりなんかしちゃったりしたわけで。いつ純君調を止めたらいいのかも、わからなくなってきちゃったわけで。

そう！　次の国が決まりました!!　スペイン！

イエス、寒くならないうちに、スペイン、ポルトガルを回って、次にモロッコかな？　それから、フランスを経て、ロンドンじゃろう。

年越しは、ロンドン？　はたまた、飛んで真夏の南米アルゼンチンか!?　そこから、南米、中米、アメリカといったところかな。

第5次旅ルート計画にのっとると、そんな感じですな。まあ、ここまでも大きく順路が変更してるんで、当てにはならんが。

7ヶ月のつもりで始まったが、1年ぐらいのコースだろうな。

それ以上は旅はしない方がいいな。

感性がすれてきてしまうからな。

日本から、もしダイレクトで行ったら、きっとすごいって感動できるものが、いろいろな所を長い間回ってるせいで、普通になってしまう感覚、それを「旅ずれ」と旅人は呼ぶ。あそこの国のあの遺跡に比べると、大したことなかった。とか、比べるのが、他の国になってしまうのですよ。日本の生活と比べられなくなってしまうのよ。

日本を発ってから、ダハブで3ヶ月目を迎え、カイロでもうすぐ100日記念を迎えるわけだが、まだ感性はやられてないね。新鮮な気持ちをキープしている。

どうしても、旅自体に生活感が出てきてしまうのはしょうがないが、いい意味で旅慣れはしているが、感性が鈍くなるのは困るね。いつでもフレッシュで！ モチヴェーション&テンション・キープで行こう!!

たまに長期バックパッカーで、だめだめになっている人に出くわす。

疲れきっているというか、結局、日本に居場所がなくて逃げ出してきて、その旅から抜け出せないでいるような。日本に帰っても、社会復帰できないような。マイナス・オーラしか出ていないような人である。

時々自分も、長時間の移動の疲れから、少しぐうたらしてしまってる時に、「俺、大丈夫かな？ あのマイナス・オーラ出してないかな」と心配になることがある。

最近、パッカーの間では、「沈没」という言葉が流行っている。

要は、旅中に1つの街で長いこと居座ってしまうことを指すのだが、この沈没者に、マイナス・オーラを持つ人が多い。毎日、何をするわけでもなく、1日が過ぎていく。1ヶ月近くも滞在しているのに、近くの名所旧跡巡りもせずに、無為に日々を送っている。

「今日もなんもしてねーやー」（笑）

「俺なんか、一歩も外に出てないですよー」（笑）

「俺なんか3日出てないぜ」（爆）

そして、こういった人たちの周りには、やはり同じような人たちが集まり、同類相哀れみながら、傷を舐《な》めあっている。

しかし、長期パッカーの中にも、良い感じのオーラをキープしている人も少なくない。

そして、沈没していても、マイナス・オーラの裏に大きな野望を秘めている人、次の目的への充電中の人……と、その意味合いは大きく変わるのである。

俺自身、旅の意味をいつも忘れないようにしたいと思う。

旅自体も目的ではあるが、「これから」につながる旅にしたい。

旅のテーマは、3つ。

人間的なパワーアップ！　世界の音楽に触れる！　そして英語のブラッシュ・アップ！

日本にいたら観ることができないピラミッドなどの遺跡、南米の氷河、ベネズエラのギアナ高地などのネイチャーロマンの世界！

そして、地元人に絡み、現地の生活に触れるリアリティーの世界！

しかし、どんな旅も無事に帰ることが一番の旅のテーマだ。

「生きてこそ!!」

一本取られた!!

11月9日（日）カイロ（エジプト）

カイロの新市街を歩いている時のことだ。

「コンニーチワ！」と、後ろから俺を呼ぶ声がする。しかし、そのイントネーションからNative Japanese Speakerでないことは容易に判断できる。

観光地によく出没し、巧みに日本語を操るいかがわしい現地人である。こういう奴にひっかかりノコノコついていき、ぼったくられる日本人も少なくない。こうして寄ってくる奴に、基本的にいい奴はいない。ここまで旅をしてきて、数え切れぬほどのインチキ兄ちゃんが、こうして声をかけてきたものだ。基本的には、シカト。相手にしないで、いつもは歩き去っていくのだが、このエジプシャンには、まったく一本取られてしまった。

「コンニチーワ！　ニフォンジン？　ニホンジン？　ヘイ！　コンニーチワ！」

ここまではいつも通り、全く反応せずにスタスタと、やや速度を速めながら歩き去ろうとしていた。

（俺は、日本語なんか分かりませんよー！　韓国人、あるいは中国人だものー）

なんて、心の中で呟《つぶや》きながら。

ほぼ相手を振りきったと感じた、次の瞬間である。

「ナンカ、オチタ!!」

ハッとして慌てて振り返る。バッグや、ポケットの中の財布なども確認しながら、落とし物を確認する。しかし、何も落ちていない。

次の瞬間、我に返り、自分のとった行動に大きく笑った。声高らかに。やられた。完敗であった。

そいつに向かって、完敗の笑みを送った。

そいつは俺が日本人であることを、いとも簡単に暴いた。もし俺が韓国人や中国人であったら、振り向かない。たいていのことは、無視できても、この「ナンカ オチタ！」には、つい反応してしまった。他にも「アブナイ」などと大きな声で言われたら、確実に振り向いてしまうであろう。

なるほど、賢いな……座ぶとん、1枚。思い出しても、本当におかしい話だ。

他にもいくつか、言葉にまつわる面白い話がある。

ついこないだ、怪しいエジプシャンが寄ってきて、"Hey ! Can you speak Arabic ?"なんて聞いてきた。〝ラー！ ラー！〟(No) と、アラビア語を連発した後に、自分で突っ込み、笑ったこともあった。

「それ、アラビア語ー!!」

同じことが、インドでも。

「スイマセン、ニホンジン、デスカ？」と聞かれ、"No. I'm a Korean."と、即答した。会話してるじゃん！

それにしても、「ナンカオチタ兄ちゃん」は、これからもずっとずっと私の記憶の中で、生き続けていくでありましょう。乾杯！

スフィンクスとkissをする東洋人の写真を撮る西洋人

スフィンクスの目線の先にはケンタッキー

ナオト日本代表選手疑惑!?

11月12日（水）カイロ（エジプト）

小さい頃から憧れていたピラミッドに行ったが、4500年前に建てられたものというのが、いまいちピンとこない。不思議の多い文明をもっと知るために、ツタンカーメンの黄金のマスクもある考古学博物館にやって来た。見どころ満載で、エジプト文明のすごさをまざまざと見せ付けられた。開館から閉館まで見続け、時間の経つのも忘れていた。

実際にツタンカーメンのマスクは、黄金に輝いており、それはそれは美しく、オッズの通り、他の追随を許さなかったのではあるが、そんなツタンカーメンも旅日記の今日のタイトルを奪われるくらいの、珍事件が起きたのである。

それは、館内にあるミイラ室での出来事だった。ミイラ室に入るための別料金のチケットを買い、薄暗い部屋に入る。ここでは写真撮影は禁止されていて、厳重に警備員の制服をまとった人が、見張っている。エジプト文明の中では、死んだ人が生き返ると信じられている。よって、死んだ人をミイラ化して保存しておくのだ。

驚くなかれ、そのミイラの姿・形は、3000〜4000年の時を経て、今もなお存在しているのだ！　グロテスクに、その顔はこけてはいるが、髪の毛さえ残っているものもある。

そのミイラ化の技術にすっかり感心させられ、ミイラ室を後にしようとしたその時、警備員の兄ちゃんが、俺を手招きする。

俺、なんも悪いことしてないよな。写真も撮ってないし。うん。

ミイラ室での自分の行動を高速で振り返り、自分なりにそれを肯定した。すると、何を言い出すのかと思えば、

「お前、サッカーの選手だよな？」

と、突然聞いてきた。

「は？」（こいつ、誰のこと言ってんだ？　まあでもサッカーは紛れもなくやってるからなー、ここはひとつノッてみよう）

「ああ」と答える。

「日本の代表選手だよな？　お前。俺、テレビで見たことあるぜ!!」（うん？　代表？　こいつ、俺のことを代表の選手と勘違いしてるのか？　こりゃー面白くなってきたぞー。よっしゃ、一発なりすましたろう！）

「そうだ、よく知ってるなー」

「何番だったっけかー？　背番号は？」

（ここは一発、もちろん10番だろう!!　楽しい！　気持ちいいぞーこれは!!）

「10番だ」

「おお！　そうだ10番だ。あれれ、名前は何だったっけ？」

（あ、ヒデなら7だったなー。それとも、もしかして、三都主の髪型と間違っているのかも、まあいいか、ここは、俊輔でいこう！　NAKAMURAだ）

「NAKAMURAだ！」（あながち嘘でもないし）

「そうだ、NAKAMURAだ。そうだそうだー。いいプレイヤーだよ。あんたは！　ようこそ、ようこそ！　エジプトへ！」

「シュックラン（アラビア語で＝thank you）」

すると兄ちゃんは、いきなり体を寄せ、耳にひそひそ話で、「お前、写真撮っていいぞ！　特別に！　いちばん奥の通路からな」。

え？　こいつ、今なんと？　写真を許可したのか？　ミイラの写真を。

写真撮影を禁止するために、そこで番をしているであろう者が、いま、サッカー日本代表の10番（？）に、内緒で許可をしたのだ。

おお、それはラッキーな話が舞い下りてきたものだ。そうさせていただかない手はない。

するりと奥の通路に移動し、カシャカシャと撮らせていただいた。

しかし、他の観光客もいることもあり、警備員の兄ちゃんは立場上、注意しなくてはなら

アスワンでサッカー。ラクダにパス？

ないので、ゆっくりと寄ってきて、「そろそろ」と、注意する演技を見せた。

そして、別れ際、警備員の兄ちゃんは、「俺、お前のこと覚えてたぜ、偉いだろう。だから、名刺かなんかくれ！」と、言ってきた。

そんなものは持っていないし、ましてや日本代表の証拠となるものなどあるわけがない。

「悪いな、今切らしてるんだ、また、来るさ。ありがとう！」

と言い残し、禁止されているはずのミイラの写真を撮ったカメラを持ち、いささかスキップをして浮かれながら歩き去ったのであった。

P.S.
その他に、今日は2つもファニーな出来事が起きたのであるが、その1つは、ベッドが崩壊したことである。しかも、寝ている途中に。

どう人生を正確にプレイバックしても、こんな体験は、初めてである。

確かに、寝る前から少しはその兆候はあった。まず3時頃であろうか、第1弾。俺の足のものあたりを支えていたであろう板が落ちた。そして5時頃、お尻のあたりの板が落ち、お尻が沈んだ。まあこれぐらいでも、人間は寝続けることができる動物なので、気にはなるが寝続けた。

そして、いよいよ記念すべきその瞬間が訪れる。朝、6時22分。最後の寝返りによって、ベッドがドドーッという音と共に崩れ落ち、上半身が沈むというか、床に落ちた。

足は依然として、高さ35センチほどの全壊を免れた部分によって一応ベッドの上にある。腹筋を鍛えるのかというような体勢になり、驚きよりも、もう笑うしかないといった状況であった。完全にドリフである。安息を約束されているはずの睡眠という行為が、完全に覆された日であった。

さらに、もう1つのファニー・ストーリーは、レストランで、サンドイッチのポテトを頼んだら、ポテトサラダでもフライドポテトでもなく、ポテトチップスがパンに挟まって出てきたことです。エジプト文明の奥の深さを感じました。

以上。

本気で悩んだプロ・サッカー選手のスカウト

11月15日（土）アスワン（エジプト）

アブシンベルから帰って来ると、アスワンのヌビア村では、サッカーの大会が行われていた。

その情報を昨日聞きつけたので、試合に出させてもらうべく、早速グラウンドに向かう。

しかし、それは20歳以下の大会で、試合には出ることができなかった。そこでハーフタイムに、ボールを蹴っていると自然と人が集まりだし、ミニゲームになった。

そして、そこで一緒にやっていたおっさんが、ウエスト・アスワンFCの監督さんで、俺のプレーに目をつけてくれた。

「おまえ、うちのチームに入らんか」と、説得が始まった。なんと、プロ・サッカー選手の誘いを受けることになる。

もちろんサッカーはやりたいけれど、もうアスワンを離れなければいけない旨を伝えると
「アスワンに住め!」と、言い始める。

「1年契約でUS500ドル（約6万円）でどうだ?」

一瞬心が揺らいだ。

エジプトの物価は安いので、お金の価値としては500ドルは相当な額であり、なんとか暮らしていけそうな値段である。そして何よりも、お金をもらってサッカーをする！ という、つまり「プロ・サッカー選手」というその響きに、胸が躍った。

しかし、本気でしかも冷静に考えた結果、このお話は丁重にお断りさせていただいた。

幼少の頃からボールを蹴り始め、高校まで完全にサッカー中心に俺の世界が回っていた。

生粋《きっすい》のサッカー小僧である。何を隠そう、幼稚園、小学校、中学校の卒業文集すべてに、将来の夢は、「プロ・サッカー選手になりたい」と残されている。

中学の文集では、「2002年、絶対日本をワールドカップに連れて行くから、みんな見ててくれよな！」と、恥ずかし気もなく豪語している。2002年、ワールドカップが日本に来てしまったことなど彼が知るはずもない。

そして、ナオトはこんなんなってるし。どうやら、あの頃描いていたものとは違う未来に来てしまったようだ。しかし、今は今で最高なので、あの頃の俺にも今の俺をわかってもらえることだろうと思う。

正しいかくれんぼの仕方

11月16日（日）ルクソール（エジプト）

1週間ほどの滞在のつもりであったエジプトだが、ダハブでの楽園生活のせいもあって、早くももう1ヶ月が経とうとしていた。しかしそれでもまだエジプトという国の持つ古代文明の偉大さ・神秘性を感じるには充分ではないように感じる。

そしてこの国の最後の目的地である、ルクソールにやって来た。ルクソールはかつてテーべと呼ばれた都のあった街。日本の京都といったところであろうか。

ルクソールの見どころは、2つのパートに分けられる。ナイル川を挟んで、東岸地区と西岸地区である。

ルクソールは広い。特に西岸は広範囲に遺跡が点在していて丸々一日を費やさないと回りきれない。

到着したその日は東側を回ることにした。宿のツアーでルクソールを回ることもできるが、やはり少し高くつくので、ここは自力で回ろう！　と、2日間、チャリンコを借りることにした。

現存する神殿では最大の規模を誇るカルナック神殿にやって来た。

カルナック神殿を奥に進んで行くと、この神殿のハイライトとも言えるダイナミックな大列柱室に出くわす。

16列134本の砂岩の巨大な列柱がドーンと並んでいる。この柱群の1本1本のスケールは大変大きく、迫力満点である。これまでの人生を振り返り、ここまで高くて太い柱たち134本に囲まれたことはあったであろうか？　いや、おそらくあるまい。

そこの中を歩いている時、ある最高なアイディアがひらめいた。

「かくれんぼ」

かくれんぼの舞台、カルナック神殿

そう、小さい頃からありとあらゆる場所で、そしてありとあらゆる人たちと、ありとあらゆる季節にした「かくれんぼ」。

今こそ、このエジプト文明の中で、古人もかつて日が暮れるまでしていたであろう「かくれんぼ」をしようではないか！　と。

カイロで出会いアスワン、アブシンベルと一緒に行動しているマレーシア人バックパッカーのヨブに提案したところ、大ノリで賛成してくれた。

第34回輝け！　カルナック神殿、男だらけの大かくれんぼ大会（ポロリ一切なし）のファンファーレは軽やかに鳴り響いたのであった。

ルールはごく簡単。

この134本の柱の間だけの範囲で隠れる。鬼は1分したら、探し始める。競うべきところは、何分間見つからずに隠れていられるかである。

ジャンケンで勝ち、先攻になったので早速隠れ始める。この逃げている時のスリル。アドレナリンが出まくっている。ガキの頃とまったく変わっていない表情を満面に浮かべていたであろう。

見つかってしまった時の残念感。がっかり感。ほんとに、悔しい。

鬼交替をし、今度は探す番だ。

まあ、相手のヨブは隠れるセンスなしだったので、1ラウンド目は、わずか5秒で発見してやった。

もし、エジプトに興味を持ち、ルクソールの東岸にあるカルナック神殿に行き、大列柱群でかくれんぼをいつか、したいと思ってる人がいたら、ここにそのコツを教えておこう。

柱は整然と並んでいるので、鬼はしらみつぶしに探していけば、相手を見つけることができる。なので、逃げる方も、鬼の動きを察知し少しずつ動くことが必要である。

こうして恐れ多くも、古代エジプト文明の偉大なる遺跡を遊び場にして、僕らは飽きるまでこの「かくれんぼ」ゲームを何回も繰りかえしたとさ。

SHOOT 7
俺の荷物は!?
モロッコの田舎町で
この旅最大のピンチ!

ポルトガル(リスボン/ロカ岬)〜モロッコ(タンジェ/
ケサル・キビール/マラケシュ/ハロウン村/メルズーガ)

人生初のヨーロッパは孤独の味

11月20日（木）リスボン（ポルトガル）

初めてヨーロッパに足を踏み入れたその感触は、決していいものではなかった。この旅に出て以来、初めて「寂しさ」というものを感じた。

日本を離れてしばらく経つという理由から来るものではないことは分かった。それは、「孤独」という種類の寂しさであろう。

カイロからスペイン・マドリッドに到着したその日、ポルトガル・リスボン行きの夜のバスのチケットが、幸運にもラスイチ（＝最後の1枚）で取れた。一見もったいないように感じるが、朝にユースホステルにチェックイン、昼まで寝て、午後は街へ出、夜チェックアウト。1泊もせずにポルトガルにやって来た。

ヨーロッパに対して、何か物足りなさを感じていた。間違いなく、この物足りなさの原因は人間である。

ヨーロッパ＝先進国は、なんと人に無関心な人間が多いのか⁉ アラブのガツガツした国々から、ヨーロッパの落ち着いた国々に入ったため、そう感じるのであろう。

ヨーロッパの中でも、スペイン人はラテンのノリではじけているとか、ポルトガル人はとてもフレンドリーで親切であると聞いていた。これでか？ これでそうなら、ますます先が思いやられるな。

そういえば独りで旅をしてたんだ……。俺……。急にどうしようもない孤独感を覚えた。

これまでは、現地の人たちに絡み、絡まれ、話し、踊り、歌う。といったように、いつもそばに誰かがいるような状況が多く、独りで旅をしていることを感じさせない国々を旅してきたのだ、と思い当たる。ところが、急に独りで街に立たされているような感覚に陥ったのだ。無視されているのではないかと、被害妄想にもつながるほどだ。

ネクラという表現は自分には当てはまらないが、日本にいる時、一日中ずっと家にこもって、かなりマメな作業や、オタッキーな（＝オタクの形容詞形）時間をちゃんと持つようにしている。

ケータイにも一切出ないで、自ら孤独を作り上げる。でもそれは、家族や友達など大切な人たちが自分のそばにいる、その安心感の裏付けがあるから、その孤独を楽しめるのであろう。そんな独りの時間をこよなく愛しているし、大事にしている。

しかし、集団の中での意図しない孤独は、耐えがたいものである。無視のようないじめや差別は分かりやすいものであるが、そうでなくとも、学校や会社という集団の中で、「独りぼっち」だと感じる時もある。そういった中で孤立するということは精神的にまいってしまう。

人は、自分の存在を誰かに気付いてほしいものだ。認められたいものだ。自分の存在が必要ないということは、生きている意味まで問うてしまうほどである。

その種の孤独をここヨーロッパで感じてしまった。

透明人間になってしまったのかと思うくらい。

都会という乾いた街では、人と人との距離がどうしても遠くなってしまうものなのか。

それはエジプトの中でも、アスワン、ルクソールという地方から再び首都カイロに戻ってきた時に感じたことだった。


しかし、こういう感覚は日本にずっといたら、あまりにも普通で気が付かなかったことであろう。日本でも、他人とそれほど干渉しあわない。外国人が日本に来たら、今の俺以上の気持ちを感じるのかもしれないなどと考えたりもする。

これだけ大げさに深刻に言っているが、俺が言いたいのは、単純に、値切り合戦ができなくなった寂しさだったりする。

「なんで、はじめっから正当な値段を提示してくるんだー!」

「なんで、お釣りをちゃんと間違わずに、返しちゃうんだー！」

「ぼってこーい！　ぼろうとしてこーい！」

（ぼる＝1918年の米騒動の際に出た言葉。暴利→ぼりの動詞形）

「戦わせろー！」

もっと反応しろー！

もっと絡んでこーい！

俺の髪見てラスタと言えー！

目を合わせてくれー！

一緒に笑おーぜー！


しかし、アラブ人は人懐っこかったなー！

インド人のそれと一緒やったなー。

いや、それ以上かもしれんなー。

どこへ行っても、みんな笑いが絶えなかったなー。

ほんと、素敵な笑顔を持った連中である。

会った人みんな、口を揃えて〝WELCOME!!〟って、歓迎モードだった。これ、旅人にはすげーうれしい暖かい言葉だ。

日本に帰って、外国人に会ったら、大きな声で言ってあげようと思う。

“Welcome to Japan!!”

アラブ、中東、……日本に居た時は、この響きになんと危険なイメージを抱いていたことか。

アラブ諸国では、基本的に宗教のもと、犯罪、暴力は強く非難されるので、人の物を盗まないし、襲ってきたりしない。けんかは、しょっちゅう街で繰り広げられているが、これまた面白いのは、絶対に手を出さないことである。本気の口喧嘩《くちげんか》である。

俺も何度かファイトしたが、どれだけ熱くなっても手を出してこないという安心感があって、それを楽しんでいたりした。

すごく安全であった。今まで訪れたどこの国よりも。

しかし、ほんの一部の過激派のせいで、アラブのイメージは悪くなってしまっている。クレイジーで、行き過ぎた連中というのは、どの国にだっているのだ。

もちろん日本にだって、いーーっぱい、そういう奴らはいる。しかし、アラブ人を見るとテロリストかも、というイメージが日本の報道によって作り上げられてしまっている。

アメリカが正義。アラブが悪者。この図式に首をかしげている人たちも多い。アラブの国々を旅した、一バックパッカーとして、アラブ人は根っからの「いい奴」だということを声を大にして、世界中に伝えたい。

ユーラシア大陸最西端・ロカ岬到着

11月22日（土）ロカ岬（ポルトガル）

ポルトガルのリスボンを歩いている時、街並みがなんとなくブラジルに似ていると感じた。1年前のブラジル1ヶ月の旅の時に訪れたサルバドールという街の建物の色、様式、雰囲気を思い出した。

それもそのはず、ブラジルは南米で唯一ポルトガル語をしゃべる国。16世紀にポルトガル人がブラジルに入ったのである。つまり、ポルトガルがブラジルに似ているのではなく、ブラジルがポルトガルに似ているということだ。

1年前にブラジルに行った時に覚えたポルトガル語が、懐かしくよみがえってくる。オブリガード（＝ありがとう）という言葉の響きは、オブラートと似ていて中でもお気に入りである。

ポルトガル語から、日本語に転じている言葉はたくさんある。

200~300もあるという。カステラがポルトガル語であることは有名だが、街の小さい店の看板にも"tabaco"と書いてある。これもまた、日本のオリジナルの言葉だと思っていた。他にもてんぷら、カッパ、ボタン、かるた、シャボン、などもそうである。おもいきり「和」な響きのてんぷらや、かるたなどが、まさかヨーロッパから来ているとは驚きだ。

かつて450年前に、一隻のポルトガル船が種子島に漂着して、鉄砲が伝来されたりと、日本の文化に古くから影響を与えたポルトガル。

逆に、日本の文化が向こうに入っているものもある。シントラの王宮を見に行った時、屏《びょう》風《ぶ》が部屋に大事に飾られてあった。不思議と、洋風の建築物の中に屏風がしっくり合っていて、感心したものである。

大雨のリスボンの夜、カッパ(ポルトガル語capaより)を着てポルトガルの伝統音楽「FADO」の生演奏を聞きに行った。

ここバイロ・アルト地区には、ファドハウスが集中している。何軒か見てまわった結果、「LUSO」という大型の店に入り、ファドを初体験した。いろんな編成があるらしいが、そ

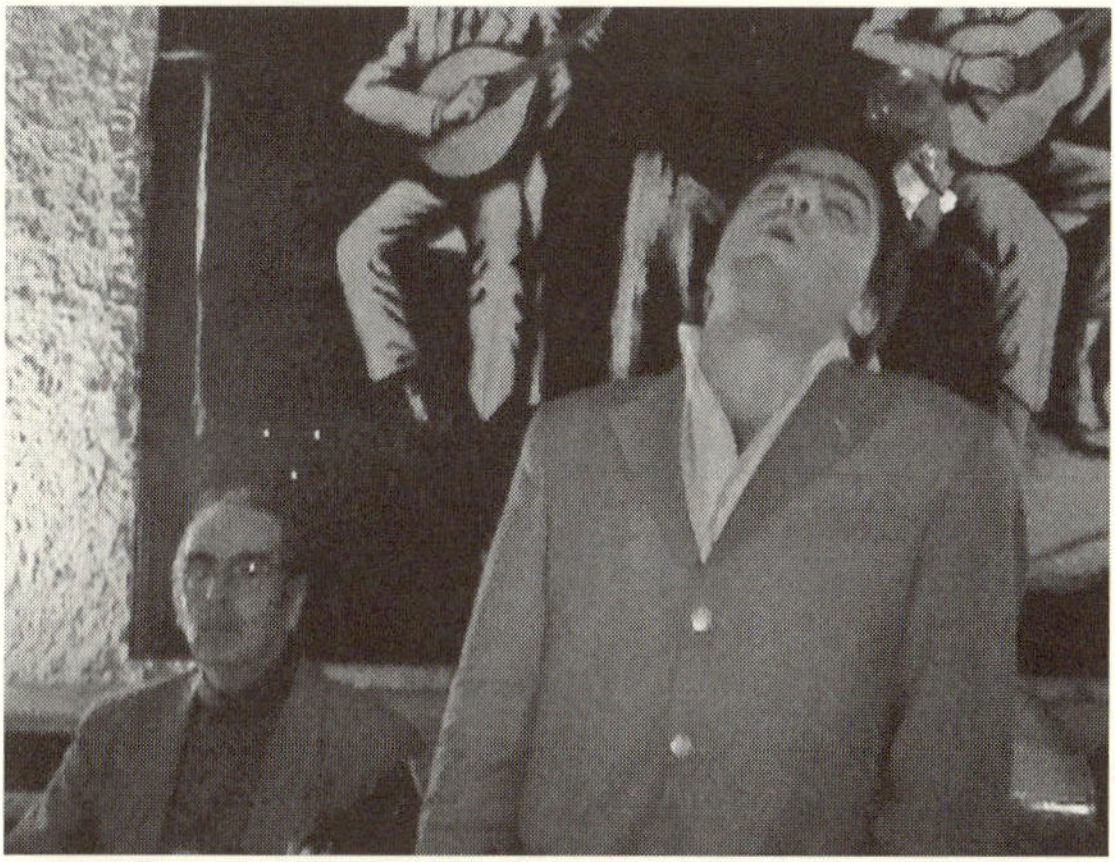

顔で歌う男性ファド歌手

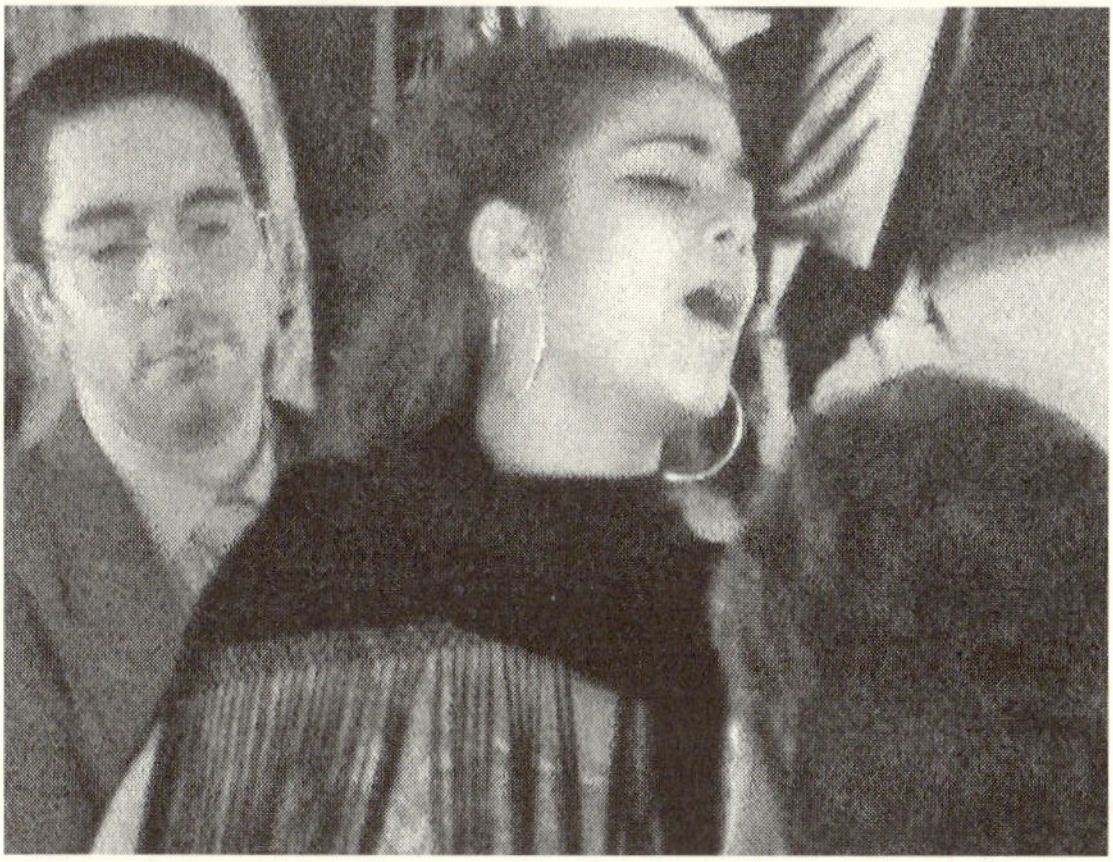

顔で歌う女性ファド歌手

の日は4人編成。

曲中ずっと単音か、速いリズムのアルペジオを奏でているポルトガル・ギターと、淡々とコードを弾く普通のギターと、ウッド・ベースと、歌い手の4人。2、3曲ずつ、歌い手は代わっていく。時に女性、時に男性。

一番のインパクトは音よりも顔であった。この歌い手たちのソウルを顔の表情から感じることができた。どの歌い手もみんな同じように、やや上を向き、目をつぶり、もろ悲しそうな物憂げな表情で歌いあげる。もうほとんど、顔で歌っている感じである。顔で。

1曲の演奏時間は2分くらいと短い。終わるときの最後の盛り上げ方と、キメはどの曲も一緒という統一感もおもしろい。曲調は2種類あって、長調か短調。短調の方は、哀愁漂う何か懐かしさを漂わせるメロディー・ラインである。

ライブ終了後、店のおっちゃんに話を聞きに行った。ファドの歴史はいろいろな説があるらしい。そのおっちゃんが信じている説によると、15世紀の大航海時代に、船上で故郷や恋人を懐かしんで、ノスタルジックな詩を書き、歌っていたのが始まりということだ。なるほど憂いを帯びた響きを奏でるわけだ。

日本の歌謡曲とも共通するものがあって、きっと日本人（特にやや年配の方）は、好きになる音楽であろう。

ユーラシア大陸最西端の碑で。俺としたことがいたって普通の記念撮影

ロカ岬の夕日をバックに１人でダンス（セルフタイマーでの撮影）

ライブを見た次の日、ファドのメロディーを口ずさみながら、ロカ岬にやってきた。

ロカ岬。広大なユーラシア大陸の最西端。

かつて詩聖ルイス・デ・カモンイスは、そこで思わず呟いた。

――ここに地終わり　海始まる――

その言葉はそこに立っている碑に刻み込まれていた。

何かの終わりは、何かの始まり。

熟考し、大きい決断をし、今の納得がいってない状況に終止符を打ってみる。その時に何かが始まる。

そういった思い切りも、人には必要なものであると思う。

一度しかない人生、待ってても何も起こらないのである。

この旅の終わりは、まだいつになるかわからないが、その時に何かが始まることは間違いない。

東の果てを出発してから111日目、俺は西の果ての岬にしっかりと立っていた。

生きている。息をしている。

再び東の果ての日出づる国に戻るまで、しっかりと世界の空気を吸い続けようと思う。

孤独からエスケープ。再び戻るアラブの世界

11月23日（日）タンジェ（モロッコ）

リスボンから夜行バスで、スペインのセヴィーリャに向かう。

出発から6時間、早朝5時、セヴィーリャにたどり着く。大雨だった。

とりあえずユースホステルに行った。が、なんとベッドは空いてないと言われる。11時、つまりチェックアウトの時間後なら、入れるという。それまで、この寒いロビーのベンチで寝て待つしかないのか……。

うーむ、どうしたらいいものか。

俺の頭には、3つの選択肢が浮かんでいた。

1つは、レセプションのオヤジが言うように、11時のチェックアウトまで待ち、チェックインする。2つ目は、他の安宿を探す。3つ目は、こうなったら一気に目的地であるモロッコへ走り続ける。

長く旅をしていると、選択肢が何個かあるこのようなシチュエーションに時々ぶつかる。

はじめは、もちろんいろいろ悩む。

うーむ、どうしよう。どうしたらいちばんいいんだ。

頭の中は高速回転でいろんなことをシミュレーションする。

未来の自分を、映像付き、シチュエーション別に想像を展開する。

しかし最後は、結局、直感、今感じていることを信じるしかない。

なんで、今満室なのか。

それは、ここに今いるべきではないことではないか？


セヴィーリャからアルヘシラス行きのバスに乗っていた。ここはもう「駒を先に進めなさい」ということだと解釈し、数日滞在するはずであったセヴィーリャを通り抜け、モロッコに向かった。

そのバスの中、信じられない光景を目の当たりにした。

セヴィーリャを出てから、30分くらい経った時であっただろうか。バスはちょうど見通しのいい平野を走っていた。

窓の外をふと眺めると、思わずその景色に息をのんだ。

虹だ。

大きく、くっきりと、その美しい姿を見せてくれている。

これまで生きてきた記憶の中で、これほどはっきりと半円を描き、長く、完成体ともいえる状態の虹を見た記憶はない。

大雨があがった後に現れ、実に素晴らしいショウを見せてくれた。

夢中になって窓にかじりつき、たぶん口をあんぐりあけて眺めていたに違いない。

自然の作り出すメルヘンチックなテーマパークの入り口のような、はたまた、自然の織り成すCGのような、3D感覚だった。

お昼頃に、アルヘシラスというスペインの南の町に到着。そこからフェリーで、ジブラルタル海峡を渡り、アフリカ大陸のモロッコを目指した。

モロッコの玄関口、タンジェという町に夕方に着いた時、タンジェで1泊するかそれとも先に進むか、また選択を迫られた。が、その時もう俺は、先へ先へ進む快感を覚えてしまっていた。

モロッコでいちばん賑やかな町、マラケシュへ向かおう。

鉄道の駅に行き、切符を購入、深夜の出発を待った。

モロッコにやって来たのは、サハラ砂漠など、その広大な自然に触れるという目的ももちろんあったが、無意識のうちに、もっと大きい理由が存在していた気がする。

escape。逃げてきた。あのヨーロッパで感じた孤独から。

そして、戻ってきた。この、アラブの空気に。この、人間と人間の距離の近さに。

町の人々に話しかけられることに、懐かしさを感じた。

危機一髪！　大追跡劇

11月23日（日）ケサル・キビール（モロッコ）

タンジェの鉄道駅で、マラケシュ行きの電車を待っていた時のことである。出発時間までまだ3時間ほどあり、どうしようかなと思っていたところ、1人の男が俺に英語で話しかけてきた。

警戒をしながらも、少し話をしていると、友達の奥さんが日本人で、すごく日本に興味があるみたいなことを言ってくる。

「オノ　オノ。シンジ　オノ」

小野のことも知っているようだ。

俺の旅の話などもすると、それなら俺の町に遊びにこないかと誘ってきた。

マラケシュや、その他の有名な町ばかり見ただけでは、モロッコを見たことにはならない。観光客が来ないようなローカルな町で、いろいろな伝統的なものにも触れてこそ、モロッコを深く知ることなのだと言う。その考えには納得がいった。

小さい町も見てみたいという気持ちは大きく、その誘いはとても興味深かった。その男からいささか怪しさも感じるが、お金とパスポート、そして命、これをしっかり守ってさえいれば大丈夫。湧き起こった冒険心が目的地を変えた。

マラケシュ行きのチケットを、ケサル・キビール行きに変更し、その男についていくことにした。

その男は、モロッコ人で名前をモウという。40歳ほどであろうか。アメリカ人の奥さんを持ち、アメリカ在住10年目であるという。今は、イスラム教徒にはとても大事なラマダンの時期で、家族に会うために戻ってきている。

背丈はやや高め、少し髪は薄く、格好はリッチでも貧乏でもないようなノーマルなカジュアル。小さいリュックを背負って、傘を持っている。

英語は堪能で発音もきれいであるし、まあアメリカに住んでいるからであろうと納得する。

そして、電車に乗り込む。混《こ》んでいるため座れず、デッキでギターをかき鳴らし歌っていた。1時間半ほどして、電車はケサル・キビールに到着した。

深夜3時前。

町は静かで、発展途上国の独特の薄暗いオレンジの街灯は怪しさを掻き立てていた。小雨の中、モウの後を歩いていく。どこに向かってるか、さっぱりわからない。

初めての土地を人の後をついて行った場合、「人任せ感」が無意識に発生してしまい、頭の中の方向感覚や、土地勘が全く働こうとせず、何回か小刻みに角を曲がった時点で、もはや駅まで一人では戻れない状態になっていた。

10分ほど、歩いただろうか。ようやく家の前に着く。

モウがインターホンを押し、中の反応をうかがっている。

俺がモウに、「ここがあんたの家なのか」と尋ねると、「いや、今日のお前の泊まる場所だ」と言う。

うん？　モウの家じゃない？　俺が泊まる宿？　モウの知り合いの宿にか。俺だけが？高いんじゃないのか？　といってももうこんな時間で、どこの町かもわからないところで他の宿を探すことは難しい。

「いくらだ」

「いくらなら払える？」

今日、モロッコに着いたばかりで、まだモロッコ・ディルハム貨幣の金銭感覚が体になじんでいない。そういう時に人はぼられやすい。

以前エジプトで会ったモロッコ好きの旅人から聞いた、モロッコの安宿の相場を、必死に思い出そうとした。

「30ディルハムだ。あんまり高いと泊まれない」

「30？　おおー、それはないぜ。んー、しょうがない、40でどうだ？」

まあ初めに、30と安めに提示していたので、40（約540円）で手を打った。

チェックインし、モウは部屋までついて来て、「明日お昼12時に、迎えに来るから」と言い残し、出て行った。

長い移動で体は疲労していたし、頭もぼぉーっとしていた。しかし、ふと冷静に考えてみると、おかしいことばかりであった。

モウの不審な点

・自分の家族の家に泊めず、俺だけを宿に寝かせた。

・モロッコ人の伝統的な服（ねずみ男みたいな服）を高値で俺に売ろうとした。

・明日、モロッコの歴史や音楽などを説明してくれるのは、英語のしゃべれる他の友達と言っていた。↓ガイドということか。

・砂漠ツアーにも誘ってくる。

・アメリカからの里帰りだというのに、荷物は小さいリュックに傘だけだ。

・「Not　タ・カ・イ」と、値段にまつわる日本語を知っている。↓今までこうして日本人を連れてきている可能性あり。
・この宿のチェックイン・カードを、モウが書いた。↓明らかにおかしい。こりゃー初めてじゃないぞ。

考えれば考えるほど、怪しい匂いがプンプンしてきた。

タンジェの港で、初めて会ったモロッコ人のおっさんの言葉が思い出された。

「モロッコ人は、信じるな！」

この部屋を出ていこうか、とも考えたが、ここがどこだかわからない。まあ命にかかわるような雰囲気ではない。金さえ払わなければいいのだ。

緊張感とスリルと不安が交錯する中、眠りに入った。

朝、起きて、しばらくすると、モウが友達のイスマイルを連れて部屋に入ってきた。今日1日の予定を説明し始める。

予想していた通り、ガイドであった。お金のことは、ビシッと初めに言っておかなければならない。

「おもしろそうだが、金は払わんぞ。そんな金はない」

「金？　誰がそんなもの欲しいと言ったんだ？　俺は金なら持ってるぜ。ほらほら（財布の中の札束を見せながら）アメリカに住んでるんだぜ！」

と、逆切れしてきた。

うん？　なるほど、そこまで悪い奴じゃないのか。金が目的じゃないのか。

騙されないために、心のどこかで人を疑ってかからなければならないのは旅人の常である。信用したいが、心を完全に許してはならぬ。

この場合、もうお金の話はしっかりつけたので、ガイドのイスマイル君についていってみようではないか。

モウは、「俺は他にすることがあるから、また夜会おう」と言って、消えた。

そして、どこの町かもわからないところの、市内観光が始まった。

まずは、スーク（アラブの国の商店街）へ行った。細い路地に店が立ち並び、あふれんばかりの人の流れ。1メートル進むのもひと苦労である。

スークを抜けて、もう1000年前から雰囲気が変わっていないという古い街並みを歩く。すべてが手作りの、服や、機械などの店が並ぶ。まさにタイムスリップだ。

ヤギの皮で作るモロッコ革というのが有名だそうだ。皮を剝《は》ぎ取った後、洗い乾かしておく青空工場的な所に連れて行ってもらう。そうとう臭かった。が、レザーになっている完成品しか見たことがなかったので、その過程を見ると本当に動物の皮なのだなと実感した。

その後、ユダヤ人がたくさん住んでいた頃に建てられたというお祈りをする場所・家などをまわって、最後にユダヤ人の共同墓地に案内された。ごく普通の草原に、ヘブライ文字が書かれた石棺がたくさん転がっていた。お墓はやはり何か独特の空気の重さがある。

その墓地の後に、スラム街があり、家というより小屋を組み立てて、そこで生活をしている人たちの姿を見た。

回り終わったときには、相当の空腹を感じていた。アラブの国はまだラマダン月間ということで、自分も何度目かのトライをしていた。日の出から、日の入りまで、何も食べない、飲まないラマダンを。

そして、なんとイスマイルの妹の家で、朝ご飯（普通の夕飯時。ラマダンなので、1食目）を食べさせてもらった。

その後、喫茶店に入りイスマイルと話をしていると、やはりお金の話が出てきた。

息子のために、これこれこうで、これだけ金がいるんだよなー。いや、1000ディルハム（1万3500円）とか言ってるんじゃなくてさ、まあ、気持ちでいいんだけど、もし協力してくれるなら……などと。

お金が最終的に絡んでくるのは予想できたし、今日一日、彼が俺にしてくれたことを思うと、朝は、払う金はないと言ったが、途中からお礼としてお金をあげてもいいなと思っていた。幾分かお金を渡すと、彼はいささかその額に納得がいかない表情を浮かべながらも、お礼を言った。

それから5分後、イスマイルは、「ちょいと仕事で行かなくてはならない所がある。30分ほどで帰ってくるから、ここで待ってろ」と言い出した。

「OK」と言った30秒後、何かを察知した。

あやしい。なんだかわからないが、奴を追わなくては!!

バッと立ち上がり、喫茶店を出、大雨の中を、ビショ濡れになりながら奴が歩いて行った方へ全力疾走で追いかけた。

しばらくすると、30メートルくらい先にイスマイルの姿を発見。そのままの距離を保ち、奴に気付かれないように尾行を続けた。自分が一体今、どこにいるのか全くわからない。ただ、奴の後ろ姿を追った。なるほど、探偵や警察の「追う」というスリルは、こういうものか……。

5分ほど経っただろうか、奴がある建物の中に入って行った。

うん?

その建物の前まで行ってみると！　見覚えがある!!

ここは!!　俺の泊まった宿だ！

俺の荷物をまだ預かってもらっている宿である。

やっぱり！　嫌な予感は的中した。

こいつ、俺の荷物をどうにかするつもりだ。危なかった！

ずぶ濡れになりながらも、「これで自分の荷物を守れる……」と、安堵感《あんどかん》が湧き起こった。

ここで見張っていて、奴が何か持って出て来たら捕まえようか。それとも、すぐ突入しようか。3秒後には、もう階段を駆け上がっていた。

奴が、いた！

宿のレセプション（受付）の人と、なにやら話をしていた。

そこへ、すげー何食わぬ顔で、俺が割り込んでやった。その時の奴の顔に書いてあった言葉は、「なにーー!?　なんでこいつ、ここにいやがる!!　追ってきやがったのかー。くそーー!!」であった。

奴は、何事もないような平静な顔を装ったが、一瞬見せたひきつった顔を、この俺が見逃す訳がなかった。

俺はすぐさまバッグを持ち出し、チェックアウトし、駅を探すために外に出た。

こうして大追跡劇は、幕を閉じたわけだが、実際あの時、俺が追っていなかったら、一体どうなっていたのであろう？

自分がどこにいるのかも全くわからない、宿の名前もわからない上に、あのまま一人、喫茶店で待っていたら……。俺は……？　俺の荷物は……？　と思うと、とても怖い。

キーマンであるモウとは朝以来、会うことはなかった。がその後、マラケシュで会ったある日本人の旅人が、モウとみられる人物にだまされ、金を巻き上げられたという話を聞いたときには、鳥肌がたった。同じく出没ポイントはタンジェの鉄道駅で、手口は異なるが、話し掛けられ、大金を払ってしまったという。

このように、ちょっと親日家を装い、日本人をだまそうとする悪い奴は山ほどいる。そんな中、本当に何の見返りも期待しない、心の澄んだ優しい人かどうかを見極めることは、困難である。

ただ、全部疑ってばかりではおもしろくない。全部信じていたら、確実にだまされる。旅をしていく中で、直感というものに対しての信頼感はどんどん高まっている。

そして、何よりもまず命、そして、パスポートとお金。加えて常に警戒心があれば、少しの冒険心もいいのではないかと思う。

冒険心なんか持たなくても、勝手に冒険が起きてしまうのが、旅であるが……。生きてこそ。

大声で何度も叫ぶ「あんた、アホや!!」

11月28日（金）マラケシュ（モロッコ）

イスラム暦の9月、断食月。

この1ヶ月間は、日の出から日の入りまで、食べない、飲まない。たばこもダメ、香料もダメ、そして、一切の性行為もダメ（キスだってもちろんダメ）。欲という欲を禁止し、普段以上にお祈りにいそしむのである。そして、日の入りの合図のアザーン（街のモスクから流れるコーラン）と同時に、一斉に朝ご飯を食べ始めるのである。夕方5時頃の朝ご飯。

この1ヶ月は、街のあらゆるところに食事が用意される。15分くらい前からだんだん人が集まり始め、時間になると一気にみんなが食べ始め、食べ終わった者から金も払わずにそのまま席を立ち、家に帰っていく。

5～10人の少人数のところから、200人くらい集まっている場所まであり、その場所に行けば、ただでご飯がいただけてしまうのだ。

旅人にとっては、こんなおいしい話はない。エジプトではほぼ毎日、このラマダン飯にありつきに行ったものだ。そういった場所の横を通っただけで、「食ってけ、食ってけ」とほぼ強制的に座らされるほどである。

ある日ふと、この食事は誰が支給しているのかという疑問が湧いた。国なのか？　地域なのか？

その質問に答えてくれた人の話では、お金持ちの人が、そういった何百人もの人たちの賄《まかな》いを、1ヶ月配給し続けるらしい。お金持ちの人が貧しい人を助けることは、イスラム教の常識だと言う。食事をもらう側も、卑屈になることなく、感謝というより、当たり前という態度で、毎日ただ飯をいただく。この助け合いの精神は、みんなの心の中に共通してある。

そのラマダンが明けてからの、マラケシュのフナ広場は、人、人、人……。

たくさんの人々が集まり、そこにいるだけでモロッコ人の楽しさ・おもしろさを共有できるフナ広場。生絞りオレンジジュースの屋台が一帯を囲み、広場の中では、たくさんの大道芸人、ギナワ・ミュージシャン、タトゥー屋、輪投げ屋などが立ち並び、そして何と言っても、あやしいアラブの笛を吹いてコブラが立って踊り始める「これぞ！　アラブのイメージ」といったような光景が、あちらこちらで見られるのだ。

夜になると、肉、焼き鳥、魚、スープ、カタツムリ……。なんでも食べられるたくさんの屋台が、店を出す。

毎日が学園祭である。その喧騒の懐かしいこと。ここに来ると、いつも心は躍る。一瞬入ったヨーロッパから逃げてきたので、余計にアラブ人の底抜けの明るさが、心を躍らせる。

ラマダンが明けると、3、4日間は、「ラマダン終わったぜフェスタ」で休日なので、一気に人々が街に繰り出す。そして、1ヶ月間の禁欲生活から解放され、のびのびと「意気揚々と生きようよ！」といわんばかりのエナジーで、仲間と、あるいは家族と騒ぎに騒いでいる。

こんなにワクワクする広場で歌わない手はない。ギターを片手に、いざ出陣。

すでに、日本人でドレッドヘアーってことで、顔に穴があいた。いや、あきそうなほど、人の視線を感じた。

初めはギターを持たず、アカペラで歌い始める。なぜならその方が動きやすかったから。激しい派手な動きで、人を集めるためだ。

開始10秒しないうちに、50人以上ものモロッコ人に囲まれる。なんと好奇心旺盛な連中なのであろう。珍しいもの見たさで、その数はどんどん膨れ上がる。

こうなってくると、もう誰も奴を止められない。観衆を煽り、観衆の描いている円を駆け回り、ノリのいい兄ちゃんを捕まえ、中に連れてきて一緒に踊った。

そして、アラビア語でのMCだ。挨拶、名前、国籍、基本的な自己紹介をする。そして、なおと必殺のスーパーアラビア語がここで大活躍。

「あんた、アホや‼」

どでかい声で、集まっているモロッコ人に言う！

「あんた、アホや‼」

もう一度、さっきより大きい声で叫ぶ‼

観衆は、みーんなうれしそうな、ニヤニヤ顔で、うなずきながら、「アホや！　アホや！」

と、返してくる。

ますますヒートアップしたなおとは、体中で動きをつけながら、

「あんた、アホや‼」

と、もう一度さっきより大きい声で怒鳴り散らす‼

すると、観衆は、さらに、みーんなうれしそうなニヤニヤした顔で、うなずいて、歓声とともに、「アホや！　アホや！」と、反応してくる。

これは、観衆が日本語を理解しているから起こった現象ではない。これは、れっきとしたアラビア語なのである。もちろん、意味は日本語のそれとは違う。むしろ、全然違うと断言しなければいけない。

アラビア語で「アンタ・アホヤ（正確には、エンタ・アホイヤ）」

英語で「You are brothers !!」

つまり「お前ら、みんな兄弟やーー!!」ってことである。

そんなことを何度も熱く言われたら、観衆が盛り上がり、ノッて、顔はニヤニヤになるのも当然だ。

この旅の中で、何度この「あんた、アホや!!」を巧みに操り、いかにいろんなものを値切って安く買ってきたかは、語らずともお察しであろう。

こうして、観衆の心をつかみきった後は、ギターを手に、十八番であるアラブのヒット曲、ナンシーの「アハッスマック」。

これでもう完成だ。キマリだ。

もう上がることはないとこまで、上がりきっていたお客のテンションは、さらにアップし、その後、夕日が沈む頃のフナ広場では、一人の日本人アーティストのオンステージが続いた……。

「あんたアホや！」＠フナ広場

どんどんエスカレート、ギャンブル魂

11月28日（金）マラケシュ（モロッコ）

フナ広場の賑わいの中に、人だかりができている一角があった。何だろうと思い覗くと、座ったおっさんが、地面に置いてある3枚のトランプカードの位置を、目にも止まらぬ速さでシャッフルしている。

どうやらその中に、1枚ジョーカーがあるらしく、「さあ、どれだっ」と煽り、客はどのカードがジョーカーか当てるのだ。その際に、お金を賭ける。もしずばり、ジョーカーの位置を当てたら、賭けた金が倍になって返ってくるという、なんともシンプルな賭けである。

初めてそれを見た時は、甘くみていた。3分の1の確率であるし、よーく見ていたら最後にどこのポジションにジョーカーを置いたかは、わかるだろうと。こんなことで、金が倍になるのか……、余裕ではないかと。

そして、確実にジョーカーの位置がわかる時を待った。たまに、おっさんがジョーカーを見せてちらつかせる時がある。

よーく見てっと……。あっ、見えた。間違いない!! ジョーカーはいちばん左じゃ。

そして、小額のお金をおっさんに渡し、そのカードをめくった。

目を疑った。ジョーカーではない。そんなはずはない。この目でしっかりと、そのジョーカーの絵柄を確認したのに。

まあ、これはたまたまだ。もう1回試したら当てられるであろう。ちょっとお金を多めに賭けて、さっきのお金を取り返そう。手には、さっきのお金の倍の20ディルハム（約270円）を握りしめていた。

もう一度よーく、3枚のトランプの動きを凝視する。何しろ、おっさんの手さばきは尋常でないほどの速さなのだが、たまに、ジョーカーの位置を見せるその時から、そのカードを懸命に目で追う。

1回のターンで、1人しか賭けることはできない。俺を含め10人ほどの人が、おっさんを囲んでいるのだが、たまに、ずばり当ててお金をゲットしている人も実際にいる。

そりゃー3分の1なら、当たるさ。

よーく、見極めてっと……。ふむふむ。うーん。わからない。うーん。見えた。うーーん、今だ。

これ！　と、そのカードを踏みつけ、お金を渡す。

勝った!!　と自信満々に、カードをひっくり返す。

すると、ん？　ジョーカーでは、な、ない‼　なんだー？　おかしい。絶対におかしい。そんなはずはない。

このままでは、終われない。得意でないし、かつ、大嫌いな賭け事。しかし、このフナ広場の雑踏の中、心の奥底のギャンブル魂が燃え始めていた。

エスカレートしていく自分にも気付いていたが、もう自分をコントロールできなかった。何か自分の理性を抑えつける毒のようなものが働いていた。

これがギャンブルの怖さであろうことも、わかっているのに、50ディルハム（約680円）の大金を持って、いざ復讐《ふくしゅう》すべく、またジョーカーを探した。

眺めていると、外している人も、しっかりと当ててお金を倍にしている人もいる。この目で見たのだ。俺だって当てられるに違いない。

ひげを蓄え、いかにもインチキ顔のモロッコ人のカード使いのおっさんは、お金持ちの日本人のいいカモがノコノコやってきたとばかりに、挑発してくる。

ほれ、ほれ、これがジョーカーだろう？　とばかりにちらつかせる。賭けないのか？　チキン野郎。

体中が熱くなり、額に汗がにじんできているのを感じた。何も焦ることはないのだ。自分が見えた時だけ、賭ければいいのだ。そのおっさんの挑発にのってはいけない。

じっくりと、3枚のカードを見据える。

ふむ。うーん、見えない。……ふむふむ。お！　見せた。今、左手に持ってるやつだ。

うん、さあどうする？　右のカードと交差させて、下に置いた。中央だ。間違いない。

今だ！　行け!!　威勢よく右足を一歩前に出して、中央のカードを踏む。50ディルハムを渡す。カードをめくる。

まさか……ありえない。

自分の手の中のカードはジョーカーではなかった……。

その後も、50ディルハム、どぶに捨てた。

これでもうすでに、計130ディルハム（約1800円）負けていた。宿3泊分の金だ。

ここで、止めておけばよかったのだが、完全に闘争心に火がついており、さらに、ギャンブルの依存症とやらに侵されてしまっている。

これで最後だ。毎回、最後の決心はするのだが、今度こそほんとうの最後だ。今までの損を一発逆転で、取り返そう。

100ディルハム（約1350円）、その紙幣を手に取った時、身震いを覚えた。そんな大金を賭けようとしていることに、自分でも驚いていた。旅の中で、いつも切り詰めた生活をしている俺にとってはなんとも馬鹿でかい額であった。

モロッコの物価は、日本のおよそ4分の1くらいであろうか。感覚的にはここでの100ディルハムは、日本での5000円強の価値に相当するのだ。

そんな100ディルハムがまたしても、一瞬にして空のかなたに舞っていった。

呆然と立ち尽くした。このギャンブルを始めてから、財布の金がなくなるまで、あっという間の出来事だった。

もう、何も残っていない。

ただただ、この大金を取り返さないと大変だという気持ちがあった。

ぼこぼこにやられ、レフリーストップで負けたボクサーが、「ふざけるな、まだ戦える！」と、勝者にずり寄って戦う闘志を見せつけるかのように、まだ戦う気でいた。

しかし、このまま戦ってもまた、同じ目を食らうだけだ。もっと、研究が必要だ。

そして、それから1時間。賭けずに、客観的にその場を観察し始めた。

すると、ハッと、あることに気が付いた。もっと早く気付くべきだったのだが、何しろ頭に血が昇り、冷静さを欠いていたのでよくわからなかったのだが、ここに集まっている人の、少なくとも3人の男はグルであるということだ。明らかに、おかしい。

ニキビづらの青年は、お金の賭け方も大胆で、さらに失敗した時などのリアクションが毎回同じで、ややオーバーだ。さらに、見物をしているように見せかけている帽子のおっさんは、時折、カード使いのおっさんが見ていない隙に、ジョーカーを拾い上げ、角を折って、どれがジョーカーかをわかりやすくして、元の位置に戻す。その光景をお客に見せていたのである。

これは、カード使いのおっさんもわかっているに決まっている。そして、3枚のカードのうち1枚だけ、角が折れている状態で、次のシャッフルが始まる。それほど簡単にジョーカーが見分けがつくことはないので、やや大きめのお金を賭けにいく。しかし、これが当たらないのである。

どうして？

見ていた人のほぼ全員が、その角の折れているカードをジョーカーだと思っていただろう。もちろん、俺もそうだ。ところが、違うのだ。

きっと、シャッフルしている間に、そのジョーカーの角を元に戻し、他のカードの角をかなりの早業で折ったのであろう。それしか考えられない。しかも、子供だけでなく大人も全員だまされるほどの早業で。

よく見ていると基本的にジョーカーを当て、倍の金を手に入れているのは、そのグルのニキビッチだけである。その他の人が賭けにいく時は、ほぼ外れだ。とても、3分の1の確率であるとは思えない。

どうりで、俺も当たらないわけだ。つまり、なんらかの工作をしているに違いないと踏んだ。3分の1で当たってしまっては、おっさんだって、儲けがない。

初めに疑ったことは、ジョーカーがいないのではないかということだ。一般人がめくる時は、3枚ともジョーカーではないのではないか？　と思った。

しかし、グルがやる時はジョーカーはいて、その場所を当て、金をゲットしているのだ。ジョーカーのカードが2枚重なっていて、カード使いのおっさんと、グルとの間に言葉かなんかの、何らかの合図があり、その時だけジョーカーを忍ばせているのではないか。しかし、毎回グルが当てていても気付かれてしまうので、ちゃんと失敗する様子も一般人に見せている。だが、その疑いが的はずれだったことは、カードを変えた時に証明された。新しいトランプを出してきて、今までのトランプを細かくちぎって、その辺に捨てた。工作されているトランプなら、一般人の目に触れるので、その辺にポイッと捨てられない。そして、新しいカードもまた普通のトランプの中から、取り出した。

うーむ。ということは、確実にあの3枚の中に、毎回ジョーカーはあるということだ。とても信じ難いが。

そこまで、分析した時点で、その日は引き上げることにした。

そして、翌日も、さらにその翌日も、そのいかさまカードトリックの仕組みを暴いてやろうと、通った。何時間もその様子を眺めた。

まず、一昨日の段階で、3枚にはジョーカーは入っていないのではないかと、疑ったが、それは違っていた。

それなら、どうして当たらないのか。ジョーカーがどれかをちらつかせて、それを地面に置く時には、すばやい技ですり替えるので、見たままに言っては当たらないのである。逆に、思っているものとは違うものであることが多かった。

そして、遂にそのトリックを見抜くことに成功した!!

それは、大きな発見というより、なんとも馬鹿馬鹿しいそれであった。

大きな手がかりとなったのは、一般人が賭けた時に、グルの奴が強引に割り込んで、めくってしまうことが時々あった。グルが、当たる時もはずすこともあったが、何しろそのタイミングでお客にめくられては不都合だったのである。

初めはこの光景もなんとなく受け止めていたが、何度も見ているうちに、その行為が公平でないように思えてきた。ごく稀に一般人が当たる時は、かなりの小額の時で、やや大金になってくるとピタッと当たらなくなってくる。

トリックの仕組みを暴いてから、やや大金を持って、身をもって確かめてみた。

よーくカードを見る。そして、カードが止まる。俺が、目星を付けたのがいちばん右なので、すり替えられているとして、つまり中央か、左だ。

よっしゃ、いちばん左じゃー!!

おりゃー、っと踏みに行ったところ、あらら？　グル役の隣の見物人にブロックされてしまった。さらに俺が渡そうとした金を、カード使いのおっさんは、受け取るのを拒み、グルの金を受け取り、カードをめくる権利を与えたのだ。

汚い!!　ずるい!!　卑怯だ!!

いちばん左のカードがジョーカーだったからこそ、それをめくって、暴いてやろうとすると、阻止をする。間違いない。それは、その二人の必死さからも、確実であった。

やはり!!　察した通りであった。

トリックというより、ただの「力ずく」であったのだ。当たりカードをめくらせないように、お金も受け取らないし、周りのグル役がブロックする。ギャンブルではなく、ただの「インチキ」である。

そりゃー、勝てないゲームなわけだ。やる人やる人、はずしてお金を失っている。

子供でさえ、当てさせてもらえないのだ。モロッコ人のインチキさの象徴のようないかさまであった。

そんなインチキな奴らを相手に、失ったお金を取り返そうとも、取り返せるとも、毛頭思っていなかった。ただ、暴いてやりたかった。自分の悔しさにケリをつけたかった。

そう簡単にお金は増えないということを身をもって、感じた経験であった。高い授業料を払って。

ギャンブルでお金を増やそうなどと考えていたら、あっという間に、お金は減っていくものだ。なぜ、パチンコ屋が、競馬が、競輪が、その他いろんなギャンブルが長い間商売として、成り立っているか。

それは、胴元が必ず儲かるからである。どんなにパチンコが強い人でも、必ず人生通してのトータルでは、マイナスなのである。

それもわかっていながら、ギャンブルをしっかりと娯楽として割り切った上で、やる人はいいのだが、しかし、ギャンブルにはハマってしまう毒があるために、単なる娯楽に終わらず、人生を棒に振ってしまう人が、中にはいる。

お金を稼ぐには、やはり苦労、努力が伴うものなのだ。

そこを抜きにしては、お金のありがたみは感じられない。

血と汗を流した人に、お金は巡ってくるものでしょう。

どんな人にもギャンブル魂は、多かれ少なかれ存在するであろう。

お金でなくても、何かを賭けることが。

俺の人生、この音楽界で「一発やってやろう魂」は、まさにギャンブルに他ならないものであるが……。

歩きに歩いて12キロ、辿り着いたは違う村

11月30日(日) ハロウン村(モロッコ)

モロッコの旅のハイライトはやはり「サハラ砂漠」であろう。

マラケシュからバスで14時間。早朝6時、バスはようやくリッサニに着いた。

リッサニは、サハラ砂漠への玄関口、ここから多くのサハラ砂漠ツアーが出ている。

が、数多くの日本人が、ここからのツアーでぼったくられているという話を聞いた。現に、マラケシュで会った人が、かなり高い値段でツアーに参加したということだった。

なので、サハラ砂漠へは、単独、自力で乗り込む気であった。

そのためには、まずメルズーガという街に行かなければならない。メルズーガに着けば、もうサハラ砂漠は目の前にあるらしい。

長い移動のため疲れている体を休めようかと、安宿も探したが、見つからず、もうメルズ

どれがドレッド？

ーガにこのまま向かってしまおうと決断した。

タクシーも見つからない、バスなどない。歩くしかない。といってもどのくらい遠いのかも、皆目見当が付かない。

マラケシュで見た地図では、なんとなく歩いていけそうな気がした。なんとかなるだろう精神で、砂漠の街、メルズーガを目指して歩き始めた。

道ゆく人に、手でその方向を指し示し「メルズーガ？」と尋ねると、みんな、にやけながら「そうだ」と答えてくれる（その時はまだ、その微笑の意味はわからなかった）。

だんだんと空が明るくなり、朝日が射してきた。この時間に道路を独り占めして歩くのは、とても気持ちがいい。

バックパックを背負い、ギターを持ち、腰にウエスト・ポーチを巻いたフル装備であるが、サハラ砂漠への期待感からか、不思議とその重さをそれほど感じなかった。いや、初めは感じていた。だんだん、ランナーズ・ハイになってきて、感じなくなってきた。

歩き始めて、1時間ほどたった頃であろうか。とんでもないことを始めてしまったのではないだろうか、と不安になってきた。

どこにメルズーガがあるかもわからない。ひたすら荒野の中の一本道を歩き続けるのだ。車はほとんど通らない。後にも退《ひ》けない。どうやら、前に進むしかなさそうだ。

メルズーガはどこだー。そう必死に叫びながら、歩き続けた。

さらに1時間ほど経ったところで、道が2つに分かれている分岐点に来た。わかりやすく分かれており、右の道は今まで歩いてきた道で、舗装された道路。左の道は、ジャリ道である。これは、すごく大事な選択に違いない。ここを間違えたら、相当の時間と体力のロスが待っているに違いない。悩んだ挙げ句、ピンときた左のジャリ道を選んだ。

そしてまた、先の見えない道をただ歩き続けた。

もう意地だけだった。行ってやろうじゃん、メルズーガまで！

陽が照り、Tシャツは汗で濡れてきている。そういえば、喉も渇いてきた。おなかも空いてきた。

コンディションは確実に悪くなり、テンションも右肩下がりであった。本当に着くのだろうかという不安と、後には退けないプレッシャーがバックパックの中に詰まり、なお一層その重さを感じさせた。

そんな中、道のはるか遠く先に、小さな街が見えてきた。メルズーガだ‼　ようやく、着いたのか。

長かった。辛かった。重かった。疲れた。

しかし、見えてからも、少しずつしか街は近づいてこない。だんだん街が大きく見えてきた時、荒野の右の方から、子供たちが3人チャリンコで、街に向かって走っていった。彼らの後を追うように、ラストスパートをかけ、駆け足でメルズーガに向かった。
ようやく街に着いた。ずいぶんこぢんまりとした街である。
さっきのチャリンコの子供たちがいたので挨拶をし、ここがメルズーガであることを確認しようと、尋ねた。
ナオト「(ここを指さして) メルズーガ? ね?」
子供1「(首を振って、遠くを指さして) メルズーガ」
うん? 聞いている意味が伝わっていないのか?
もう一度、繰り返す。
ナオト「(ここを指さして) メルズーガ? ね?」
子供1「(首を振って、遠くを指さして) メルズーガ」
うん⁇ 何だ? ちょっと幼すぎて、分かってないんだな。もっと年上の他の子に向かって尋ねてみる。
ナオト「(ここを指さして) メルズーガ? ね?」
子供2「(首を振って、遠くを指さして) メルズーガ。(ここを指さして) ハロウン村」
そうそう、そうだよね。

牛に注意

何に注意？

ここは、ハロウン村。

ハローって、元気よく挨拶したり、ハロウィン・パーティーが盛り上がったりする村ね。

何かと、そうそう、ここはハロウン村……。

って、えー!?（スーパー・ノリ・ツッコミ）

何だと？ハロウン村だと？　メルズーガではない？　ここはハロウン村？　リッサニから12キロ!?　メルズーガまであと25キロだとー!?

それから、3、4回聞き直したが、同じ答えしか返ってこなかった。

一気に力が抜けた。そういえば、喉が渇いていることもおなかが減っていることも睡眠不足であることも、一気に体が気づいてしまった。

そんな体の状態にもかかわらず、街中の子供たちや若者たちが集まって来て、あっという間に俺を取り囲んでしまった。うっかりこんな小さい街に迷い込んだ東洋人を、もの珍しそうに眺めて、みんなにやにやしている。

ある少年が俺のギターに気付き、弾いてくれと何度もせがんできた。

力の入らないフラフラの体で、なんとかギターを持ち、コードを押さえ、必死に喉から声を出した。ギリギリの笑顔と、プロ根性むき出しで、子供たちの期待に応えた。

歌い終わると、その中にいた若者が、その東洋人の衰弱加減に気付いてくれたのであろう。

「うちに来て、朝ご飯を食べなよ。寝ていってもいいし」

と、優しい言葉をかけてくれた。誘ってくれた。

なんともうれしいお言葉に感銘を受けている時、そんな瀕死《ひんし》の状態であるのにもかかわらず、次に頭をよぎったのはお金のことであった。

いくらであろう？　高くないか？　ぼったくられはしないか？

まあ、少々高くてもしょうがない。こんな状態であるし、まじ、食べなければ死んでしまう。

その若者の家についていくことにした。

モロッコ人は良人？　悪人？　陥る人間不信

11月30日（日）ハロウン村（モロッコ）

粘土のような土でできているその若者の家で、朝ご飯をいただいた。パン一切れに、豆のスープ。衰弱しきった体に力をつけなければと、一気に平らげた（味は……あまり……その……あの……）。

食べ終えた頃、村の若者たちが民族衣装をまとい、ギナワ・ミュージックの楽器をそれぞれの手に持って部屋に入って来た。

ブラックアフリカ音楽とモロッコの伝統的音楽が融合して生まれた音楽である。パーカッションの太鼓を持った1人と銅製シンバルのようなものを持った2人、3人で歌を歌いながら、部屋をぐるぐる駆け回っている。

むむ。これを見せて、俺からお金を取ろうという魂胆だな。頼んでないのになー。でも見ていて楽しいから、少しぐらいなら構わないっか。あまり高い額を請求してきたら、ぶちキレれば大丈夫やろ。

俺1人のために、わざわざ民族衣装まで着て、本気でパフォーマンスしてくれちゃってるよ。すごいな。かっこいいなー。

だが、完全いいカモなんだろうな、俺。なんで金を持ってるように見えるんだろうな。もう実際、朝ご飯はいただいちゃってるしなー。

そして、演奏が終わると、一緒にジャム（セッションで即興で音楽を楽しむこと）ろう！ということになった。俺もギターを持ち、一緒にアフリカの曲など、20分ぐらい歌っただろうか。

そして、そろそろおいとまという時、「さあ、いくら吹っかけてくるだろう」と、推測してみたりした。

そして、バッグをかつぐ。あれ？　何も言ってこないぞ？

ギターも持ってと。うん？　どうした？　さあ、いくらなんだ？

こっちから切り出すのは、不利。あっちからの値段を待とう。

だが、お金の話を持ち出す気配が感じられない。

うん？　では、試しに去る振りをしてみようか。

ナオト「それじゃあ、そろそろ、行くわ。ありがとう！」

ハロウン村人「ああ、気を付けてな。また、遊びにくるんだよ」

え？　まさか？　これは全部ご好意？　ほんとか？　食事も、演奏もか？

そんなはずはないだろう⁉

だってあの悪名高きモロッコ人だぞ、この若者たちも。バックパッカーの間で、世界3大ファッキンカントリーに名を連ねているモロッコだぞ（他2つはインド、エジプト。旅人へのぼったくりや、悪徳商売で多数の被害者が続出しているため）。

　現に、俺もマラケシュ行きの夜行列車の中で寝ている間に、バッグの中の大事な英語電子辞書と、そしてもっと大事な、最も大事なヴォイスレコーダーを盗まれ、相当のショックを受けていたところだ。そのヴォイスレコーダーには、ここまでの旅の中でピッと頭に浮かんだ曲や歌詞、アレンジなどのネタが300近くも詰まっていたのだ。アーティストにとって、致命傷であった。もう、二度と思い出せないものがほとんどだ。バックアップをとっていなかった反省もあるが、相当の痛手を負った。非常に悔しい思いをしたのだ。

どこにも、誰にもぶつけようのない怒りを、ひたすら体内で消化しようとしていた。アラブ人を信用しきってしまっていた自分の不注意もあった。前にも書いたが、アラブの神様のもとでは、人のものを盗むことは恥ずべきこととされている。

中東を通り抜けて来た時、その治安の良さに感動してきたので、モロッコというアラブの国に戻ってきた時、同じ感覚でいたら、あっさりやられてしまった。モロッコ人は、イスラム圏の中でも圧倒的に悪い。悪すぎる。インド人とよく似た、うざったさ、抜け目のなさを持ち合わせている。マラケシュにも、悪い匂いの奴は、山ほどいた。

モロッコ人は、人なつっこくて面白いが、絶対に信じてはいけない、というイメージが固まっていたところに、ハロウン村でのおもてなし。

ほんとに、悔しかった。

自分が恥ずかしかった。

好意でこんなによくしてもらった人たちに対して、俺はずっとお金のことを心配し、彼らを疑い続けてしまった。

どうせ、金が欲しいんだろう？　と。

疲労＆腹減り＆精一杯の笑顔

ギナワ・ミュージックを披露してくれたハロウン村の若者

人間不信に陥っていたのだ。人間を、人間の善意を信じることができなくなっていた。旅をしていると100%人を信じることはなかなか難しく、仕方がない部分もある。が、「人を信用できない」ということは、人間として、どれだけ情けなく寂しいことか、痛いほど感じた。

人と人は知り合い、その間に生まれる優しさ、思いやりなどの情愛によって繋がり、共に生きていくのだ。しかし、他人を疑い、腹を立て、反感を抱き、拒絶し、そして自ら壁を構築してしまい、挙げ句の果てに相手の愛に気が付かず、受け入れられず、感謝できず、信用できないなんて、なんと悲しいことであろう。

家から外に出ると、ハロウン村は結婚式で盛り上がっていた。さっき演奏してくれた3人組もいつの間にか、人だかりの中心で音を奏でて場を盛り上げている。

小さい村での盛大な結婚式だ。村人総動員で、新郎新婦を乗せた車を待っている。平地の遠くの方から、砂煙をたてながら、近づいてくる車に、普段はおとなしいモスリム女性たちが中心になって、雄叫《おたけ》びにも聞こえる歌を大きな声で歌っている。人々は満面の笑顔で、2人を祝っていた。

そんな結婚式を後にし、メルズーガを目指すべく、舗装された道路までの3キロを歩いていた。すると後ろから、ハロウン村から追ってきたらしいバイクが迫ってくる。

俺のところまで追いつくと「ちょっと遠いから乗ってけ！　ヒッチハイクポイントまで乗せていってやるよ」と言う。

田舎の人の心優しさに触れまくりっ放しであった。

炎天下の中、蜃気楼《しんきろう》が立ち上る直線道路で、待つこと2時間。10分に1台ほどしか通らない道でようやく止まってくれた車が、目的地であるメルズーガに乗せていってくれるという。

車はメルズーガを目指し、超高速で走り始めた。サングラスをかけ、旅行代理店勤務の黒人のややコワモテの彼。ちょっと金よこせって言うかなー、と思いきや、これまた金の絡まない親切さであった。

1時間ほど走った頃、視線の先に、絵に描いたような、信じられない砂漠が見えてきた。

赤というか、オレンジというか、明るい砂の色が、空の真っ青をバックに美しい景色を作り上げている。

あれが、サハラ砂漠か……。

メルズーガはもう目と鼻の先である。

何個見える？　サハラ砂漠の無数の星

12月1日（月）　メルズーガ（モロッコ）

サハラ砂漠は、実にさまざまな表情を見せてくれた。

昼間、夕方、深夜。それぞれ、全く異なる色で砂の海は波を打っている。砂まで溶けてしまうのではないかというくらい日差しの強いお日様。その光でオレンジ色をした砂のじゅうたんが、徐々に濃くなっていく。

夕暮れ、はるか遠くに見える山々の陰にゆっくりと隠れていくお日様。彼に代わって、今日も自分たちの番が回ってきたと言わんばかりに、少しずつその輝きを増していく星たち。その数は少しずつ増えていき、やがて夜の空を支配する。

砂漠の夜は寒い。昼間は、Tシャツで、いや、むしろ裸でいたいぐらいに暑いが、夜になると、うって変わってダウンジャケットが必要なほどに、急激な気温の変化をみせる。

深夜、砂漠にちょいと散歩に出かける。これまでに出会った旅人たちが、みんな目をギラギラさせて、砂漠の星の数の多さを語っていた。

実際星自体の数は変わらないだろうが、空気が澄んでいて、360度視界が開けていて、かつ、周辺に照明がないため、たくさんの星が降り注いで見えるわけだ。

期待を胸に、初めはあまり上を見上げず、足元を見ながら、砂漠を奥に進んでいった。しばらくして、立ち止まり、自分に合図を出しながら、空を見上げた。

「3・2・1・はいっ！」

吸い込まれた。飲み込まれた。

その星に、その空に、その大宇宙に。星がびっちり敷き詰められた天井が辺りを覆っていた。そこでは、視界いっぱいに星の大群が「俺、俺」と言わんばかりに主張し合って、光っていた。一体、この宇宙とやらには、何個の、何十個の、いや、何千、何万、何億、何兆、何京の星たちがあるというのか。

その無数の星の1つというのか、この地球は。

その星空を見ていると、宇宙の中の地球という星で、重力によって表面にくっついている自分の存在を感じた。そして、死ぬ前に一度絶対に宇宙旅行に行こうと、また心に誓った。宇宙から、地球を、宇宙から、自分の生まれ育った星を見てみたいものだ。あわよくば、月か火星あたりで人類初宇宙ライブを敢行したいものである。

しばらくの時間、ヴァーチャルな宇宙旅行に出ていたので、どのぐらい時間が経過したのかわからない。だが、ふと我に返った時、異常なまでの静けさに気が付いた。

無風、無音。

野外でここまで、何の音もしないという夜は初めてであった。本当に静かだった。夜といえども、たいてい何かしらの雑音、動物や虫の鳴き声が聞こえるものだが、砂漠は基本的に完全な無音状態である。

何も聞こえない。恐怖すら感じる無音。不思議な感覚。

時間のない世界に入り込んだかのような。絵本の、1ページに入り込んだかのような。

P.S.
モロッコという国は、本当に面白い。もし、あなたが「どこか日本と違う文化圏に行きたい。刺激が欲しい」と思ったら、真っ先にモロッコをお勧めする。これほど、いろいろな面白さが揃っている国は珍しい。

まずは、アラブ人の「ありえな〜い」加減に感激し、アフリカとアラブの文化のMIX-TUREに触れ、古い街並みを練り歩くのも良し。雪が積もっているアトラス山脈を眺め、スキーをしても良し。サハラ砂漠で、ラクダにまたがり、夜は、無数の星を眺め、フランス語や、アラブ語で、「美しい」とつぶやいてみるのも、いとをかし。なにしろ、面白い国である。

この魅力は、言葉では充分伝えることができない。日本のどこか片隅で、死にたいと思っている若者をこの国に全員、連れて来たい。

さて、そろそろ俺も逃げずにヨーロッパに戻るとするかな。いつまでもアラブ人の人柄に甘えていてはいけないな。しっかりと1人で旅をしなければ。あと1ヶ月を切ったクリスマス、そして年越しは、どこで迎えることになるだろうか。ここモロッコからスペインに戻り、フランス経由でイギリス・ロンドンを目指す。そしてロンドンから南米へ飛び立とう。

こんな自由にお金と時間を使える長旅は、一生にそう何度もできるわけではない。だから今は感じるままに、地球をぐるっと回ろうか。

SHOOT 8
ロンドンのJazz Cafeで飛び込みライブ！

スペイン（セヴィーリャ/バルセロナ）〜イギリス（ロンドン）

アレー！ オレー！ 本場のフラメンコを体感

12月4日（木）セヴィーリャ（スペイン）

アレー！　オレー！

ひとつの展開が終わるたびに、お囃子役《はやし》の2人の男たちが大きな声で、叫ぶ。この声を聞くと、「あー、ここはスペインなんだぁ」と、実感が湧く。30人も入れば満員の会場は、熱い空気に包まれていた。

フラメンコ。ジプシー音楽や、アラブを筆頭に多くの民族音楽が混ざり合って生まれたと言われる（諸説が存在する）。その情熱的な歌と踊りは、生で見ながら、聞くからこそ実際に伝わるものだ。

モロッコからスペインに戻って来た。フラメンコで有名なアンダルシア地方のセヴィーリャにやって来た。本物のフラメンコに触れるためだ。

セヴィーリャの中でも、名の通ったフラメンコのお店に本場のショウを見に行く。まず、目が飛び出しそうになったのは、そのギターさばきである。2人のギタリストの指の動きはとてつもなく速い。片手に指が10本もあるのではないかと思えるぐらいの超早業で、細かい音を奏でていた。

ステージの中心では、華やかな顔立ち・派手な格好をしたラテンの女性が、歌いながら、時に、手に持ったカスタネットを鳴らしながら、華麗にステップを踏んでいる。タップダンスである。

ギターと手拍子に合わせ、靴の裏でリズムを刻む。心地いいリズム。

2本のギターに、歌と踊り、そしてお囃子のおっちゃんたちの声、手拍子、常に見どころがあり、あっという間にそのショウは過ぎていった。

アレー。オレー。

フラメンコという音楽が、ドクドクと、自分の体内に入り込むのを感じた。そのリズム、そのメロディー運び……。もっともっとフラメンコに触れたいが、先に駒を進めなくては。

次なる街へ進もう。

16時間のバスの旅で、ここセヴィーリャから、バルセロナを目指す。

歴史的な一戦、レアル VS バルサ

12月6日（土）バルセロナ（スペイン）

これまでの人生でスタジアムに足を運び、生で観たサッカーの試合の中で、最も印象的な

チームは、ジダン、ロナウド、ラウルといった超一流が集まるスター軍団、レアル・マドリッド（スペイン）であった。２００２年12月、クラブチーム世界一を決めるトヨタカップ。ウルグアイのオリンピアとの試合を、横浜スタジアムに観に行った時のことを今でも鮮明に思い起こす。

あそこまで美しいサッカーはかつて観たことがなかった。30秒に1回は、感嘆の声をあげていた気がする。あの素晴らしい感動を、もう一度。レアルが、観たい。さらに現在はベッカムが加わり、どれほどチームで機能しているのかを観るのも楽しみであった。

バルセロナ対レアル・マドリッドの試合。

スペインサッカーは、完全に人々の生活に密着している。サッカーの試合がある日にセヴィーリャのバル（＝Ｂａｒ）に入ると、そこは熱気ムンムンで、みんなＴＶ観戦に熱中していた。ここはスタジアムか？　と思わせるほど、歓声に、ブーイング、さらに厳しい評論が飛び交っていた。若者から、じいさんまで。本当にみんなサッカーが大好きなんだな〜と、嬉しくなってしまった。

スペインには4つの公用語がある。一つの国でありながら、その民族も文化も多様である。だからこそ、地元のクラブ・チームは、それぞれの地域の象徴であり、誇りであり、精神的な支柱でもある。生き甲斐なのだ。

バルセロナに着いたその日、スペイン中の、いやヨーロッパ中の、いや世界中のサッカーファンが注目するビッグ・ゲームがあった。〝クラシコ〟（＝クラシック）と呼ばれるバルセロナ対レアル・マドリッドの試合。その試合は、スペインダービーでもあり、伝統の一戦！もちろんリーグ戦の中で、何度も頻繁にクラシコがある訳ではなく、この旅の途中で、このタイミングでバルセロナにいることが奇跡であった。

しかし、問題はチケットの値段であった。前売り券を持っていないので、ダフ屋から買う他にないだろうと、考えていた。これまでに耳に入った情報では、定価の2〜3倍は当たり前らしい。200ユーロ（3万円）〜300ユーロ（4万5000円）は下らないのではないか。日本の代理店で入手している人は、なんと、6万〜7万円で買っているそうだから、驚きだ。

いくらサッカー好きの俺でも、旅をしている身。物価の安い国では、1〜2ヶ月も生活できるような金をここで散財する訳にはいかぬ。観たいが、金が……。悩んでいた。

バルセロナに着き、韓国人安宿アリラン民宿にチェックイン。すると、ぬわんと、〝今、スタジアムで当日券を買ってきた〟という人が、ちょうど帰ってきた。

ぬわ〜〜に〜〜!!　当日券が出ているのか〜。しかも、スタジアムで！　オフィシャルな、

正当な定価の値段ではないか！　ナイス‼

急いでスタジアムに向かい、チケット売り場を探す。窓口のところに行列ができていた。並んで、普通に定価で購入。毎回売り切れで、非常に入手困難なクラシコではなかったのか？　それは一昔前のことなのであろうか。

9万8600人収容のヨーロッパ最大のフットボールスタジアム〝カンプノウ〟に一歩足を踏み入れると、「ピーピーピーピー」。サポーターたちは盛り上がりまくりで、歓声と共に、この指笛がスタジアム中に鳴り響く。

日本人は指笛を鳴らせる人が少ないと思うが、スペインの人たちは、みんながこぞって吹くものだから、耳が痛い程であった。

試合はというと……うーむ。期待が大き過ぎたのか、2－1でレアルが勝利するも、今ひとつの試合内容だった。確かにベッカムは馴染んでいて機能もしていた。ジダンもまあ、後半こそ観ていて楽しくなってきたものの調子が悪かった。ラウルも消えていた。得点シーンの、ロベカル、ロナウドは、流石《さすが》であったが、以前のイメージがあるだけに、なんか消化不良。バルサも、観たかったロナウジーニョが欠場。サビオラの途中出場は、試合を面白くさせたが、投入のタイミングが遅すぎた。ポルトガル代表、フィーゴへのブーイングは本当に凄かった。以前バルセロナのスター選手であった彼は、今は「裏切りもの」として、バルサファンからは、ここ何年も嫌われているのだ。ボールを持つたびに、スタジアム全体がすごいブーイング。初めは驚いたが、それもだんだん面白くなってきた。フィーゴもそれに応え、燃えているように見えた。奴のドリブルの切れはやはり、半端じゃない。何でも、クラシコでレアルが敵地でバルサに勝利したのは、20年振りということ。歴史的な一戦に立ち合ったようだ。

桜田？　ファミリアで「一生カレンダー」を思う

12月7日（日）バルセロナ（スペイン）

桜田、桜田とはよく耳にしていた。が、ほんとはサグラダであるとは知らなかった（笑）。サグラダ・ファミリア。聖家族贖罪《しょくざい》教会。あまり訳したくない。

100年前に着工し始めたのに、まだ完成しちゃいない教会。それどころか、完成はあと100年先とも200年先とも言われている。偉大な建築家ガウディのその発想を、彼が亡くなってからも大勢の人が情熱を持って建築し続けているのだから、凄い。ガウディという人にそれだけの魅力があり、ガウディのアイディアに、それだけの魅力があるのだろう。

生き物や自然を愛し、建築のいたる所に自然界のエッセンスが取り入れられている。また、ディズニーなどのテーマパークのようなメルヘンチックでファンタジーなデザインも垣間見ることができる。

サグラダ・ファミリアの前に立って、仰ぎ見る。その大きさに圧倒させられるが、さらに、いつの日にか、この真ん中に170メートルもの高い塔がそびえ立つのであるから、さらにもの凄いものになると容易に想像できる。

完成が見られないなんて……。自分の子供は見れるのか？　はたまた、孫の代からしか見られないのか？

その時初めて、自分が死んでからも世界は続くということを認識した。自分が生きていられるのは、ほんの1世紀の間。俺が死んだ後も、世界は終わる訳ではなく、むしろ何事もなかったかのように地球は回り続ける。人々は生き続け、時代は変わり、歴史は新しく更新される。

どこかの民族紛争もようやく終わるのかもしれない。独立国家が増え、現在の2倍もの国の数になっているかもしれない。森林消滅、地球温暖化の影響で、急激な人口減少、世界の人口が現在の半分になっているかもしれない。宇宙開発が進み、人類は宇宙を飛び回っているかもしれない。本当に違う星でも暮らしているかもしれない。

このような自分が死んだ後の未来を、もう知ることはできないのだ。

完成はいつだ？　サグラダ・ファミリア

話を大きくすると、地球は今から約46億年前にできたと言われている。だが、46億年前といっても正直、全くピンとこない。ちょっと分かりやすく考えてみよう。地球ができてから現在までを1年に例えるならば（地球の誕生を1月1日。現在を、1年後の1月1日とするならば）恐竜の絶滅は大昔のことのように感じるが、今から6500万年前、すなわち12月26日、夜の出来事だ。

長い地球の歴史からみれば、意外と最近の出来事なのである。人類が類人猿から分かれて猿人が誕生したのは、500万年前で、12月31日、午後2時頃。そして今の僕らのような現人類が誕生したのは15万年前で、これは12月31日、午後11時42分。もう紅白歌合戦もクライマックスや。


人類の歴史は、地球の歴史からみたらほんの一瞬に過ぎないんだなぁ……。その中で、俺がこの地球上を歩けるのは、人類の歴史からみたらこれまたほんの一瞬に過ぎない。

「なおと」の一生を1年で考えてみたら、今は何月になるのであろう？　例えば、人生100年を365日で表したなら？？？　「一生カレンダー」とでも、命名してみよう（75歳までしか生きられないかもしれない。そう思ってる方は、それで計算してみてください）。

1月1日に生命を授かって、1年後の1月1日が生命の終わりだとしたら。今年25歳になるということは、ちょうど4分の1。つまり、12ヶ月の4分の1。3月が終わり、4月になろうという頃だ。しかし、体が自由に動き、何にでも突っ込んでいける時期はそう長くないであろう。そう考えた時には、一生カレンダーによるとこの4月の1ヶ月、つまり年齢にして25歳から32歳までの8年間は一番、人生において充実させるべき、楽しむべき時期であろう。

その後の人生を楽しむためにも、この8年間で勝負をかけにいってやろう。悔いは残したくない。やるだけ、やれることをやってやろうじゃないか!!

「今の自分」というのは、結局、今までやってきたこととやってこなかったことの結果で成り立っているのだ。今を笑いながら、そして未来の自分も笑わせてやる!!

いつ死ぬのかなんて、誰にもわからない。その命の終わりまで、「人生」と呼び続けられる間、一体何ができるんだろう。この世の中に、何を残すことができるんだろう。

ガウディは、この建物の設計以来、遂にその完成を見ることはできなかったが、彼はこの建物の中に永遠に生き続けている。

P.S.

スペインにはシエスタ（＝お昼寝）という、お昼休みの習慣がある。昼まで働き、いったん帰宅、家族と昼食をとり、昼寝して、また働きに戻る。世界一働きバチorアリと言われる日本人にとっては、天国のような生活習慣である。活力を回復させ、午後の生産性を高めるものだ。その分、人々の間には余裕や、ゆとりが生まれている。

俺がサグラダ・ファミリアに行ったのは、ちょうどそのお昼の時間帯だった。工事現場には誰も人の姿がなかった。そうか、シエスタか……と、この時、納得したと同時に、面白いことも想像した。もし、この建築を日本人の職人さんがやったら、きっと半分の期間で終わるであろうと……(爆)。

緊張の体当たりイギリス入国審査

12月12日(金) ロンドン(イギリス)

パリからロンドンまでは、いろんな交通手段で移動できる。飛行機、電車、バス。しかし、貧乏パッカーに選択の余地はない。バスしかない。ユーロラインというバス会社がヨーロッパ中を網羅しているので便利ではあるが、値段がアジア・中東に比べると、すこぶる高い。

さていつものように、ユーロラインのチケットカウンターで、ロンドン行きのチケットを買う時のことだ。

悩んでいた。片道だけ買おうか、それとも往復にしようかと。イギリス、アメリカの入国審査はとても厳しいと、旅人の間では評判である。出国時の帰りの切符を持っていないと入れてもらえないと、皆が口を揃えて言う。国が不法滞在労働者が増えることを懸念して、帰りの切符を持っていない人を入国させないということだ。片道で入国されると長く滞在する可能性があるためだ。

窓口でおっちゃんに値段を聞くと、パリ→ロンドン　片道23ユーロ（約3200円）、パリ→ロンドン　往復46ユーロ（約6400円）と普通に、往復切符は片道切符の倍の値段。

事情もよく飲み込んでいたし、往復を買うつもりでいた。これで堂々とイギリスに晴れて入国できるなら、安いじゃないか……。と、思えれば良かったのだが、いざ買う時になって、急にその3000円が惜しく思えてきた。戻らないのに、なんで帰りのチケット分のお金まで払わなきゃいけないのか、というケチな考えがどんどん膨らんでいった。しかも、このおっちゃんいわく、バスならば入国審査はない、と言う。さすがにそんな筈はないだろうが、どれほど厳しいのか。果たしてほんとに片道切符だけでイギリスに入れるのだろうか。

しかし、だんだん根拠のない強気な心が勝ってきてしまい、勢いで片道だけのチケットを買い、後はなるようになれ的体当たりで臨むことにした。ケセラセラ。

バスに乗り、3時間ほど走ると、ドーバー海峡にやって来た。フランス側の出国審査を受け、その後バスごと、フェリーに乗り込む。

「2時間後、このバスに戻ってくるように」と指示が出て、皆、フェリーの中に入っていく。

船がようやくイギリスの国境にやってきた。

さて、入国審査である。緊張の瞬間である。いい審査官でありますように……頼む……。

「Ｈｅｌｌｏ!!」

「ヘロー」

「英語はしゃべれるのか？」

「Ｓｏ Ｓｏだ」

「何しに来た？」

「もろ観光だ」

「どのくらい居るつもりだ？」

「まあ2週間だな」

「どこに泊まるんだ？」

「Ｍｙ Ｌｏｎｄｏｎ ＨｏｕｓｅっていうＢ&Ｂだ」

「職業は何だ？」

「学生だ」（注：ミュージシャンと言ったら、こういう場合はめんどうくさい）

「学生証は持ってるか？」

「ああ。……これだ」（カイロで本物学生証を作ったので、堂々と）

「どれどれ。ふむふむ。いいだろう。出るチケットは持ってるのか？」

「いや、こっちで買おうと思ってる」

「金はいくら持ってるんだ？」

「たくさんあるさ。カードだってあるんだぜ！」

「オーケー、いいだろう」

バチッ！！！（半年の観光ＶＩＳＡのスタンプを押してもらう音）

「サンキュー!!　バーイ！」

おお!!　通ったのか!!　俺は今、イギリスに入ったのだ!!　遂に、この旅のちょうど中間地点であるイギリスに入国したのだ!!

ラッキーだ。片道で入国できたではないかー（３０００円浮いたー）!!　あの審査官はいい人だったなー。中東などのスタンプが押されているので、やや警戒してくるのかと思いきや、（特にテロ対策の時期が時期だけに）逆に、たくさんの国を回ってきたということは、まだこれからも続くということで、ロンドンで長く働くことはないだろうと、通してくれたのかもしれない。

安堵感のせいで、笑った。解放感のせいで、震えた。あと何時間後には、遂にロンドンに到着するのだ。

ニューヨークと並び、世界の大都市であるロンドン。さて、何が俺を待っているのだ！！？？　いざ、出陣！

4年越しにようやく観られた「Stomp」

12月19日（金）ロンドン（イギリス）

ロンドンには、小さいものから大きいものまで多種多様なエンターテインメントが存在し、そこに住んでいる人々を、そしてそこを訪れる人々を決して飽きさせることなく、楽しませ続けている。ロンドン滞在中、そういったエンターテインメントショウに何度も足を運び、その度に胸を躍らせた。

クリスマスシーズンにイースト・ロンドンにあるショウディッチで聴いた教会でのゴスペルライブ。初めて教会での生のゴスペルに触れ、その迫力とそのソウルを肌で感じることができた。4つのパート、それぞれがバラバラなメロディーを歌い、一つのハーモニーを作り上げる。小学生・中学生の時の合唱コンクールの時には、2～3部構成のハーモニーも普通であったが、普段街で流れてくる音楽でこんなことはまずない。呼応し合い、声だけでリズム、ハーモニー、メロディーを作り上げる。シンプルなリフレインは心地よく、教会中に鳴り響いた。

ロンドンといえば、ニューヨークと肩を並べて有名なのがミュージカルである。ニューヨークを初めて訪れた時、「レ・ミゼラブル」を観たが、英語が分からず、大変な思いをした。しかし、去年訪れた時に観た「ライオン・キング」の素晴らしさは今でも覚えているほどである。日本でも、友人に誘われて、何度かミュージカルを観に行くようになって、ここ数年でミュージカルに対する興味が徐々に深まってきている。演技と歌。両方が抜群な人もなかなか少ないものである。

今回ロンドンでは、「Ｆａｍｅ」と「Ｓｔｏｍｐ」を観に行った。「Ｆａｍｅ」はと言うと、ガンガン宣伝していた割に、内容が今ひとつ。役者の踊りもキレが足りず、そして登場人物の中で、歌をしっかり歌える人が2人しかおらず、観ていてハラハラ、心配になってしまったほどであった。一方、「Ｓｔｏｍｐ」は、もうそれはそれはアメージング。技術、演出、共にそのクオリティーの高さは、世界最高峰であろう。実はニューヨークに行った時、2回とも、「Ｓｔｏｍｐ」を見逃しており今回ようやくここロンドンで4年越しの思いが実現したのであった。そんなものまで、楽器になってしまうの？　そんなものから、そんな音が出るの？　みんなでリズムを組み合わせるとこんなに楽しいの？　言葉を全く使わず、音と、視覚だけで観客の感覚に訴えるもので、さすがと唸《うな》ったのは、そのキャラ設定である。一人いじられキャラがいて、そいつの動きでみんなが笑う。俺の隣に座って観ていた黒人の女の子も終始、奴のアクションで大爆笑。さらに「あ〜ら、かわいそう」と、同情の気持ちも引き出され、完全に観客の心をわしづかみにした。そいつは観客の立場とかなり近い存在になっていて、友達に動きを要求されるような感覚で、いとも自然に観客は、ショウに参加する。会場を一体化させるための巧妙な演出、恐れ入った。さらに、そいつが、ただのピエロキャラではなく、最後にばっちりその腕を見せつける場面に、またその高い価値がある。何回でも観たいと感じさせる素晴らしいショウであった。

バレエとオペラを初体験

12月22日（月）ロンドン（イギリス）

コヴェント・ガーデンにある高貴なスポット、「ロイヤル・オペラ・ハウス」にも2度ほど足を運んだ。2つの初体験をするために。日本ではあまりにもチケットが高く、身近なエンタ－テインメントではなく、お金持ちの大人たちの高級娯楽のような位置にある「バレ

ヨーロッパってことで気取った感じで!?

エ」と「オペラ」。

これまでの俺の人生で、それらにお目にかかる機会はなかった。もちろん、両方とも頻繁にその名前は聞いたことがあったし、なんとなくどんなものかを、誰しも想像できるであろう。ところが、それがどれほど面白いのかというのは、実際生で観てみないと、絶対に分からないものであった。TVでは、全く伝わってこなかった面白さがそこにはあった。

今まで「バレエ」に対して持っているイメージというのは、女の子のお稽古事、女の子がするスポーツの一種のような固定概念があった。バレエを小さい頃から、習っていたという女の子の友達が日本で意外に多かったからだろうか。その衣装も、白いレースのヒラヒラのアレ……なんて呼ぶの？　アレ……あの服の印象が100％、頭の中を占めていた。同じようなイメージを抱いている人は、意外に多いだろう。

「ジゼル」という生のバレエを観て、いかに自分のイメージが間違っていたか、そして、なんと面白いものなのか！　と、感じるのに、長い時間はかからなかった。まず、演劇の一種であったことに気づかされ、驚かされた。踊りというか、舞いというか、それだけで、成り立つショウなのかと思っていたが、しっかりとストーリーに演技が組み込まれたものだったのである。

衣装も、「白鳥の湖」的ではなく、ミュージカルと同様、おのおのがその人物設定の服を着、セリフは一言もなく、その物語の内容、人物の感情を踊りで体現してみせる。

　もう一つ、それらを表現するのにその踊りと同じくらい重要な本質が、クラシックの生演奏である。オーケストラがステージの下で、踊りに合わせて演奏するのだが、これが凄すぎる。その音楽を聴いていたら、主人公が今、どんな気持ちでいるのかが、一目瞭然。いや、一耳瞭然。何しろ、その曲調、テンポ、そしてその強弱で、完全に観客の心をその世界に導き、浸らせてしまうのだ。音楽の持つパワーの凄さを、改めて感じたと共に、指揮者の存在の大きさを、痛烈に感じた。

　その踊りは、俺の頭の中ではフィギュア・スケートの伊藤みどりを彷彿《ほうふつ》させるものであった。別に彼女に限定する必要も全くないのであるが、つまり、あのスケート靴を脱いで氷上からステージに立ち、服を変えて、3回転半ジャンプを観ているような感じだ。貧しい表現力で申し訳ない。もちろん、そのフィギュア・スケートのフリー演技も、このバレエから由来しているのであろうか？

　オペラは「ホフマン物語」を観た。オペラの魅力は、なんといっても歌である。なんせ、マイクなんて付けていないんだろう？　この大きな会場で、一番上の、一番後ろの席のこの俺にまで余裕で響くその声は声帯にマイクが搭載された天然マイクのような恐るべき喉である。その発声法は、完璧にコントロールされ、その技術は、相当な訓練のたまもの、財産なのである。

もし、彼らが、路上で恋人の名前を呼んだとしたら、どのくらい遠くまで聞こえるのであろう？　もし、彼らが、一緒の部屋であの音量で歌を歌ったら、どれほどうるさいのであろう？

またまた、貧しい表現力で、申し訳ない。「もし、彼らが」シリーズは、これからも増やしていこうと思うのだが……。

ちなみにバレエは13ユーロ（2600円）、オペラは立ち見で7ユーロ（1400円）。気軽に足を運べる値段設定なのが嬉しい。もちろん、1階オーケストラの目前の席は、何万円もするのだが。ちなみにロシアではクラシックコンサートに何百円で入れるらしい。日本はチケット代が高すぎる。日本も、早くエンターテインメントに関して、一般市民が気軽に楽しめる芸術・文化先進国になってほしいものである。

まさかの寸前年越しカウントダウン

1月1日（木）ロンドン（イギリス）

さすがに異国での一人っきりの年明けは寂し過ぎる……ということで、100％の確率で盛り上がっているであろう社交場＝「クラブ」に行き、年越しを迎えることにした。

　イギリス人デザイナーの友達に教えてもらった「93 Feet East」は、ブリック・レーンにあり、地元《ジモ》ッティに人気があると言う。いそいそと出かけると、やはり大勢の人が集結しているではないか。そして、みんなで大きな声を張り上げ行うであろうカウントダウンを楽しみに、その時が訪れるのを待った。

　っとその前に……トイレに行って……万全のコンディションで……と。トイレから戻り、フロアの扉を開ける。

　まさかーーー！　ぬわんと！！！

「……2！！！！　1！！！！！　A HAPPY NEW YEAR！！！！！！」

うん？　うん？　何が、どうした？　明けたのか？　明けちまったのか？

予行練習かなんかだろう？　だって、まだ55分じゃねーのかー。まじか？　俺の時計が遅れてたのかー。

ちきしょーー。やっちまったぜー。間が悪いーーーぜーー。まじか？　なんか、煮えきらねえー。

　その煮えきらなさを払拭するかのように、その後はひたすら勢いよく、ロンドンっ子たちと踊り続けた。そして、日本の茨城の高校で英語の先生をしているというイギリス人にスラングをたくさん教えてもらったりして、あっという間に朝を迎えた。

こんなすっきりしない年明けは、久し振りだ。だいたいここ何年かは成功してきている。周りにいる人たちと一緒に、10から大きな声で数え始め、迫り来る新しい年の始まりを、厳か・神妙・緊張の中で迎えてきた。

こうして、新年2004年をイギリスはロンドンで迎えた。2010年のワールド・ツアーまで、あと6年である。あと6年しかない。

2004年のテーマは「言葉」

1月3日（土）ロンドン（イギリス）

毎年、目標を立てている。新しい年が明けてその目標を立て直す時には、さて、去年の目標は何だったっけ……と忘れているのだから情けない。

今年こそは確実に、そのテーマを追求しようと思う。今年は、1年の半分をまだ旅を続けているため、旅をしながら実行することになるのだが。

2004年のナオトのテーマは、ずばり「言葉」。

最近の自分の中に現れた兆候、つまり一番旬な意識がこれである。英語に対してはもとより、日本語に対しても、ここ最近、興味・関心を覚えていたところだ。母国語であるはずの日本語でさえ、知らない言葉が山ほどある。本を読んでいても、わからない言葉、知らない言葉が多すぎる。人と話していても、自分の口からは決して発したことがない単語をよく聞くことがある。

旅日記を通じても感じるところは大きい。自分の気持ち・感じたことを文章だけで正確に人に伝えることが、如何《いか》に難しいかをひしひしと感じている（例えば、楽しい、嬉しい、悲しい、寂しいだけではない、もっと細かい感情など）。もっともっとたくさんの言葉を学び、巧みに操りたいと、心底願っている。

言葉というものが、とてつもなく繊細で、かつ如何に強いものかを今、俺の人生で改めて感じている。ペンは剣よりも強し。

ここロンドンを離れたら、この旅の後半の大半はスペイン語圏である。日本語、英語に続いて、3つめの言葉、スペイン語もある程度、身につけなくてはならない。南米の殆どの国の人は、英語が全くわからないということからも、スペイン語を話すことを余儀なくされる訳だ。

言葉は、人と人の距離を近づけてくれる。音楽、スポーツなど、言葉不要のコミュニケーションも確かにある。しかし、それに加えて、しゃべれたらそれに越したことはない。人と深く接したいと思う時、もっと言葉でお互いに理解を深められたら……と、いつも歯がゆく、残念に思う。

そんな訳で、日本語をしゃべることに関しては全く問題なく、それどころか、人に迷惑がかかるほどしゃべりまくるという特技を活かして、2004年は、「言葉ちゃん」と向き合い、見つめ合い、ディープキスをし、押し倒し、そして……ともかく、そのくらいお近付きになりたいものである。

人生初の居候生活

1月10日（土）ロンドン（イギリス）

ロンドンという街は恐らく現在、世界最高峰の物価の高い国であろう。NYよりも、東京よりも。どれもこれも「かなり」高く、貧乏パッカーには、「すいません、間違えました。今、出て行きまーーす」と、いったような街である。マックのセットで言えば、800〜900円はするし、普通のB&Bと呼ばれる安宿でも、1泊4000円程する。俺が世話になっていた安宿、韓国人のモグリ宿（違法の宿）で、ドミトリー1泊2000円。エジプトの20倍だ。細かいところで言えば、コピーがA4で一枚20円である（日本の倍だ）。

グリニッジ子午線をジャンプ

しかし、物価の問題を除いては、人・音楽・英語とかなり魅力的な街である。できることならば、ずっとでも居たいくらいテンションの上がる街であった。人間博物館とも思えるくらい、世界中のありとあらゆる人種があたりを歩いているし、ジャズカフェでは、超一流のライブが毎夜手ごろな値段で楽しめる。毎日が英会話教室のように、街は英語で満ち溢れている。

もっともっと居たいのに……。そう思っていた矢先に幸運にも居候先が見つかった。日本にいる時、ここ数年間、髪をねじったり、ひねったり、こねたり、傷めたり、編んだり（あまり切ってもらった記憶がない）してもらっていた美容師さんの紹介のロンドン在住美容師さんのフラットである。

フラットというのは、日本にはあまり存在しないものなのか、耳なじみがなかったが海外には意外と多い共同生活式の家である。一つの家の空間を何人かでシェアーするといったもので、自分の部屋をそれぞれが持ち、その他のダイニング、キッチン、風呂、トイレ、洗面所、冷蔵庫、洗濯機等は共同で使う。

そもそもは、このドレッドのほつれの修正をお願いするために紹介してもらった。が、初めて会ったその日に、居候のありがたいお話をいただいた。決して俺の方から無理矢理お願いしたり、脅したりはしていません。さりげなく大変な様子をちらつかせ、同情を誘った……かもしれないが。ちゃっかり次の日には、全ての荷物を持ってモグリ韓国人宿を出て、転がり込んできたのである。

そしてその次には、またもやちゃっかり次の目的地＝アルゼンチン行きの飛行機の予約の日にちを、なんと2週間も延期することに成功した。旅の途中の一つの街という位置づけではなく、ロンドンで「生活する」ことがいよいよ実現したのであった。

そして、人生初の居候生活にもウキウキしていた。「いそうろう」という響きに、なんとなく憧れていた。

「い・そ・う・ろ・う」うむ。素敵である。

フラットメイトが他の人と、「いやー、今、うちに来てる居候がさーー……」とでも話してくれたら、なんか、すごく嬉しくなる。もうここまで来ると、完全、変態であり、居候フェチである。

P.S.

このあいだ、稲本を応援すべく、プレミアシップのエバートン戦のフルハムの試合を観戦に行った。なんと、イナ出場せず。意味がない！　フルハムを、プレミアを見たかったんじゃないわい！　イナを見たかったんじゃい！　出せーー!!　イナを出せー!!　日本代表の柱じゃぞ!! こら! 出さんかい!

前回の試合で、パッとしないプレーをしたというので嫌な予感はしていた。さらに皮肉なことに、怪我から復帰したデイヴィスというボランチの選手が、この日チームの勝利に貢献する、キレのあるプレーをしたのであった。

ストリートで生活費稼ぎ

1月12日(月) ロンドン(イギリス)

いくら居候先が見つかったとはいえ、やりたいことをするためにはやはりお金がかかる(ひきこもっていては意味がない)。しかし、物価が馬鹿高い。

と、頭を悩ませていたところ、発想を逆転して考えてみた。ロンドンが世界一物価の高い街なら、その稼ぎも世界一なのではないか? 収入も多いのではないか? その土地で生活するということはそういうことである。相応のお金がちゃんと動いているはずである。何かしてお金を稼いで、したいことをしよう。そうと決まったら、早速ギターを持って歌いに行こうではないか。

ロンドン市内の地下鉄(チューブ、またはアンダーグラウンドと呼ぶ)の駅には多くのストリートミュージシャンがいて、さまざまな楽器を演奏している。サックスを吹く白髪のおっちゃん、バイオリン弾きの真面目そうなおやじさん。そして、どこかの民族の若者が笛を吹いてるかと思えば、キーボードで自慢のピアノを弾いている人もいれば、カントリーを歌い上げている人もいる。

さあぁぁ。

ギターケースを目の前に置き、座り、ギターを2小節弾き、そして歌い始めようとしたその時、駅員が速攻寄って来た。

「ここでやっちゃだめだ！」

「は？　なんで？　みんなやってるじゃん！」

「ライセンスを持ってるのか？」

「え？　何それ？」

「今のシステムでは、ライセンスを持ってない奴はできんのだ。早く片づけろ」

「まじかー、何だ、そりゃ？」

なんでも、去年の9月からこのライセンス制が導入されたらしい。オーディションを受けて（まあ、余程ひどくなかったら、ライセンスはもらえるらしい）、その本部から、「明日は、どこどこの駅で、何時からやっていいぞ」と、許可を受けた後、駅の中にあるストリート専用の印のついたところで、2時間だけすることができるらしい。

なんともお堅い、めんどくさい制度をロンドンも導入したものである。とはいえ、もちろんライセンスを持っていないストリートミュージシャンも山ほどいて、駅員や警察の目をかいくぐって行っている。

オックスフォード・サーカス駅のヴィクトリア・ラインと、バーカロー・ラインのサウス・バウンド（南行き）ホームの間の下りエスカレーターの降りたところ。俺がこれまでチューブでの移動時に見つけたナイスなスポット。この駅はロンドンの中心にあり、3つの線が交わっていて乗り換えする人の数が多い。

ギターケースを目の前に置き、座り、ギターを2小節弾き、そして歌い始める。さすがに日本語だけでは伝わりづらいので、今回初めて洋楽カヴァーに、トライ。何曲かお気に入りの曲を英語で歌う。

反応がない。傍を通ってゆく人々はちらっと見るが、お金を入れてくれる人はいない。それでも懸命に歌う。足早に人が目の前を通り過ぎていく。

みんな忙しいのか。疲れているのか。声が心に届かないのか。

10分ほど経った頃であろうか。その稼ぎのなさに、下がりかけてきたテンションを急上昇させてくれるべく「1人目」が現れた。

35歳くらいのOLらしきブロンド女性が、一度目の前を7歩通り過ぎた後に、華麗なUターンを見せ、近寄ってきた。「クール！」と親指を立て一言つぶやきながら、コインをギターケースの中に入れてくれた。

おお！　入ったぞ！

1人目というのは、どんな時でも嬉しいものだ。ゼロからイチになる瞬間というのは、何でも凄いものだ。目の前に置かれた50ピン（1ポンドの半分＝100円）のお陰で、少なくとも5ホーンは声が大きくなったナオト君は、すっかり気分をよくして歌い続けていると、どうであろう。なんと、次々にコインが入ってくるではないか。エスカレーターで聴いていて、降りた所でお金を置いていってくれる人もいれば、電車を待っている間に聴いていて、ホームから戻ってきて、お金を入れてくれる人もいる。

確実に聴いてくれている。そして、ミュージシャンへの自分なりの評価をお金で表してくれるのだ。よかったら、入れる。よくなかったら、入れない。

初日の今日、2時間で11ユーロ（2200円）を稼ぎ出し、スキップで帰路についたのであった。

2時間半のストリートで35ユーロ

1月16日（金）ロンドン（イギリス）

ストリートミュージシャンにお金を出す習慣が、確かにここロンドンには根付いている。かつては日本でも「流し」と呼ばれる人たちがいて、レコード歌手ではないが歌を歌うことを生業にしていたと聞く。そして、駅前でも長渕や、尾崎の歌を物々しく歌い上げているような人たちもいて酔っ払ったサラリーマンなどが、ギターケースにお金を入れていく姿をよく見たものだ。

しかし現在、日曜日の歩行者天国などで大道芸人のショウに対しては、まだかろうじて起こり得ることだが、日本ではストリートミュージシャンにお金を入れていく人を、ここ数年で、すっかり見かけなくなってしまった。現在、ストリートライブ、または路上ライブと呼ばれている日本での路上での音楽演奏は、お金稼ぎではなく、プロ・ミュージシャンになるためのアピールの場所と化した。「ゆず」が流行《はや》ってからというもの、年齢層もグ～ンと若くなったであろう。

俺も大学1年の頃から、ファン増加大作戦のため、柏の駅で1年くらいやっていた。隣にはＳｏｍｅｔｈｉｎｇ Ｅｌｓｅがいたりした。その当時、柏でまだそんなに多くなかったストリートミュージシャンが、その後、3、4倍にも膨れ上がることとなる。そして、まだデビュー前、オンエアーウエストでの600人ワンマンライブの前には、渋谷ハチ公前で4ヶ月もストリートライブをしてチケットを売っていたのであった。

こちらのストリートミュージシャンは、それが職業である人が多い。それは、ロンドンに限ったことではなく、海外一般に見られることなのだが、毎日毎日、駅で歌い、そのお金で生計を立てているのだ。駅前で、40、50代のおっさんが歌っている姿は、日本じゃ見られないなーと、ストリート文化の違いを感じたりしていた。

ストリートをしていると、いろんな人との出会いが面白い。3月に行われるというイベントの誘いがあったり（残念ながら断ったが）、ラスタの黒人おやじが、ボブ・マーリーをリクエストしてきたりした。時には、カップルが俺の歌をBGMに別れを惜しむキスを傍で繰り広げたり、若者たちが寄ってきて、一緒になって歌ったり、踊ったり。

本当にこんなにもいろいろな一般の人に聴いてもらえる機会というのは、ストリート以外ないのではないだろうか。お金稼ぎと思って始めたストリートライブだったが、ロンドンの人間模様をリアルに観察できるという面白さを見出していた。さらに、やはり好きなことをして（俺はただ歌っているだけである）、お金が儲かって、これほど幸せなことはないな、と改めて実感した。

ある日、いつものようにオックスフォード・サーカス駅に歌いに出かけた。今夜はやけに、お金の入りがいい。聴いてくれるお客さんのノリもいい。開放感が顔に満ち溢れている。酔っ払っている人も多い。俺の音楽を感じてくれている人が多い。顔つきが明らかに普段の平日と違っていた。金曜日であったのだ。休日の前夜というだけで、人々を幸せな気持ちにし、ゆとりと余裕を与えるのだなと、顔つきから感じ取った。

結局その日は、なんと2時間半で35ユーロ（7000円）を稼ぎ出したのであった。

ホットなJazz Cafeで本場のショウ

1月18日（日）ロンドン（イギリス）

Ｊａｚｚ ｃａｆｅ。ロンドンのカムデン・タウンにあるそのライブハウスは、生のブラックミュージックを体感できるロンドンで一番ホットなスポットである。ジャズカフェという名前ではあるが、単にジャズだけでなく、ファンク、ソウル、Ｒ＆Ｂ、ＨＩＰ＆ＨＯＰ等、さまざまなジャンルの有名なアーティストが世界中からやってくる。

初めてジャズカフェに足を踏み入れたのはロンドンにやって来て半月が経った新年明け早々であった。ロイ・エアーズを皮切りに、ロンドンを発つまでの1ヶ月弱の間、実に10回もここに通いつめた通箱である。なにせ、ここで一流のプレイを観るために、ストリートでお金を稼いでいるのだから。

70年代から現在に至るまで、第一線で活躍し続けるロイ・エアーズ。もう64歳、音楽界では化石ともいえる年齢であるのだが、果たしてどんなパフォーマンスをみせてくれるのか？わくわくしながら、その登場を待った。

バンドミュージシャンがセッティングを完了すると、ロイ・エアーズが、大きな歓声と拍手を浴びながら登場。そして、早速演奏し始める……と、そのかっこいいこと、かっこいいこと!!　1曲目が終わる頃までに何度、「アー!!　イェーーー!!」と叫んでしまっただろう。もう数えられない程だ。

ロンドンに来てよかった……本物のショウを今感じていると心から思った。

ジャジーでファンキーでアーバンな曲調で次々に歌い上げていく。が、MCになるとまた巧みな話術であっという間に、観衆を笑いの渦に引きずり込んでしまう。何歳になっても人を惹き付けるその才能は天性のものであろう。

ジャズカフェに入ってまず驚いたことは、その小ささであった。今までの概念でいけば、大物のライブを観る時は大抵大きいハコや野外だったため、こんなにも小さい空間でアーティストとお客が一体となったライブは体感したことがなかった。こんなにも有名なアーティストが、300人収容のこんなに小さい空間で、しかもアコースティックではなく、バンドでライブをするハコが世界中で他にあるだろうか？　日本にも増えればいいのだが。ステージとお客さんとの間の仕切りも何もなく、ミュージシャンの技を間近で見られるというのは、なんと素晴らしいことか。その距離2～5メートルだった。

まだ興奮覚めやらぬ、その4日後のR&B、ソウルシンガーの「LEDISI」ライブでは本物の歌のうまさを、「TY」ではHIP&HOPの音作りの面白さを、「Billy Paul」ではビッグヒット曲の凄さを、「Sharon Jones & The dap Kings」では本物の生ファンクを、「Steely Dan」では大人の洗練された音楽を堪能させてもらった。何しろ本物を見せつけてくれた。

だが、ソウル・R&B系の男性ソロアーティスト「OMAR」君は、完全いまひとつであった。コンポーザー＝音源アーティストとしては、いいとは思うのだが、エンターテイナーではないというところが、他のアーティストとは異なっていた。歌うことと魅せることは、違うのだな～と改めて感じさせられた。

彼と対照的なライブは、「Arrested Development」としてやってきたスピーチ！！！もう彼のステージは圧巻だった。他に観たどんなアーティストにもなかったオーラを放ちまくり、素晴らしく感動的なライブをあの日、観せてくれたのだった。

P.S.

シャロン・ジョーンズのライブ中の間奏時、彼女がお客さんを1人ずつステージに上げて、一緒に踊るという趣向がこらされた。さて、次は誰を選ぼうかと客席を見回したその瞬間、東洋人ドレッドはこれは来る！　と直感した。ステージの反対側にいた彼女が、逆サイドにやって来て、前から2列目にいたドレッドの東洋人と目が合うや否や手を差し伸べ、ステージに上げた。それが、彼のジャズカフェデビューだった。普通に踊っては面白くない。かつてニューヨーク・アポロシアターで一発かましてやろうと思った感覚に似たものがよみがえった。

その東洋人はステージに上がってから、何を血迷ったか、客席に背を向け、右手を高々と突き上げ、直立している。面白い奴が出てきたと、お客さんから歓声があがる。その歓声がだんだん大きくなると、少しずつリズムを刻む東洋人。依然として、後ろを向いたままである。そして、急に振り向いたかと思うと、激しく踊り始め、さらに、シャロン・ジョーンズに絡む大胆なダンス。その激しい2人のダンスを見て、お客さんのボルテージも上がり、「いいぞーいいぞー！　やれー！」と大盛り上がり。最後は、お客さんに両手を広げてVサインでその歓声に応える。「おまえのライブかよ！」と突っ込みが入ってもおかしくないようなダンスで、見事にロンドン人のハートを射止めた東洋人のドレッドであった。

飛び込みライブ!! @Jazz Cafe

1月20日(火)ロンドン(イギリス)

ジャズカフェのセッションの日に遊びに行った時のことである。仲良くなったギタリストのダニエルという黒人のお兄ちゃんと話をしていると、「お前、歌いたいのか? できるんじゃないか?」という情報を得た。すぐさま、曲と曲の間にこそこそとステージに上がり、MC兼ボーカルの所に行き、俺もやらせろとお願いする。面白がってくれたMCから、OKが出た。

早速、曲を決め、バンドに弾いてもらうための譜面をおこし、コピーをしに行き、その出番を待った。何回も通ってるジャズカフェ。ようやくそこで歌う機会が訪れたのだ。お客さんも結構入っているし、わくわくしていた。

出番直前になって、MCが近寄ってくる。何やらギターのダニエルと2人でやれと言う。それを聞いたダニエルは、俺がやろうとしていた曲をよく知らないという理由で、とても不安そうな顔をしていた。

なおと「O.K.ダニエル、俺、1人でやってみるよ。そこで頼みなんだがー、お前のギターを貸してはもらえないかなー？」

ダニエル「おお、そうか、それはいい。使っていいぞ」

そして出番がやってきた。200人弱くらいの観客は、「お？　なんだ、なんだ？　東洋人か？」ということで、ざわつき始めた。セッティングが終わり、少々のMC。観客の暖かい眼差《まなざ》しを感じる。

♪you are the sunshine～of my life～♪

スティーヴィー・ワンダーの大好きな一曲をエレキ一本で歌い始めた。

中学2年生からオリジナル街道まっしぐらで突っ走ってきたので、人の曲を歌うことに慣れていなかった。ロンドンに来て、ストリートでお金を稼ぐために地下鉄で歌う時には、自分の好きな英語の曲を何曲か練習し、歌っていた。その練習の成果を出す絶好の舞台であった。

ロンドンで、ロンドン人の前で、英語の歌を歌う。外国人が日本に来て日本人の前で、日本語の曲を歌うということだ。出番の3分くらい前まで、若者カップルに発音を直してもらっていた。特に、やはり「R」がおかしいらしく、何回も直された。ようやく、こつがつかめた頃に、本番になった。

1番が終わり間奏に差し掛かろうとする頃、いつの間にか、ウッドベースとドラムが入ってきていて、トリオでの演奏となった。リズムが入って一層ノッてきた。お客さんの中には、一緒に口ずさんでいる人もいる。2番も終わり、今度は即興で歌い始める。口から発せられるのは、だんだん言葉からスキャットに変わっていき、メロディーがリズムに変わり、ヒューマン・ビート・ボックスで、リズムを刻む。滑らかな演奏で、曲を引き立たせてくれていたドラムとベースのおっさんたちもそれに気付き、小さな音でやさしい音を出している。

演奏が終わると、大きな歓声と、拍手をいただいた。

しかし、まだまだ自分の甘さを感じた未熟な演奏となってしまった。外国人であることと、飛び込みであったことで、暖かい声援を送ってくれたように感じる。

しっかりと、「いちアーティスト」としてのお客さんの本物の反応をもらうために、まだまだすべきことがたくさんあると目一杯反省させられるライブであった。そう感じられたことに意味がある。

何でも経験を積んでこそ、よくなっていくものだ。英語で歌う歌は、もっともっとたくさん歌い込んで、体に染み込ませないと。

待ってろよ。ジャズカフェ。バンドを連れて、いつかガッツリやったるからな。

ケータイ番号にメルアド!!　スピーチとつながった

1月23日（金）ロンドン（イギリス）

南米行きのフライトを先延ばしにしたいくつかの理由の内の最大の理由は、スピーチのライブを観るためであった。「Arrested Development」として、スピーチがジャズカフェにやって来た。HIP&HOPであり、レゲエであり、ソウルである彼の音楽は、決して他のアーティストとひとくくりの枠に縛ることはできない、オリジナルなものである。ロンドンで生のスピーチが体感できる、とても楽しみにしていた日がとうとう訪れた。

いい加減、通い過ぎ。ということで、すっかり仲良くなったチケットもぎりのスタッフと少々絡んでからジャズカフェの中へ入る。やはりいつもより人が多い。人の波をかき分け一番前のど真ん中に陣取り、真っ向からライブを感じるモードに突入。

2組の前座が終わり、いよいよスピーチが登場。まず驚いたことに、バンドはギターとベースの二人だけ、それにラップをのせて歌うというなんとも斬新な編成だ。しかし、ドラムがいないことを感じさせない3人のグルーヴは満員のお客を揺らしている。そして、お客にどんどん歌わせるそのスタイルは、まさに俺のスタイルに通じていて、お客としては実に楽しいライブである。

本来ライブとは、その一体感を楽しむものである。途中DJも入り、さらに音の幅が広がり、最後まで熱く、内容の濃い感動的なライブを見せていただいた。エンターテイナーで、カリスマ的なスピーチのライブは、刺激を与えてくれた。俺もここで、こんな風にライブやりて〜と。

ライブ終了後、自分の音をスピーチに聴いてほしいと思い立ち、誰を通して渡してもらおうかと、辺りを見回した。スタッフに渡したら、軽くあしらわれるに違いない。こういうことは、同じアーティストやミュージシャンの方が、気持ちを分かってくれ易《やす》い。スピーチの後ろで回していたDJがちょうどステージで片付けを始めたので、声を掛けに近づいた。

「俺、ナオト。日本人で、日本で歌っていて……。俺もスピーチ同様、70年代の音楽が大好きで、もちろんスピーチも大好きで、今は、1年旅してて……。俺の音をスピーチに聴いてもらいたくて……（CDを渡す）。んで、もし気に入ってくれたらここにメールをいただきたいんだが」

「わかった、わかった。スピーチに渡しておくさ」

「ほんとか、さんきゅー。頼むな！」

てな感じで親身に応対してくれたそのDJのおかげで、どうやら俺のCDがスピーチの耳に届くことになりそうだ。それだけでも光栄なことであったが、それだけではなかった。ライブの余韻と、CDを渡せた充実感をかみしめるべくしばらくジャズカフェの中にいると、さっきCDを渡したDJが俺のところに歩み寄って、俺の耳元でささやく。

「今、スピーチ降りてくるってさ」

「そっか、そっかスピーチが降りてくるのか。じゃ、もうちょっとここで待ってればいいのね」

って、おーい!! まじか!!!!?? (ノリと突っ込みのハーモニー) 何ーーーー!?

スピーチに会えるのか?

それは、うれしいな。っつうかありえんな。日本じゃ、まんずありえんな。超売れてるアーティストがライブ後、どこも馬の骨かもわからん奴に会ってくれるという機会など。日本なら警備がガチガチになり、まず普通の人は近づくことを許されないだろう。さらに、なかなかそういう対応ができるアーティストも少ないのではないか? しかも世界的に売れているスピーチがだ。いきなり、ただ、CDだけ預けた日本の小僧にだ。さすが、ジャズカフェマジック。ただじゃ、転ばん。このチケット代は、ライブを観るだけのお金として払ってる訳とちゃうで。つながるでー、貪欲になー。絡むでー。そうやって生きてきたわけやしな。

そしてステージの端の方で待っていると、本当にスピーチがやって来た。しかも、とても普通に愛想よく。そして、今日のライブが如何にすばらしかったかを伝えた後、自分は誰であるかの話と、この旅の話。そしてこの旅の最後の国はアメリカなので、もし可能ならあなたに会いに行きたいということを伝えた。

スピーチはとても真剣に、優しく俺の話を聞いてくれたあげく、「これが俺の連絡先だ。ぜひ、遊びに来い」と、言ってくれたのだ!!

ケータイ番号と、メールアドレスを書いてくれた。

なんということか!? スピーチとつながった。この旅がまた楽しいものになった。何としてでもアトランタに行き、彼を訪れたいものである。

ビリー・ポールもそうであったが、ライブ後会いに行った時、同じ目線で話をしてくれた。一人の人間と一人の人間として。決しておごり高ぶった態度ではなく、見下すことなく、同じ目線で。海外では、世間的には偉い人、すごい人、地位のある人、名誉のある人、有名な人……などが、アポなしで絡んできた一般人に対して、実にナチュラルに接してくれたり、話を真剣に聞いてくれたりする。

しかし、なぜか日本ではそういった人とニュートラルに話す機会が、極めて少ないように思う。もし万が一そんな機会があったとしても、対等にしゃべることは難しいように感じる。

例えば、外人のバックパッカーが日本に来て、限られた時間の中で、平井堅のケータイ番号を本人から直接教えてもらう可能性を想像していただきたい。

昨年11月、ブラジル・サンタレンでのTV局30周年記念イベントに飛び入り参加。1万人のブラジル人の前で歌えたことだって、日本では起こり得ないことであろう。日本のTV局の何周年の記念イベントで、当日いきなりブラジル人旅人が、片言の日本語で、

「ワタシ・ブラジル・デ・ウタッテル・アソコ・ウタイタイ」

と言ってきたとしても、

「おい、変なのが入ってきたぞ、つまみだせ！」

と10秒で追いやられるのがオチである。

ましてや、ガチガチに組まれたスケジュールを調整して、10分歌っていいよ、というブラジル人スタッフのような応対はできないだろう。国民性？　一言で片付けるのは容易《たやす》いが……。

自分もいつかどんなに成功を収めたとしても、まあ収めなかったとしても、今こうしてビリー・ポールや、スピーチ、さらには、アラファトさんなどに優しくしてもらったことを忘れずに全ての人と、同じ目線で接していきたいものである。それができれば、死ぬまで成長し続けられるのだ。他人という肥やしで。

人種のるつぼ

1月24日（土）ロンドン（イギリス）

人類博物館。世界中のあらゆる国々の人がごったがえしている街、ロンドン。その種類の多さ、数の多さは、ニューヨークとロンドンがずば抜けているように思う。

ここまで旅をして出会った土地の人種が、ここでまた会えるのだ。香港人、タイ人、インド人、アラブ人、ヨーロッパ人……と。しかも、そういったさまざまな人種の混血もかなりいるようにも思える。ヨーロッパ人とアジア人のカップルも、白人と黒人のカップルもたくさん見うけられる。

まるでミックスジュースだ。MELTING POTだ（ニューヨークよりも、はるかに混ざっているように感じた）。

その分、食、ファッションも多種、多様で面白い。

ヨーロッパに初めてきた時に感じた孤独感、物足りなさは、もうすっかり感じなくなっていた。一度モロッコに入り、再びスペインに戻ってからは、免疫ができていたこともあって、「そういう所」としてヨーロッパを楽しめるようになった。そればかりか、ヨーロッパ人のすばらしい特性＝「余裕」というのをひしひしと感じられた。今回訪れたヨーロッパの国す

人類博物館、ロンドン

べてで感じたことだ。

一番印象深かったのは、車の運転である。歩行者が道を横断しようとその機会をうかがっていると、車が止まってくれ、「どうぞ、お渡りなさい」と、手で合図を出し先に通してくれる。電車の空席も、「我先に」と、がつがつ争わない。心に余裕がないとできないこんな光景をよく目にした。日本では、あまり体験しないことだった。

余裕やゆとりは、人間にとってとても大事なものである。「恒産なき者は恒心なし」だろうけれど、時間に追われ、心に余裕のない状態では楽しめるものも目一杯楽しめなくなってしまう。同じことをしても、同じ物を見ても、同じ人に出会っても、心の持ち様で、その感じ方は全く変わってしまうであろう。

時間的余裕がない時に、人とすれ違いざま肩がぶつかろうものなら、「いてーな。ふざけんな！」と思ってしまうところが、余裕がある時には、「ごめんなさい」とまで言える。土曜日、日曜日まで、仕事のことを考えてしまう日本人の友達の話を聞いたことがあるが、もっとゆとり、余裕を持って、人生を楽しむことも大事なのではないかと思う。

ニューヨークと同様、ワクワク感で満ちていたロンドン。でもその中でも、ロンドンは余裕や、ゆとりを感じることができる街。その住みやすさのため、こちらで生活している日本人も少なくない。俺も、またいつかここに住んでみたいなと、思ってしまった一人である。

SHOOT 9
ウシュアイアの夜景が見える丘で♪一人ぼっちのよれ～

アルゼンチン（ブエノスアイレス/ウシュアイア/カラファテ）

アルゼンチン危機の爪痕

1月26日（月）ブエノスアイレス（アルゼンチン）

いよいよ始まる、世界一周ひとり旅のワクワク中南米編。日本を発って半年。アジア、中東、ちょびっとアフリカ、ヨーロッパを経て、いよいよ後半戦のスタートだ。真冬のヨーロッパから、真夏の南米に満を持してやって来た。夏生まれの夏男。夏が俺を呼んでいる。大至急間違いない。大きな声で、呼ばれている。

ロンドンからミラノ経由で、計17時間。日本の真裏に当たるアルゼンチンのブエノスアイレスに到着。空港からローカルバスで2時間、セントロに到着した。

空港から街の中心地に出る手段は、国によってさまざまである。バス、タクシー……。香港などの新しい空港からは電車が通っている。貧乏パッカーにとって、タクシーは極上のリッチな乗り物なので、大抵の場合、ローカルバスということになる。パレスチナのPLO議長府で会って仲良くなったスイス系ユダヤ人の老夫婦が日本に来た時の話は笑えた。

「空港から、あんなに時間もお金もかかったのは、後にも先にも日本だけだ」

「え？　まさか、成田から東京までタクシーで行ったの？」

「そうだ。200ドル（2万円）近くかかったぞ。あれには驚いた……」

「まじで？　あそこは、千葉だもん。言ってみれば、違う州だもん」

成田空港、またの名を新東京国際空港。なんと背伸びをしたウソつきな恐ろしい命名。

35度のブエノスアイレスの街を歩いていると、大規模なデモ行進に出くわした。大きな旗を持ち、シュプレヒコールをあげながら、大勢の人が大通りを練り歩いている。

何に対するデモだろうか。誰かに後でその内容を確認するために、とりあえず旗に書いてあるスペイン語をメモ帳に記した。しかし、デモ行進中でも、俺の髪を見るや否や、「なんだ、あの東洋人のボブ・マーリーは！！？」一瞬にして声が止み、周りの連中と俺の髪型を話題にするのであった。

そのデモから離れしばらく歩くと、ブエノスのへそ、一番栄えている中心地であるフロリダ通りと、ラバーシェ通りにたどり着き、さらに奥に進むと公園があった。そこで、ギターを弾きながら歌を歌っているゲイカップルと仲良くなる。そして、さっきのデモについて尋ねてみた。何のデモだったのか？

幸い、彼らは少し英語をしゃべることができたのでコミュニケーションがスムーズにいった。

「働かせろー」「仕事をよこせー」

それは失業者とその家族が、政府に対して雇用を求める内容のデモであるとのことだった。

ブエノスアイレスという街は、発達したかなりの大都市である。モダンなビルが立ち並び、道路もきれいに整備されているのに、なんで、そんなに仕事がないのか？　一見、この街は豊かそうに見えるのに。

夜になると、そのデモの意味が露骨に感じられた。町の中心部から宿に戻る途中に見た光景は、すさまじいものであった。路上生活者の数の多いこと……には、驚かされた。しかも、日本のホームレスのように1人ではなく、家族単位なのだ。両親に4人の子供といったような普通の家族。服なども一見、普通に見える。昨日、家だけ取られて、そのまま出てきました、といったような印象さえ受ける。インドのカルカッタに戻ってきたのか？　と錯覚してしまう程であった。

しかし、カルカッタのそれとは明らかに違う点が、その雰囲気を異様なものにしていた。それは、近代化の進んだ発展しきっている街のど真ん中でのワンシーンであることだ。東京・渋谷のセンター街に、大多数の路上生活家族がいるのだ。

2001年に起きたアルゼンチン危機。それまで10年間、固定相場制で、1ドル＝1ペソと、かなり物価の高い国だったアルゼンチンだが、一時は1ドル＝4ペソまで下がり、今は、1ドル＝3ペソ。今泊まっているヴィクトリア・ホテルが、昔は、1500円。一時、400円、今は、600円で落ち着いたといった具合だ。政府は税収の落ち込みから、公務員の給与や年金を支払えなくなり、２００２年には失業率が22％と過去最高（不完全雇用を含めれば40％）を記録。総人口の約半数が貧困状態にあるという。旅人にとってみると、物価は安い方が嬉しいのだが、あの光景を見ると、なんとも複雑な心境になってしまう。

そういった背景のもと、子供たちだって昼間から働きに働く。靴磨き、段ボール集め、ペットボトル集め……。その中でもユニークなお金稼ぎが、信号を待つ車をターゲットにしたものである。ブエノスの信号待ちは、世界一楽しいものだろう。車がビュンビュン通る片側3車線もある大通りで、信号が赤になると、待ってました、とばかりに止まった車の前に、一斉に子供たちが飛び出す。キャンディー、お菓子、ジュース、新聞などの売り子はスタンダード。宣伝の看板を持って車の前に立ったり、頼まれもしないのに車の窓を勝手に拭き始め、チップをもらおうとする。

その中でも、最も面白かったのが、お手玉ショウである。2人組で、威勢良く車の前に走り寄り、組体操の初級の技、肩車をする。そして、3つのお手玉をそれぞれがやり始めるのだが……。この下手なこと、下手なこと!!　たちまちお手玉は、地面に落っこち、すかさず組体操を崩し、拾い、もう一度組み直し、お手玉を始め、落とし、崩し、拾い、組み、始め……。そして、彼らは赤信号の時間の長さを知っているのだろう。演技を止め、車に歩み寄り、チップを要求するのだ。

これには笑かしてもらった。新しい形のエンターテインメントだ。生きるために人は、できることなら何だってする。できないことだってするのだ、と。

赤信号にひっかかり、「あー時間がないのに、くそっ!」っと言いながら、今か今かと青に変わるのを待ち、まだ変わっていないのに、すでにアクセルを踏み始めちゃっている余裕のない日本のお忙しい方たちにも、ぜひあのショウをやってあげてほしい。絶対、心に暖かい風を感じるはずだ。

だんご3兄弟

1月28日(水) ブエノスアイレス(アルゼンチン)

♪一番上は長男、一番下は三男、間に挟まれ次男、だんご3兄弟、チャッチャ!!

ブエノスアイレスのへそであり、ブエノスアイレスの渋谷であるラバーシェ・ストリートを歩いていると、しばしばCD屋からタンゴが流れてくる。その度に、この曲を思い出す。

ある日、「だんご3兄弟」について、大発見をした。ダンゴ。タンゴ?　ん?　まさか!

タンゴのリズムにのせて歌われたこの曲は、なんと、ダンゴとタンゴをかけていたのかー!?

(何?　みんなそんなこたぁ分かっていただとー!?　ふん!　いいのだ。自らの力で俺はその時、発見したのだ！）

タンゴが生まれた街、ブエノスアイレス。この街で本場のタンゴを感じ、さらにタンゴを体験することになるのだが、そのきっかけは意外にもブラジル領事館での出会いであった。

この旅の当初のプランでは、南米はブラジル以外の国々を回る予定であった。２００２年11月に１ヶ月間、ブラジルだけを旅したゆえに、今回の旅ではブラジルへは足を踏み入れないつもりでいた。エジプトのカイロのスルタン・ホテルに行くまでは。

カイロからスペイン・マドリッドへのフライトのその日（２００３年11月18日）、それまで中東を抜きつ抜かれつと旅してきた旅人連中と、別れを惜しむべく団欒《だんらん》していた時であった。ある旅人の口から、ブラジルの「カーニバル」の話が出た。

カーニバル……か。なるほど、リオのカーニバルのことか……。

違う？　何？　サルバドールの方が熱い？　どちらにしろ、今回の旅は、ブラジルは行かないことに決めているのだ。ブラジルに行っている時間的余裕は俺にはないの……だ……。

それで、いつ？　２月の半ばかー。何ー!?　俺が南米を旅している時ではないか。ピンポイントである。呼ばれている。これは、呼ばれているぞー。別にブラジルに頑《かたく》なに行かないと決める理由などなく、逆に、こういった然《しか》るべき未来にワクワクした。

カイロで２度目のブラジル行きを決断してから２ヶ月が経ち、ブエノスアイレスにあるブラジル領事館にＶＩＳＡを申請しに行った時のことだ。ＶＩＳＡ申請のためのアプリケーションをパソコンに向かって必死に打っていると、隣でもまた日本人らしき男が、パソコン相手に苦戦を強いられていた。お互いその苦労を分かち合い、ついにＶＩＳＡの申請が終わった。一緒に昼飯でもどうかという話になり、お互いのことを話している内に、話が、まとまった。明日、タンゴに一緒に行こう!!

やす君。31歳。日本を離れて9ヶ月。タンゴに出会って以来、すっかりのめり込み、日本でタンゴを始め、2年間、本場ブエノスでタンゴ・ダンス修業をするのだと言う。週に3、4回は、踊りに行っていて、「ちょうど明日行くから、見に来る?」の「見に来る?」の部分を言い終わる前に、「一緒に行っていい?」と、尋ね、「もちろん」の言葉をいただいた。

Ｐ.Ｓ.爆笑話

町中を走るローカルバスに乗ろうとしていた時のこと。前の入り口から乗り込み、自分の行きたい場所に行くかどうかを、運転手に尋ねた。その答えは、イエスでもノーでもなく、スペイン語で何か説明をしてくれるが、さっぱりわからない。俺の前のフロントガラスの手前にある何か機械のようなものを指差している。

ん? ここから切符が出るのか? それを取れと、言っているのだな、と勝手に解釈。その機械に付属している棒を回すが、いっこうに切符が出てくる気配はない。運転手は慌てて、ノーノーと叫んでいる。

なぜか？　それは、行き先の書いてあるプレートを回し、行き先を勝手に変えていたからであった。なかなかできない体験をさせていただきました。人生最初で最後の体験でしょう。果たして人類が誕生してから、今に至るまで、運転手以外の人間で、何パーセントの人間が勝手にバスの行き先のプレートを変えたことがあるのでしょうか？　今度イミダスで調べてみたいと思います。

ごめんなさい。もう、しません。行き先を勝手に変えるのは、自分の旅だけにしておきます。

タンゴ初挑戦でビッキーを口説く！

1月29日（木）ブエノスアイレス（アルゼンチン）

ダンスのパーティーの行われている社交場に着いた。公民館のような建物に入っていくと、その会場は想像していたものとは異なり、ぼろく広かった。古い小学校の体育館のような空間に、たくさんのテーブルが並んでおり、そこで人々は、食事をしたりお酒をたしなんでいる。真ん中は踊るスペースになっており、すでに多くの人たちがフォーマルなビシッとした服をまとい、真剣な表情で男女絡み合って踊っていた。それはメリーゴーランドのように、全体が一方向の流れでまわっている。そして、さらに遊園地のコーヒーカップ（コーヒーカップの形をし、真ん中のハンドルを回すと、乗っているカップが回り始める乗り物。ディズニーランドにもある）のように、2人組自身もクルクル回っている。初めて見るそのメルヘンな世界にいつの間にか、引き込まれていた。

続けて3、4曲踊った後、5分程の休憩の曲がかかり、人々は席に戻り、談話を始める。そして、また自分のタイミングで、踊り始めるのである。つまり、そこに来ている人は、全員タンゴを踊りに来ている人たちである。

若者から年老いた人まで、幅広い年齢層である。老若男女、輪になって踊る。日本の盆踊りに通ずるものも感じた。ブエノスに点在している馬鹿高い入場料を取られるタンゴショウではなく、もっと庶民的なタンゴがそこにあった。

日本ではタンゴというものは、お金持ちの大人のためのものというイメージがあって、自分には遠く、全く縁のない存在であった。しかし、ここではなんと自然に気軽に、街の一角のビルの空間で人々がタンゴを楽しんで踊っていることか。

そのタンゴダンスを見ながら、中学2年生の夏に行った林間学校で、キャンプファイヤーを囲んでのフォークダンスを思い出していた。思春期真っ只中、男子と女子が体を触れ合って踊るということで、誰もが照れながら、嫌がっている素振りを見せながらも、心の中では、針がマックスに振り切っているほどのハイ・テンション。好きな人があと何人先で踊っているかを目で追い、それまで曲が終わらないことを祈りながら、踊っていたことであろう。もちろんのこと俺も、一般的な思春期の健全なる少年として、そうでもなければ触れる機会のない好きな子の体の触れあってる部分に全神経を集中させ、無我夢中で必死こいて、オクラホマミキサーしていた。

そして、林間学校が終わってからもその夏の間続いていたその感触を「おかず」に一人でオクラホマミキサーしていたことは、男性諸君ならご察しいただけると思う。フォークダンスのもう一つの定番、マイムマイムはイスラエル民謡で、その歌詞はヒブライ語であったことは、あの頃の僕は知る由もなかった。

観ているだけでは、つまらない。深夜3時過ぎ、やりたがり「ナオト」がやっぱり登場。やす君に、たくさんある基本のステップの中でも最もベーシックなものを教えてもらう。

左に1歩、右足から前に1歩、2歩、1拍休んで、右足……。女性の1歩1歩のすべてを男がリードしなければならない。む、むずかしい。しかし、この恥知らずは、なんとかそのステップを覚え、もう輪の中に入ろうとしていた。人前でやってみて、恥をかいて、覚えるもんだ。体当たりの体得法。

こういうタンゴの社交場では、必ず男の方から女の子を誘い出す。その光景は、普通にナンパのそれと一緒である。それもそのはず、もともと純粋にナンパの手段として生まれたダンスであるという。

タンゴは17世紀後半、南米アルゼンチンの首都ブエノスアイレスで生まれた音楽で、ボカの港町のあちこちの酒場で演奏されていた。そこに集まる欲の固まりの男たちが酒場の女や娼婦たちを相手に「いい女とやりたい！」っと、ダンスをしてオトそうとした。だからこそ、男女の動きは過激であり、男は強く女を抱きよせ、女は太ももをこすり付けるといったセクシーな動きに至るということか。その接近度は他のダンスにはなかなかないものであろう。何しろ近い……。体と体。顔と顔も。

踊る相手、そう、口説く相手は、はなから決めていた。ウェイトレスのビッキーである。それまでも何回か会話をしていたし、まだ未熟な俺をがっちりと受け止めてくれそうであったからだ。愛嬌のあるその笑顔にも惹かれていた。そして、仕事中にもかかわらず、誘い、そして踊った。

無我夢中だった。違う時空にトリップしていた。踊っていた時のことは、よく覚えていない。若かりし日の、フォークダンスのように。

注）ビッキーは、かなりぽっちゃりとした45歳くらいのマダムです☆

上野亭で82歳のおばあちゃんの戦争体験を……

1月31日（土）ウシュアイア（アルゼンチン）

死後の世界のような独特な色を持った町にやって来た。「世界の果て」と呼ばれるこの町の空は、晴れでも、抜けきらない薄暗さがある。宿から30分のセントロへの散歩、あるいはトレーニング。左に漫々たる海、右に立ち並ぶ山々を望みながら、草原という名の原っぱを15分ほど歩く。そのどんよりした雰囲気がウシュアイアという町を印象づける原っぱである。発展したブエノスの「光」と、その裏の「影」から成る混沌。打って変わって海と山に囲まれた自然の中の町は、しとやかにゆったりと時が流れていた。さすがに、南の果てとあって肌寒い。つかの間の夏を離れ、またしてもモロッコで買ったダウンコートが活躍することになった。

ウシュアイアには、日本人が経営する安宿「上野亭」がある。その存在は、すれ違った旅人から教えてもらっていた。カニや、ウニが食えると。

ウシュアイア初日、上野亭に到着すると、上野のおばあちゃんが、その老いた風貌からは想像できない程、はきはきと、テキパキと迎え入れてくれた。宿帳に名前やら、パスポート番号やらを記入し終わって、気がつくとすっかり、上野おばあちゃんと話し込んでいた。

宿を始めて以来、「初めて歌手の人が来た」と俺に関心を持ってくれ、聞かれるがままに、いろいろ自分のことを話していた。おばあちゃんと話していると、相手が82歳であるとは到底感じない。普通に友達と話す時と同じような感覚で、話ができるのだ。俺も82歳になっても、こうでありたいと思わせるスーパーおばあちゃんだ。

そして、忍者屋敷の回転壁がひっくり返るが如く、今度は聞き手となり、おばあちゃんに質問攻めだ。しだいに話題はすさまじい戦争の話になり、俺にはとうてい想像しきれない悲惨な過去を、お母さんは（俺はこう呼んでいた）嫌な顔ひとつせず、淡々と語ってくれた。戦争経験者の中でも、この年齢でこれだけしっかりした記憶と意識で、これだけ事細かに戦争のことを話してくれる人は、極めて少ないと思う。ほんとに貴重な話と認識しながら、2時間余り、お母さんの話に聞き入っていた。戦後、ほんとうに何もない状況で、そこらに生えている草を食べ、耐えて生き延びてきた日本人の大先輩に恥じないよう、俺も力強く生きていかなければいけないな、と心が奮いたった。

夕方からは、今日からの滞在の間の自炊用食材をスーパーに買い物に行き、コルデロ（子羊の肉。日本では高級肉？）を安い値段で買った。宿に食材を置きにいったん帰るとすぐ、

82歳の上野亭のおばあちゃん

先ほどのスーパーに行く途中に見つけたミニサッカー（サロン）のコートに直行。これほど素敵なコートは初めてだ。海を上から見渡せるコート。やや小高い丘にあり、地球の果てまで眺めながらのサッカーはこの上ない贅沢であった。

夢中になってボールを追いかけていたので、時間を忘れていた。日も暮れかけてきたことだし、そろそろ宿に戻ってコルデロでも食べようかと思い、時間を確認したところ……目が海に転げ落ちていくのでは？ というくらい、めん玉が飛び出た。

10時半？！！！

一瞬、奴の時計が間違っているのだ、と思ったが、周りの少年たちの、そうでしょう？驚くでしょう？ といったような苦笑いから、その時刻は正しく時を知らせているのだと、察した。それにしても、まだ7時くらいだろうと踏んでいたため、10時半には笑うしかないくらいだった。

その驚きの理由は、ここウシュアイアの「日の落ちなさ具合」によるものである。日本だったら、夏至の時期でも、まあ7時には暗くなる。ここはどうだ？ 10時半でも、まだサッカーがナイター設備なしでできてしまうのだ。かといって、朝が遅く訪れるわけではない。夜遅くまでがんばって、朝も早い。「南の果ての太陽さんは、休む暇もないな」と、つぶやきながら海を望むサッカーコートを後にした。

涙の上野亭ライブ!!

2月4日（水）ウシュアイア（アルゼンチン）

セントロへ向かう途中の草原を抜けたところにある土のサッカーグラウンドで、一緒にサッカーをしたイザックの家に招かれた。そして、図々しくもなんと2日間連続で、夜ご飯を頂いた。さらに、パピー、マミー、イザック弟、イザック姉と家族総動員でウシュアイアの夜景が見える丘まで連れて行ってくれた。もはやイザックよりも、パピー（パパのこと）の方と仲良くなっていて、スペイン語と、日本語を交互に教えあったりして遊んだ。

親日家パピーの十八番は、「上を向いて歩こう」なのだが……。

♪一人ぼっちのよれーー

パピー！　違う、夜ーーだよ!!　と、何度直しても、

Sｉ！　Sｉ!!　♪一人ぼっちのよれーー

もはや直す必要もないのかもしれない。あの歌を完全に自分の歌にしてしまっているパピーはもうある意味すばらしいアーティストである。ともあれ、ほんとうに素敵な時間をパピー家族にいただいた。

素敵な時間を共にしたのは、現地の人とだけではなかった。6日間滞在した上野亭では、

旅人たちと語り合い、笑い合った。さすが、南の果てに来ている人たちだけあって、ベテラン？　熟錬パッカーが多い（まあ、俺が最年少であったことは間違いない）。バイクでアラスカからやってきた人、自転車で世界を5年かけてまわってる強者、さらに日本を発ち、もう8年になるという浦島太郎状態の人まで、そういう人たちの旅の話を聞いていたら、あっという間に時間が経ってしまう。

南極から帰ってきた人たちの話を聞き、いつか必ずこの上野亭から南極に向けて出発しちゃると決断。と同時に南極の一歩手前まで来ているのか、とずいぶん遠い所まで来ている自分の現在位置を再認識した。

そして、最後の夜、「ナオトコンサート in 上野亭　2004」が開かれた。主催は、上野お母さんの娘さん、いつこさんである。

「お母さんと、夏休みで帰省している娘ルシアナのためにライブをしてくれないか？」という申し出だった。「喜んで……」と、快諾。

とてもアットホームな雰囲気で行われたミニコンサート。観客は、お母さん、ブエノスアイレス在住のいつこさん、アルゼンチン人の旦那ルイス、娘のルシアナ、そしてすっかり家族のように仲良くなった旅人たちである。

15人ほどのお客さんの前でのライブ。しかしこれは、1500人の前よりも、1万5千人の前でのライブよりも、ずっと難しいものであろう。大観衆の前でのライブなら大体、みんながこっちを、自分も大体あの辺を見ているといったように、お互いの視線の交換が曖昧である。それに対して、少人数でのライブは、一人一人の視線をひしひしと感じるし、俺が誰かを見ると必ず視線が合い、緊張が走り、ダイレクトに感情が伝わり合うのだ。また、その緊張感がたまらないものであるのだが……。

当然、ナオトライブは参加型のライブである。さんざん歌わされたお客さんの喉がかれ始めてきた7、8曲目で、終了しようとすると、「オトロ!! オトロ!!」とスペイン語で、いつこさんがアンコールをかける。と、たちまちみんなもニヤニヤしながら、後を追う。

「オトロ!! オトロ!!」

期待に応えるべく、何の曲をしようかな、と頭の中で高速でさまざまな「ナオトソング」が駆け巡る。が、今の空気にどれもピンとこない。

うーむ。どうしようか。まあ、いいか。なるように、なれーーーー!!! 即興じゃー!っと、なりふりかまわず、ギターを再び弾き始めると、思いもよらない歌詞が降ってきた。ウシュアイアからバスで1時間ほどの、今日行った「ティエラ・デル・フエゴ国立公園」で起こったこと、いや起こらなかったことにまつわる歌詞が飛び出した。

「♪ビーバー（ビーバー）ビーバー（ビーバー）なんで出てきてくれないの？」

これが大ヒット!! その単純なリフレインの即興曲は、その後20分に及び演奏された。同じ悔しい体験、切ない思いをした者同士の心をとらえたようだ。翌朝、無意識にその歌を口ずさんでいる人が数人続出するという有様。

およげ、たいやきくん。だんご3兄弟。に続いて、誰かがビーバーで仕掛けようと企んでいるなら、ぜひとも、この曲を使っていただきたい(いや、むしろ、この曲を聴いたら、是が非でもビーバーで何か起こそうと思うはずである)。〝ゆりかごから、墓場まで〟空前のヒットは大至急間違いない。パピーの♪一人ぼっちのよーーれーー♪に対抗できるのは、この曲しかないのだ(笑)。

歌い終えると、大きい拍手が上野亭に響いていた。そして、その拍手が鳴り止もうとした頃、お母さんが口を開いた。

「いやーー、楽しかった」

一瞬にして静まり返った。みんながその声に驚き、お母さんに注意を払い、耳を傾けた。

「ほんとに、楽しかったなー。今夜は」

普段これほどまでに感情を表に出さないお母さんであるため、みんなの顔にうれしい驚きが浮かんだ。そして、誰よりも俺自身が、お母さんに喜んでもらえたことが大変光栄で、嬉しかった。さらに、

♪一人ぼっちのよれ〜のパピー

パピーのファミリーと「ハイ！　チーズ」

「こんな楽しかったのは、この宿始まって以来じゃないかー？」

え？　耳を疑った。これほどの最高級のお誉めの言葉をいただいて、なんと恐縮してしまうことか。

拍手の時から一人立ち放しであった、いつこさんがそのお母さんの言葉に、相づちを打ち、補足するように言った。

「親父が死んでから、こんなに楽しかったことない……な」

そう言いかけて、いつこさんの目に浮かんでいた涙が一気にこぼれた。今から約2年前、2002年5月に亡くなった親父さんのことを思い出して。まだ流れる涙を抑えながら、いつこさんは続けて言った。

「親父がいたら、喜んだだろーなー。見せたかったなー、親父に」

その瞬間、頼みもしないのに勝手にしょっぱい液体が頰を伝い、口元に流れてきた。お母さんも涙ぐんでいるように見える。旅人の中からも、洟をすする音が聞こえる。そこに時の流れなど、存在していなかった。その瞬間、時が止まり、そこにいたみんなの共通の感情だけが、そこを支配していた。

お会いしたことはないが、うわさに名高い、相当ファンキーな上野のおじさん。すごい人だっただろうことは容易に想像できる。今でもみんなに愛されているおじさん、あのライブを見て下さったら、どんな言葉をかけてくれたのだろうか？

会ったこともないのに、なぜか不思議と遠い感じがしないのは、自分とおじさんの間に、何か共通点があるのであろうと想った。人は亡くなった後も、これだけの存在感を残せるものか……。

人は、お金を払って映画・絵画・本・音楽・自然の偉大さ……にと、感動を求める動物である。しかし、あれだけ自然に涙がこぼれ、ひとつの空間で同じ感動を分かち合えることは、なかなか少ないであろう。この夜の出来事は、人生においてもとりわけ貴重な時間だったに違いない。

今、こうして文にしていても、涙がにじんでくるほどである。

氷河の崩落を音で感じる

2月7日（土）カラファテ（アルゼンチン）

いよいよパタゴニアの氷河にやって来た。ペリトモレノ大氷河。カラファテの町から車で3時間ほど来たところ、山と山の間に、氷河は目一杯詰まっていた。

氷河を初めて目にした時、正直さほど心が動かなかった。遠くから見ていたこともあり、

「ふーん、こんなもんか」というものであった。しかし、これでは奴のすごさがわからん、と湖の中をボートに乗って、氷河を眺めるボート・トリップに参加した。

そのボートに乗ろうとした時であった。200メートルほど離れていただろうか。やや遠くからだが、氷河の一角のかなり大きい部分が崩れ落ち、水面に身を投じた。まるで、スローモーションを見ているようであった。

ゆっくり、ゆっくりと、しかも雄大に、何か覚悟を決めたように、潔く飛び込んでいった。

「おお！」と、声を上げたその瞬間。

ドドーーーーーーーーーーーーーー!!

けたたましい音がとどろいた。体全身に響いてくる。

耳にだけではなく、体全身に。あまりの時間差に、初めその音が何の音かが認識できずにいたが、その氷河の崩落から生じた音だとすぐ気付いた。

そう、氷河はただ見ているだけでは面白くない。あの崩落の瞬間の姿と、音を感じなければ。目をこらし、耳を最高に澄まして。

同じようなことを、イグアスの滝でも感じた。

「これは写真じゃ伝わらんわー」

滝を目の前にした第一声である。あの動き、あの音を感じないとわからない感動がそこに

氷河に吠えろ

氷河がアルゼンチン国旗の真ん中の白線に！

ある。

「ズドーーー！　ゴーーーーー」

時に、飛び込みたくなる衝動に駆られる。滝の中に吸い込まれそうになるのだ。頭の中で、イメージしてみる。ぐちゃぐちゃになる自分の体を。

「あー怖い」

思わず、身震いし、つぶやく。イグアスの滝の場合、視覚と聴覚だけではなく、ビショ濡れになる触覚も、そこにいるリアリティーを感じさせてくれる要素のひとつとなった。横殴りの雨が生意気にも傘の横から入り込んでくる時のように、しぶきが飛び散り、全身ビッショビショである。

ビショ濡れで思い出すのは、ディズニーランドの「カリブの海賊」で一番前に乗った時と、初海外でのロサンゼルスのユニヴァーサル・スタジオの「ジュラシック・パーク」の最後の滝だ。

カラファテから、エル・チャルテンの町に行き、フィッツロイ山をトレッキングした。ベテラン登山家も、「こんな日は、滅多にないよ」と言うくらい、すばらしい天候にも恵まれ、丸々一日、フィッツロイを眺めながら、歩いた。その眺めのすばらしいこと、すばらしいこと。小さい頃によく家族で、山登りをした、つらく、しかし楽しい記憶がよみがえった。

自然の中にいると、心が洗われる。やはり、自然の中で人間は生きている。この地球という我が家はなんて美しく心地がいいのであろう。

SHOOT 10
サルバドールのカーニバルで悪魔に取り憑かれた!?

ブラジル(サルバドール/リオデジャネイロ/サンパウロ)

間に合った！ サルバドール入り

2月17日（火） サルバドール（ブラジル）

ドアの前に立った。インターホンを押してみるが、どうやら壊れているようだ。まだ朝の7時半過ぎ。

コンコン。早朝から申し訳ないと思う気持ちから、今度はドアを軽くノックしてみる。聞こえるはずもないような小さい音から、次第に強めにたたいてみるようになっていった。それというのも、このドアの前に立ってから、もう10分もの時間が経とうとしていたからである。

サンパウロから、36時間。人生始まって以来の最長バス移動で、疲れきった体を一刻も早く休めたかった。

う〜ん。誰か、気が付いてくれんかの〜。まだ寝てるのかな〜？ 弱ったな〜。

その時、階段をかけ下りてくる足音と共に、「は〜い、ちょっと待って！ 今すぐ、鍵を開けるから」と、男の人の声が建物の中から聞こえてきた。

ふ〜う。一安心。これでようやく宿の中に……っと。

しかし、ようやく存在に気がついてもらえて、宿の中に入れるわ、という安堵の気持ちは、そう長くは続かなかった。

ガチャ、ガチャ。「あれ～？」

ガチャ、ガチャ。「あれ～？」

ガチャ、ガチャ。「あれ～？　鍵がおかしいな～、ちょっと待って～」

ガチャ、ガチャ。

鍵。それは、外部からの侵入を防ぐための物であって中の住人が鍵が開けられないで、外に出られないような事態は、皆無だと認識していた（誘拐の時でもなければ）。しかし、今、目の前で起こっていることは、まさにそれなのであった。

俺は、中にいるのか？　外にいるのか？　と、妙な錯覚を覚えながら宿の中に入れる瞬間を今か今かと、待ち続けた。

鍵がガチャガチャされること、実に約10分。俺がそのドアの前に立ってから計20分が経った時、ついに、サルバドールのカーニバルへの扉は開かれた。

「ご～め～ん、鍵の調子が悪くてさ～」

目の前に立っているドレッドヘアーの男性は、笑顔で俺を迎えてくれた。それが、ナオヤさんとの出会いであった。

ナオヤさん。「ナオト」とよく似たその名前は、一昨年初めてブラジルの旅でサルバドールに来た時に、すでに耳にしていた。というよりは、「耳にタコ」であったという方が正しい。

米国ボストン、バークリー音楽院プロフェッショナルミュージック科卒。サルバドールにはまり、在住8年目。パーカッショニスト（タイコ叩き）であり、こちらで有名なバンド、チンバラーダのメンバーになるほど、サルバドールで一番有名な日本人である。地元の人も、ナオヤさんのことはみんなが知っていた。ぜひ一度、お会いしたいと思っていたものの、去年は残念ながら、ナオヤさんがちょうどレシーフェのイベントに行っていたので、わずか数日の差で、お会いすることはできなかったのだ。

しかし、嬉しいことに、ナオヤさんは千葉の柏出身ということで、柏でストリートライブをしていた「ナオト」を知っていてくれた。それで、その時は少しメールでやりとりをし、未来の出会いを約束した。そして、あれから1年と3ヶ月越しの約束が、なんと叶ったのだ。

アルゼンチンのブエノスアイレスに着いた頃、「なお宿」という宿の経営者でもあるナオヤさんに一通のメールを送った。今回、カーニバルに向けてサルバドールに行こうとしていることを。すると、ナオヤさん率いる日本人太鼓チーム「ナタカトシア」のメンバーとして、カーニバルに参加しないかという嬉しいお誘いを頂戴したのだ。

カーニバルを見に行くのではなく、カーニバルに参加できる!!

そのワクワク感を胸に、南の果てウシュアイアから、戦いの地サルバドールへ、長距離移動を決行した。カーニバルに間に合うように、光のごとく猛スピードで。そしてついに、カーニバル2日前の今日、ここサルバドールにある日本人太鼓集団「ナタカトシア」の本部でもある「なお宿」にたどり着き、ナオヤさんと初対面を果たしたのであった。

朝8時、ようやく「なお宿」に入ることが出来た。しかし、36時間の移動で疲れた体を休ませる間もなく、激動の長ーーーーーーいサルバドール1日目が始まった……。

長い長いサルバドール初日

2月17日（火）サルバドール（ブラジル）

朝の8時、無事「なお宿」に入り、荷物を置くや否や、ナオヤさんと話し込む。「太鼓だけでなく、パレード中に歌を歌ってくれないか」と依頼を受けた。待ってました、と言わんばかりに、二つ返事で引き受け、「何を歌お〜か〜？」なんて話しているうちに、いつの間にかセッションが始まっていた。

ナオヤさんが、サルバドール特有のブラジリアン・アフリカンなリズムを叩き始める。そのリズム感、タイム感。なんと気持ちのいいグルーヴ!!

その心地いいビートにノリながら、それに合わせ、ギター・カッティングでついていく。時に、こちらから仕掛けたり、追っかけたり、合わせたり……。久しぶりになんとも高いレベルの所で通じ合えるというか、音で会話できる人とセッションしている喜びを、感じずにはいられなかった。


しばらくして、そのリズムに合わせ「上を向いて歩こう」をアレンジして歌う。ブラジルのリズムに合わせて、リズミカルでかなりかっこいい曲になった。ナオヤさんも、やや興奮気味に、「それ〜、いいね〜〜!」などと、言ってくれる。

その後も、バイーアのレゲエの歌を教えてもらったりして、その音は、朝の「なお宿」に響き渡っていた。「音を楽しむ」=音楽の時間はあっという間に流れ、いつの間にか、お昼になっていた。

午後からは、ナタカトシアの練習があった。そして、夜はなんと、ブラジルで一番大きいTV局の取材があるというのだ。つまり、まったく何もわからない状態から、とりあえず今日中に太鼓を覚えなければならないのだ。

16人から成る日本人太鼓集団「ナタカトシア」。俺のパートは、メイヨといって、大太鼓であった。シンプルなフレーズとはいえ、キメの種類も多々あり、初めは少々てこずった。が、徐々に、その類まれなるリズム感と、音楽に対する勘の良さで、みんなについていけるようになっていく（相変わらず自負……笑）。

そして、夜を迎えた。なお宿からペロウリーニョ広場を通り、TV撮影がある通りまで練り歩く。まだカーニバル2日前にもかかわらず、旅行者たちの数は驚くほど多く、前々夜祭のように、通りで演奏をし始めると、俺らの周りにはアッと言う間に人だかりができる。

「日本人だけの集団」という物珍しさも手伝って、地元民も外国人もみんなその太鼓のグルーヴに身をゆだね、踊っている。

なんと気持ちいいことか！　人前で演奏するということは……。疲れているはずの体はアドレナリンをドピュドピュッと、分泌しまくっていた。

太鼓を叩きながら、周りで踊っている人を眺めながら、痛烈に思った。この「中」に居ることができて、本当に幸せだと。音を発信している「内」から、踊っている「外」の人たちを見ることができてなんと幸せかと。

もし、「ナタカトシア」の一員でなく、これを外から見ていたら、きっと強大な嫉妬心が湧き、「いいな〜、俺もやりて〜な〜」と、間違いなく誰よりも羨《うらや》ましがっていただろう。

やはり、俺は人前に立って何かを表現するエンターテイナー魂が、体の大半を占めているのだな〜と、改めて感じた。と共に、ここで、今、太鼓を叩くことを誘っていただいたナオヤさんに大きい感謝の念を感じた。

ありがとう、ナオヤさん。

「ナタカトシア」のメンバーの大半は、カーニバル1ヶ月前から練習を始めていた。そんな中、2日前にポンときて、メンバーになった俺をみんなは本当に暖かく迎え入れてくれた。ありがたき、そしてすばらしき仲間である。

中には、1日である程度覚えて、普通になじんでしまっている俺に、

「あんた、あたしの1ヶ月返してよ〜。ずっと練習してきたのに。なんで、すぐできるわけ〜?」

と、笑顔で好意的な皮肉を言う人もいた。

ともあれ、36時間のバスの中であまり寝られなかった人とは思えないくらい、音楽三昧の濃い、長い長い初日を過ごした。そして「ナタカトシア」の一員として、2004年サルバドール・カーニバルに参加できることを誇りに思う。

カーニバルいよいよ、キックオフ!!

2月19日（木）サルバドール（ブラジル）

いよいよ、カーニバルの当日がやってきた。街の雰囲気と同様、俺の胸はアグレッシブに高鳴っていた。久し振りに「本番の日の朝」の、いい匂いを感じた。本番の日の朝というのはいつでも、いい緊張感と共に、いつもとは違う独特の雰囲気を感じる。それは、学生時代のテストの日の朝だったり、サッカーの大事な大会の試合の日の朝だったり、または、ライブの日の朝だったりする。久しぶりに体感するその「本番」に、ワクワク感は高まっていった。

なお宿で、最後の練習を少しした後、夜の祭りの街へと、〝いざ出陣！〟。まずは、こて調べに、なお宿の前で叩き始める。

タカタカタカタカタカタカ　タッタンタタタンタ!!

ドンドン（オイ!!）ドンドン（オイ!!）ドコドコッドコッドコッドコドン!!

（全員で声を合わせ）「ナタカトシア！！！！」

ナオヤさんのチンバウを先頭に、チンバウ隊3人、さらに、ヘッピキ隊5人、そして俺の属するメイヨ隊3人、最後にスルド隊5人……の編成。計16人の侍たちは（女の子の方が多いが、ここの女連中はみんな男勝りなので、まあ、こうまとめて呼んでも全く違和感はない）、勇ましく、サルバドールの大空に向かって、大声を放った。

カーニバルというと、リオのカーニバルのイメージが強く、「サンバ」と勝手に想像して、サルバドールにやって来た。しかし、ここバイーア地方のカーニバルは、その昔、たくさんの黒人たちが奴隷として、この港町に連れてこられた背景から、もっとアフリカンリズムが混ざったものであった。

サンバとレゲエをミックスしてできたというバイーア・オリジナルのリズムのサンバへギや、ピショッチ、トゥウン、さらに、ブラジルの北方のフレーヴォというリズムなど4、5種類のパターンを覚えた。

今回のパレードのメイン会場であるペロウリーニョ広場へと叩きながら進んで行った。世界遺産にも登録されたペロウリーニョ広場。広場からずっと石畳が広がっており、パステルカラーの建物が並んでいる。その広場はすでに、もの凄い数の人でごった返していた。熱気ムンムンのその広場からスタートし、1時間半くらい叩きながら練り歩き、再びここペロウリーニョ広場に戻ってくるというプランであった。

広場のゲートをくぐり、やや狭い道を叩きながら歩き始めると、凄い数の人が「ナタカトシア」の周りを取り囲み、踊りながら一緒に付いて歩き、騒いでいる。地元のブラジル人に欧米人観光客たち。しかし、どの人種よりも多く、そして声を大にして盛り上がっているのは、まぎれもなく日本人パッカーたちであった。一緒になってバンドを盛り上げてくれた。そこに日本人の団結力を見た。

日本人であること。それを今回、意識し表現をしたかった。お祭りの如く、時に皆で声を揃え叫んだり、叩きながらのパフォーマンスに、武士が刀を抜くしぐさや、弓を射る動作を織り混ぜたりした。そして、和太鼓を叩くように、バチを振りかざしてみたり……と。日本人のタイコ集団としてのオリジナルを、視覚的に出したかった。リズムはブラジル特有のものであっても、視覚的にそうであれば、それは、見た者にとっては、新鮮に映るはずである。それを意識させたのは、サルバドールに着いた初日のある出来事が原因であった。

サルバドールに着いたその日の夜、ブラジルで一番大きなTV局の取材を受けるため「ナタカトシア」は、街に繰り出し、演奏をした。地元のタイコ・バンド「SWING（スウィンギ）」とコラボレーションする企画になっており、一緒に演奏したのだが……。その時、素直に感じたことは、音楽的にも、パフォーマンスの面でも、圧倒的に劣っていた。格段の差があった。お話にならないくらいの完敗である。もちろん、音楽は勝ち負けではない。楽しむという点では、「ナタカトシア」も負けてはいなかった。

しかし、客観的に判断するならば、きっとそれは、ブラジル代表と日本の子供がサッカーの試合をしているようなものであっただろう。ただ日本人であると言うことだけで、周りの人は興味を持ってくれた。しかしそれはエンターテイナーとして対等に判断されていた訳ではなかった。

「よちよち、あらー、じょうじゅに叩けまちたねー。すごい、すごい、日本人にゃのに頑張ってましゅねー」

と、いった感じであっただろう。

「ナタカトシア」は、ナオヤさんとほんの数人を除いて、ほぼ旅人の即席の集まりであり、その半分は、このカーニバルに向けてタイコを始めた人たちである。年中、ここバイーアでバイーア音楽を叩いている連中に音楽的に勝つことは、スウィンギの連中が、日本で「1分間にお箸でマメを何個そっちのおわんに移せるでしょうゲーム」で、我々を制するのと同様、極めて難しいものである。

では、何で我々は魅せればいいのだ？　ただ日本人であることだけでは、一瞬でその興味は満ち、飽きられてしまう。それなら、パフォーマンスと気迫（大和魂）で戦うしかないのではないか？　パフォーマンスも、筋肉隆々でしなやかなブラジル人の動きを真似しろったって、そう簡単にできるものではないし、そもそも真似ではいかん。

やはり、オリジナリティーだ！　日本人としてのアイデンティティーだ!!

大和魂で戦う「ナタカトシア」

侍スピリット炸裂！

ちょうど、ブエノスアイレスで見た「ラスト・サムライ」のイメージもお借りして、そう！！！　侍スピリットだ!!

（普段はゆる～いオーラの出ている「ナオヤさん」の目が、タイコを叩くと一瞬にして侍の目に変わる。さすが、タイコ一本で、この街で戦ってきた勇士である）

そんなヴィジョンを頭の中に描き、他のメンバーに伝えた。そして、パフォーマンスをみんなで考えた。それはまるで、学生時代の文化祭の準備や練習のような熱い青春のひとコマであった。

素晴らしく見違えった新生「ナタカトシア」が堂々とサルバドールの街を練り歩いていた。16人のサムライはおのおのの人生を生きながらも、そこに「ナタカトシア」という一つの命を誕生させた。

ソロで活動している時のような自分中心なものではなく、みんなが一人一人、同じだけの重要な役割を担っているタイコ・バンドの中の一つのパートである、まさに歯車となり、みんなと音を合わせる楽しさは、音楽活動において、実に新鮮な感覚であった。

また、同時に懐かしくもあったのは、小・中学校時代の合唱コンクールを彷彿させるものがあったせいであった。みんなで心をひとつにして、一致団結し、熱く目標に向かって進む。久し振りの青春ドラマに参加できて、本当に幸せであった。

ペロウリーニョ広場からスタートし、行進すること1時間半。また広場に戻ってきたが、その間の道は、あまりよく覚えていない。無我夢中、異次元の世界で、ただただ音に酔っていた。

最悪!! 飛び蹴り集団に遭遇!

2月21日（土）サルバドール（ブラジル）

「ナタカトシア」のパレードは、カーニバルの1週間のうち3日間行い、その他の日には、街に踊りに繰り出した。街が、クラブ（ディスコ）状態と化しているサルバドール。特に、パレードの会場となっている大通りでは、人がごった返し、しかも全員が全員、踊り狂っている。異様なまでの熱気に包まれていた。

上に人気アーティストやバンドを乗せて、巨大なスピーカーを積んだ爆音トラックが大通りをゆっくりと走る。その周りを一緒になって、踊り歩く人もいれば、通りのサイドに寄り、一定の場所でその数分間のライブを踊りながら見る人もいる。そのトリオと呼ばれるトラックは、次から次へとやって来るので、ひとつの場所に居ても全然飽きないのである。ビール売りの兄ちゃんも、ゴミ拾いのおばあちゃんも、みんなノリノリに踊っている。ブラジル人の国民性が一目で分かる。

ちょうどトラックは、祭りの「みこしの山車《だし》」。それに一緒になって付いていく人。それが通り過ぎるのを待つ人。ここサルバドールのカーニバルが、どんな風で、どんな仕組みで行われているのか、ここに来るまで分からなかったが、主に二つに分かれるようだ。

タイコ隊だけで、ペロウリーニョ付近を練り歩くノン・エレクトリックでアンプラグドな土臭いグループ。もう一方は、有名なアーティストやバンドを乗せた爆音トラックでのパレード。バイーアの人気ポップ歌手やバンドがステージ・トラックを使って「動く野外ライブ」を行っているのである（ここサルバドールのポピュラーは、大半がアシェと呼ばれる音楽。他にもアフリカ系のアフロ音楽等がある）。

その中でも何が凄いかって、サルバドールの治安の悪さである。普段から、治安が悪いことで有名であるけれども、さらにカーニバルとなると、もう止められない。歯止めが利かない。カーニバルを見に出かける時に、ナオヤさんから警告された。「危ないからくれぐれも、気を付けてな」と。

その意味をひしひしと感じる瞬間が、案の定訪れた。バーハ海岸沿いの大通りで、ステージ・トラック（勝手に命名しているのだが）のライブを見ていた時のこと。それまで、身動きが取れない程ぎっしりと人で埋まっていた通りが、ある瞬間、10メートルほど先の所で、驚くほど速くさーっと、人波が引いた。「キャー」や「ウォー」の類の声が、一斉に飛び交う。

はっ?!! ん? 何事だ⁉ 瞬間的にただごとではない雰囲気を察知し、その引きの流れに遅れないように後ずさりしながら、その現場を見てみる。

なんと!!!!

「跳び蹴り集団」が、人々を無差別に襲っているではないか⁉ 4、5人の若者が、次々に跳び蹴りをしながら進んでいるのだ。まるでゲームの一場面を見ているかのような、日常にはあり得ないその光景に、一瞬、目が点になった。身の危険を感じ、すぐその場を離れたが、なんとも衝撃的なシーンであった。その後も、15分に一度は、似たような暴力沙汰が起こり、警察が暴れ狂う若者をしょっぴいていった。エネルギーのあり余った若者が、日ごろの憂さ晴らしに、踊りながら、突然暴れるのだ。「たちが悪い」以外の、何ものでもない。

他にも、カメラやお金などのスリ・引ったくりは後をたたないし、毎日、いろんな被害をあちこちから耳にした。そう、カーニバルという楽しいことの裏には、それを利用した犯罪も潜んでいるのだ。最大限に楽しみながらも、最大限の警戒心が必要である。幸い今のところ、ナオトの被害は、まだ確認されていない。

発熱39度！　悪魔に取り憑かれた日

2月24日（火）サルバドール（ブラジル）

2日目の「ナタカトシア」の行進は、初日よりも硬さがとれて、伸び伸びとやれた。大いに盛り上がり、大成功をおさめた。そして、その夜はメンバーで飲みに行った。その後も、覚めやらぬ興奮を発散する如く、道路で一晩中歌を歌っていた。

朝になり、床に就こうとした時、たいそう空腹を感じたが、まあ、疲れているし、起きてから何か食べれば大丈夫であろうと思い、そのまま寝てみることにした。2、3時間経った朝8時頃、「気持ち悪さ」のせいで目を覚ます。極度の空腹感が襲う。さらに、アルコールが少し残っていたのも手伝って、急に吐き気を催した。昔から、「吐く」ということが出来ない質《たち》で、気持ち悪い時に、ずっとその気持ち悪さが持続するタイプであった。そのため、その時も、それを必死に我慢していて、本当に辛く涙ぐんでいた。そして、遂に必死の我慢も虚しく、嘔吐した。しかし、何も胃に入ってなかったため、やや黄色の胃液であろうか、そんなものだけが出た。苦しかった……。吐いた後も、依然として気持ち悪さがまだ残っていた。極度の空腹感も、依然としてある。食欲がないものの、食べれば治るであろうと、ご飯を流し込んでみる。しかし、食べると間もなく、全部、イグアスの滝のごとく隆々と激しく、リバースされてしまった。嘔吐することに慣れていない自分にとって、実に絶え難いものであった。

その日は、幸い演奏はなかったので、ゆっくり休むことにした。二日酔い疑惑を払拭するごとく、夜には39度近い熱が出てきた。明日の最終日の演奏は、無事にできるのだろうか？

翌朝になると、熱も下がり、いささか気分は良くなった。今日の演奏はできそうだという実感があった。しかし、本番が始まる前に、再び気分が悪くなる。力が入らない。もう熱は下がっているし、体調も昨日ほど悪くない。

が、なにか妙な感じがあった。なにやら悪魔に取り憑かれているかのように体が言うことをきかないのである。言葉に言い表せない、変な感じがするのである。

しかし、弱音は吐いていられない。なんといっても最終日なのだ。この一緒のメンバーでもう二度とやることはないのだ。こんな気持ち悪さ、吹っ飛ばしてやるわ!! と、気合いを入れ、本番は始まった。

始まってすぐ、その前向きな想いとは裏腹に、気持ち悪さは増していくばかりであった。力が入らないし、立っているのもおぼつかないほどであった。何度も、演奏中にタイコを置き、人目を離れたところへ、吐きに行くことも考えるも、必死に我慢していた。

その時、二つの考えが葛藤していた。一つは、こんな体調が悪く苦しそうな奴が一人でもいたら、見栄え的に悪いであろう。これは、抜けた方がいいのでは？　というもの。もう一つは、反対に、「ナタカトシア」は16人で「ナタカトシア」だ。パズルのピースが一つでも欠けたら、ダメなのだ、と。この二つの考えが頭でグルグル回りながらも、後者が優勢をしめたため、歯を食いしばっていた。

ペロウリーニョ広場に着き、いつものように、そこのゲートをくぐって狭い道を演奏しながら、行進する。気が付いたら、もうペロウリーニョに戻って来ていた。どれほどの時間であっただろうか。1時間ぐらいか……。

気力だけで、叩き、歩いた。ほぼ無意識状態で、ここまで歩ききったのだ!!　取り憑いた悪霊と戦っていたかのように、苦しかった。途中、「上を向いて歩こう」をソロで歌ったのも、魂だけで歌っていたように思う。おぼろげながら、その場面を静止画で覚えている。この状態で叩ききれたこと、やりきれたことは、もうひとえに、周りの人たちの励ましのおかげであった。声をかけてくれる人、水を頻繁に手渡してくれる人。そして何よりも、他のメンバーが一生懸命にひたむきにタイコを叩き、楽しんでいる姿を見て、「根性見せやんとなー」と、感じさせられたのだ。

こんな体調不良の中でも、やり終えたことに対する達成感、充実感は、相当のものであった。何度もリタイアしそうになりながらも、とうとう最後までやりきったのだ。なるほど、これが侍スピリットか!!　と、感じた瞬間であった。悪魔を自分の手で退治した気がした。何かが体内から抜けていくのを感じた。

再び何かが宿った！　なお宿伝説ライブ

2月25日（水）サルバドール（ブラジル）

翌日は、昨日までの辛さが嘘のように、体調はすこぶる良好。最終日の行進は、悪霊払いであったに違いない。

夜には、「なお宿」にて、大打ち上げ大会となる。「ナタカトシア」のメンバー、さらにサルバドール在住で、今回「ナタカトシア」の写真を撮ってくださった写真家の方々、一緒に踊りながら盛り上げてくれた日本人の連中が、大集合。日本でイタ飯のコックさんをやっていた旅人が、大量のピラフを振舞ってくれた。日本の居酒屋と化した「なお宿」で、お世話になった方々にしっかり感謝の気持ちを伝えなければと、ギターを手に持つ。

１曲歌い終わると、１階からもその音を聞きつけ、集まってくる人たちが続々。初めは１曲のつもりがアンコールがかかり、更に１曲始めると……、もののけではない、今度はいい方の霊なのか何なのかわからんが、何かが降りてきて宿った。それは、その後3時間にも及ぶ大即興抒情詩が歌われる幕開けだった。サルバドールに入ってから、今までの出来事、感じたことをギターにのせ、語りで、そして歌で、ストーリーは展開した。

中でも、カーニバル中、痔に苦しめられたナオヤさんの「ジッジジッジ」という、ややジャジーな曲なんかは、みんなに大受けであり、名作のひとつであった。笑いあり、涙ありの神がかりとも言えるあのライブは、「なお宿」の伝説になったと、ナオヤさんは言ってくれた。

自分の中でも、二度とできない不思議なライブであった。俺も、聴いてくれたみんなも完全にキマッていた！　お酒などなくとも、音で酔えるし、麻薬などなくとも、音でバキバキにキマれるのだ。そのくらい音楽とは一種の覚醒作用を持つ人間最大の娯楽なのだ。

悪霊と、神懸かり。何か科学や医学では証明できない二つの両極端なものを感じたサルバドールのカーニバルであった。

旅の必需品!!　Mr.ラジオ

2月26日（木）サルバドール→リオデジャネイロ（ブラジル）

ラジオ。なんとすごい奴なのか⁉　こやつは！　ラジオを一つ持ってさえいれば、全世界の音楽が聴けるだとー⁉　世界中の音楽を手中に持ってるようなものではないか！

ラジオの偉大さに気が付いたのは、この旅の中間地点・ロンドンであった。居候先のフラットにコンポがあり、それには勿論ラジオも付いていた。ふと、そのラジオをつけて聴いてみると、当然のことなのだが最新ヒット曲らしきものが流れているのである。

むむ？　これは‼

「世界中の音楽を感じる！」これは、この旅の目的の一つである。その目的のために、この旅の間、各国でしていることは、ライブを見に行ったり、――タイミングが合わなかったりもするので、――最低CDを買って聴く。新しい国に入ると、たいていCD屋で、まず店員と仲良くなり、その国の音楽の話を聞かせてもらう。片っ端から試聴させてもらって、気に入ったものを購入する。その際、「伝統音楽」と、「今一番流行っているポピュラー音楽」の両方に触れるようにしている。

ロンドンでは、コンポにMDを接続し、ラジオから自分のMDに録音した（その際は、LP録音。これも旅には欠かせない機能。普通に録ると80分のMDが、LPの4倍で録ったらなんと320分、つまり5時間20分も入るのだ。アルバム1枚しか入ってないMD。実は、5枚分も入るのですぞ‼　1曲4分だとしたら、なんと80曲も入るのですぞ！）。

ちょうどロンドンでは、年末の時期だったので、ラッキーなことに「2003 Best 50」なるものをやっていた。これをMDに録ったなおチンは、とどのつまり、2003年の流行ものを全て、手に入れたことになる！
なんと、凄いのだ。CDを何枚も買わなくて済むのである。

その時に、気が付いた。ラジオさえ持っていれば、各国の流行の歌が、ただでいつでも聴けるのである。ロンドンで買うより、アルゼンチンの方が安いであろうと、ブエノスアイレスで、片手に収まるほどの小さいラジオを安く購入した。それから、アルゼンチンでも、ブラジルでも暇な時はいつでもラジオをつけた。FMは明るく今の流行の音楽。AMは落ち着いていて語りが多く、昔の曲や伝統音楽を流す番組が多い。その印象は、どこの国でも殆ど同じようなものだった。

世界中の旅人よ！ ラジオを持って歩きたまえ！ 必ずや、旅の最高のお供となるでしょう。ブラジル国内のどんな長い長距離バス移動でも、彼がいればもう安心!!

サルバドールのカーニバルが終わり、今度はリオのカーニバルの優勝パレードを観に行くため、リオデジャネイロに急いで向かう際の27時間のバスも、もちろん彼はフル稼動ですわい。

大掛かりなキャバレーショウ、リオのカーニバル

2月28日（土）リオデジャネイロ（ブラジル）

リオのカーニバル。これは、誰でも一度は聞いことのある響きであろう。きわどく派手やかな衣装をまとったブラジル人のオネーチャンたちが、サンバの細かいステップで踊るイメージぐらいは湧くかもしれない。教科書にも写真が載ってるほどの世界最高峰のカーニバルとやらを、観に行こうじゃないか!!　その漠然としたイメージの真偽を確かめるために、サルバドールのカーニバルを終え、いざ、リオに入った。リオで、優勝パレードがあるのである。

優勝？　勝敗があるのか？

リオのカーニバルに関してそんなことも知らない無知の俺に、全さんこと、白根全氏は、丁寧に説明してくれる。何を隠そう世界にたった二人、日本には一人しかいないとされる、「カーニバル評論家」である。なにやらあやしい肩書きを持つこのおじちゃまを、共通の知り合いのつてで紹介していただいた。年の割に若く、一風変わった空気感をもつ、感じのいい方だ。さらに、カーニバルのバイブル的存在「カーニバルの誘惑」という本の著者である。

全さんが宿泊しているホテルにお会いしに行くと、初対面でいきなり、「いや〜やられちゃってさ〜、財布〜」なんて言っている。この方、もう20年間も連続で、中南米のありとあらゆるカーニバルを網羅している方であるが、いまだに強盗に遭うらしい。なるほど、こういう犯罪には慣れは関係なく、確率の問題であるのだな。

恐れ多くも、全さんに、リオのカーニバルの説明をしてもらう。4日間の激戦で順位が決まり、上位数組の優勝チームのパレードが、その週末に行われるらしい。本番では採点を気にするため、緊張感もありミスをしないようにと、きちっとした硬い演技になるが、この優勝パレードでは、本来の楽しさ、はじけたブラジル人の素顔の踊りが観られるから、面白いのだという！　それは、ナイス情報‼　来て、大正解。

翌日、夜通しで行われる優勝パレード会場にやって来た。大通りの両サイドに設けられた桟敷席、サンボドロモから、パレードを観るのだが、そこは、もうまるでスタジアムであった。サッカー場か、野球場か、はたまたコンサート会場か。

チケットは、セクターごとに値段が異なり、真ん中の席は最も高く、入り口付近、次にゴール付近とだんだん安くなる。真ん中の席となると、200レアル＝8000円ほどの値段で、裕福なブラジル人、あるいはお金持ち観光客しか手が出ない。せっかく来たのだから、ちょっと奮発して……という心は「金なし」という、「顔なし」に続くキャラに、あっけなく押さえ込まれ、15レアル＝600円のチケットを購入する。当日に買ったものだから、もちろんダフ屋からである。ほんとうは、10レアルであったらしいが、まあこの際仕方ない。

会場に入ると、まさにスポーツ観戦のような熱気に包まれていたが……。

ん？　なんともダンサーまでの距離が非常に遠い。音も小さくしか聞こえず、迫力に欠ける。まあ、一番安い席なので止むを得ない。いつか、ど真ん中の席でかぶりつきで観てやろうじゃないか!!

しかし、安い席には安い席なりの楽しみがあった。とても庶民的であったことだ。ブラジル人の地元ファベーラ（貧民街）の連中は、そんな高いお金は払えない。よって、この最安値のセクターに集まる。周りを見まわすと、ほぼ全員、地元人のようだ。そりゃー、わざわざこのカーニバルを海外から観にきて、こんな遠い席で見るような、バカな奴はいない（とほほ）。そんなわけで、地元ッティがこのセクターを占拠している。楽しいのは、連中はまるで、自分たちが主人公かのごとく、みんなが声をそろえて歌い踊っているのである！　一緒になって、負けじと歌い踊る。それは、まさにまたもカーニバルに参加している実感。

リオとサルバドールの両方のカーニバルを体験した旅人と会うと、皆が皆、口を揃えて言う。「サルバドールの方が断然おもしろい、リオの方は、観光化され過ぎていて、つまらない！」と。

しかし、まず、これは別のタイプのエンターテインメントであるのだ。サルバドールは、街中を舞台にパレードが行われ、練り歩き系が多い。観客も踊って「参加できる」という意味で、かなり楽しめるであろう。

一方、リオは大掛かりなキャバレーのショウといった感じだ。テーマのある派手派手な山車や、鮮やかな色彩のカラフルな衣装で踊るオネーチャンたちを、視覚で「観る」という型のカーニバルである。が、リオの方も安いセクターで見れば、がんがんに参加した気分になれること、請け合いだ。どちらも違った楽しさがあり、比べるものではない気がする。

今回安い席で、この地元の雰囲気を感じることができて良かった。もしもいい席で観ていたら、次回はなかなか安い席には戻れないであろう。この本来のブラジル人の空気を感じられなかったのだ。物には順序があるのだなっ。

エンターテインメント……それは、お金だけではなくアイディアが非常に大切である……ものである。

サッカー、音楽、ダンスで成り立つ世界一楽しい国!!

3月1日（月）リオデジャネイロ（ブラジル）

どこの国に行っても、現地の奴らとまずサッカーをする。プレーをしていると、サッカー用語はもちろんのこと、他にもさまざまな言葉が飛び交う。こうして頻繁に耳にする言葉を次第に覚えていく。

例えば、ブラジルなら、ボウハー！　プータ!!　ベレーザ！　ムイント・ボン！

それは、初めての国のその言語の、最高の誉め言葉、あるいは最悪にののしる意味のスラングの両極端であるので面白い。特に若者とサッカーをやると、言葉は汚い、汚い！　例えば、「プータ」は、ポルトガル語、スペイン語で、「売春婦」を指し、相手をけなす時の、最も汚い表現の一つである。体を使って言葉は覚えていかないとな。

サッカーは、なんと早いコミュニケーション・ツールであることか。自分がサッカーをたしなんでいることを、うれしく思う。しかも、そこそこの奴には、負けないスキルを持っていることも、嬉しく思う（飛び込みでストリートサッカーに入っていく場合、やはり上手い奴と下手な奴とでは、態度が明らかに変わってくるのである）。

サッカーと音楽。

この2つを武器に、地球一周の旅をしているわけだが、ほんとうに、老若男女、さまざまな人々とごく自然にコミュニケーションをとれることは、素敵なことであると思う。しかも、一緒にボールを蹴った、一緒に音を奏でた、となると、一気にお互いの心と心の距離は近づき、お互い心を開き合うには時間がかからないのである。

音楽とスポーツは、言葉が要らない人間の2大コミュニケーション・ツールである。スポーツの中でも、サッカーがダントツに世界中では人気があり（日本ではまだまだであるが）、サッカー人口も多く、何よりも手軽に始められるという点でも、サッカーは凄い。野球のように、グローブ、バスケのようにゴール・リング、テニスのようにラケットなどの道具は要らない。ボール一つあれば、サッカーはいつでも始められるのだ。ゴールの代わりに、木を立てたり、石を置いたりすれば、あっという間にどこでもサッカーコートに早替わりする。

音楽と、サッカーをしながら生きていくこの人生は、さまざまな新しい出会いと出来事をもたらしてくれる。

そしてブラジルという国は、サッカー、音楽、ダンス、この3つで成り立っているような国で、この国中どこにでも、この3つは満ちあふれている。というより、ご飯を食べる、寝るなどと同様、生活の一部であることも間違いない。

サッカー、音楽、ダンス。

俺の大好きどころを全て、兼ね備えているこの国は、紛れもなく、世界一「楽しい」国のひとつであると言えよう!!

1点の重み

3月2日（火）リオデジャネイロ（ブラジル）

リオにいる間、ほぼ毎日サッカーに通っていた。

ある日のこと。ちゃんとレフリーもいて、ユニフォームも着用していて、いわば、公式戦のような試合をしていた。そんな緊張感のある本気の場面の中、ベンチに行き、「俺もサッカーがしたい」と伝えると、「だめだ！」とあしらわれる。もっとストリートな感覚な場所であれば、声をかけると、すんなり入れてもらえるのであるが、確かにここの雰囲気は、なかなか出させてもらうのは、困難だろうと感じた。

しかし!!　何事もあきらめてはならぬ。

熱を持ってさえいれば、その熱はいずれ人に伝わるのだ。そこから必死に「アピールタイム」開始。試合中のコートの脇を、ランニングする。ストレッチする。リフティングして、ほらほら、結構こいつやるんだぜー!!　と見せ付けたり……。時に、「邪魔だ、座ってろ」と、止めさせられたりもしたが、懲りずにまたアピールを続ける。1時間ほど経った時、遂にその熱は伝わった。プレー中の心優しい選手が一人、あきれた表情と、どんなプレーをするんだ？　という期待の表情の入り混じった笑顔で、こっちに寄って来て、ユニフォームを脱ぎ、俺に手渡してくれたのだ。

チャンスがやって来た。今こそ、見せ付けてやるのだ！ そのチームは、2点差で負けていた。残り時間も15分程しかなく、緊張感のある激しい試合であった。武者震いがした。

いっちょう、やったるでぇ!!

出場後、まもなく、ファーストタッチの瞬間が訪れる。パスが俺のところに回ってきた。が！ しかし、なんと、痛恨の初歩的トラップ・ミスをしてしまった。ボールを相手チームに奪われてしまった。

最悪の印象である。それから10分間、一度もパスは回ってこなかった。

実にシビア。あいつにパスを出したら、どうせまたとられて逆にピンチを招いてしまう、という不安からである。しかし、ファースト・タッチであのミスをしてしまった以上、信頼を取り戻すことは、大変なことだ。

コートの中で孤独な戦士は、必死に信頼を勝ち取るべく、走り続けた。そしてついに相手から、自らボールを奪い、ようやくボールに触ることができた。そして、1点差に追いつく見事なアシストを決める。チームメイトもみんな喜んでくれ、その後、パスは回ってくるようになった。ほんとうにわかり易い。はっきりしている。信頼を掴んだのである。

その後ボールは俺のところに、むしろよく集まってきた。頼ってくれている。その信頼に

ほぼ毎日、サッカー、サッカー、そしてサッカー！

応えなければ。しかし、いかんせん時間がない！　まだ1点差で負けている。

そして、その「時」は来た。

ロスタイムの時間帯、味方の選手が遠目からシュートを放つ。もうこれは、脳から指令が出る前の行動、「反射」であるのだが、俺はGKの前につめ寄る。嗅覚のとおり、案の定、GKがボールを取りこぼす。そして、俺の前にボールは転がる。そう、そんな星のもとに生まれた男なのである。ボールを力強くゴールに蹴り込む。

ゴ――――――ル。

チームメイトが祝福に来る。やった!!　遂に同点に追いついた。そして、試合終了のホイッスル。なんともキャプテン翼のようなタイミングでの同点ゴール！

終了後、あの孤独な戦士は、英雄と成り代わっていた。チームメイトから次々に、祝福と感謝の言葉を頂戴する。このサッカー王国は、ゴールが全てである。どんないいプレーをしても、ゴールできなかったらあまり評価されず、1点取った人間は、誰でもその瞬間、王様になれる。この1点の重み、価値は、ほんとにブラジルではスペシャルなものである。

この日の夜、心地よく安眠できたことは、言うまでもない。

ストライカーの生まれる国、生まれない国

3月4日（木）サンパウロ（ブラジル）

サンパウロにやってきた。前回の旅でも訪れているし、サルバドールの前にも寄っているので、もの珍しさはない。日系人の歯医者に通い、相変わらずサッカーに通い、夜は、連日サンバライブに足を運んだ。

宿のある日系人の街、リベルダージ地区から、徒歩15分の所に、13 de Maiyo通りがあり、ライブハウスが立ち並ぶ。ツーリスティックな高級店もあるが、俺が通っていたのは、土着系サンバを淡々と演奏している古くて狭い飲み屋であった。そこで、地元民たちとサンバを踊っていた。

ブラジルに来てから、ほんとうにサッカー漬けの毎日。それもそのはず、ブラジル人はみんなサッカーをこよなく愛しているし、俺も負けじとサッカーを愛しているから。実にたくさんのコートが、ありとあらゆる場所に存在する。そして、そこでは、一人で来た者同士、即席でチームを作り、プレーをするようなストリートサッカー感覚のものであった。日本のように、専用のコートを借りる手配をし、お金を払うようなシステムではない（そういう所もあるにはあるが……）。東京にもかつて御茶ノ水に、無料のフットサルコートがあった。

都内のサラリーマンたちが集まって、知らない者同士、対決できる所だった。学生時代よく、そこに通っていたものだ。しかし、区がお金を取り始めて以来、そこに人は集まらなくなってしまった。なんとアホなことをするのか！！？ お堅い、頭の悪い連中が!! わかっとらんのだ!! そういうところを。せっかく、日本の東京に、そういうストリート感覚のサッカーの文化が浸透しつつあり、青少年の健全育成に、生涯スポーツとしての高齢化対策に、一役も二役も買っていたのに、本当に残念だ。そして、御茶ノ水の唯一のストリートコートは姿を消した……。

ともあれ、ブラジル人は試合中ほんとうに熱い！ さっきまで全く知らない者同士が、本気で怒鳴り合っている。その対象は、相手チームのみならず、味方のメンバーにも。その光景には驚いた。日本人同士だったら、「ドンマイ」と慰めの声をかけてしまうシーンであるのにと。しかも、公式戦でもなければ、お金を賭けているわけでもない。プライドと、プライドのぶつかり合いでしかないのだ。

誠に熱いお話は、まだまだ続く。ブラジルサッカーに於いて、「口論」は、これまた文化の一つである気がする。例えば、今のはゴールだ、ゴールじゃない。タッチラインを割った、割ってない。ファールだ、ファールじゃない。

ストリートサッカーには審判が存在しないのが常。自分たちの判断で、ゲームを進めて行くしかないので、口論になる。どちらかが妥協したり、折れてあげれば済むことなのに、絶対お互い、折れない。怒鳴り合いで、試合は中断する。5分、10分、下手したら15分。サッカーをしている時間より、口論している時間の方が長いのでは？　とさえ思える。日本人の俺には、考えられない。

もう、早くやろう〜〜ぜ〜〜サッカーをさ〜〜〜なんて、あきれて、いつも苦笑いしている。「またか……」とつぶやきながら。しかし、自分に関わることになると、もうブラジル人顔負けのむきになりようで、口論の中心にいたりする。

プレースタイルで言ったら、シュートに対する意識がほんとうに高く驚かされる。ゴールが見えたら、とりあえずシュートする。その時、パスという概念がないのであろう。オレオレなスタイル。この国には、ロナウドのような強引なFWが生まれる訳だ。それに対して、日本人のプレースタイルは、オレオレとはま逆で、日本人の人間性から「相手をいかに活かすか」というのが、根本にあるように思う。いかに、チームワークで勝つか。オレオレなやつは、嫌われるといったようなスタイルだ。よって、日本ではストライカーが育ちにくい。柳沢をみれば、おわかりいただけるだろう（高原のようなタイプが珍しく出てきたが）。逆に「相手を活かすプレーヤー」つまり、ＭＦ（ハーフ）の選手は、日本には豊富な人材がある。中田、中村俊介、小野、稲本……を筆頭に、素晴らしい中盤の選手が育つのも、その国民性が原因であろう。それに加えて日本の選手は、本当に頭がいい。これほど頭を使ってサッカーをする選手は、他国にはいないように思う。2006年、ドイツ大会。オレオレストライカーがしっかり育ち、黄金の中盤とうまくはまれば、日本はかなりいい所まで進むであろう。目指せ!! ベスト4! 韓国にできて、日本にできやん訳はない! というように、サッカーは国民性が面白いように出るスポーツだ。なんで、俺はいつの間にサッカー分析をしてるのだ? でも、慣れるもんで、初めはシュートを打てるタイミングでも、隣にフリーの奴がいたらパスを出してしまっていた弱気な日本人「ナオト」であったが、今ではもう、いつでもゴリゴリにシュートを打つ意識が備わってきたぞい! いつでも出られます、準備完了です、ジーコ監督。

永六輔さんとサンパウロで対面

3月7日(日) サンパウロ(ブラジル)

「上を向いて歩こう」を、PLO議長アラファトさんの前で歌ったあの日から4ヶ月。サンパウロで、あの名曲の作詞をされた永六輔さんの講演会が行われた。

日本に帰ってきたのか? と錯覚しそうなほど、日本人の顔をした日系人の人々が暮らすリベルダージという地区がサンパウロにある。そこに昔からある「ペンション荒木」という安宿に泊まっている。近くの文協（ブラジル日本文化協会）会館で、永六輔さんの講演会が行われるということで、迷うことなく、わくわくで足を運んだ。

会場は、その昔日本から47日間かけて、船でブラジルに移住してきた日系人の人たちや、その息子（2世）さん、さらにはお孫（3世）さんまで、多くの人でぎっしり埋め尽くされていた。講演会の内容は、世界はお茶で歴史が変遷してきたこと、情報管理のお話、医療と介護のお話、さらに、昭和天皇の爆笑話、命について、大人のための性教育……等々、愉快で、軽快でかつ、非常にタメになるお話をたくさん聞かせていただいた。

日本に居たら、わざわざ永さんの講演会をチェックして足を運ぶという考えはなかなか湧き起こらなかったであろう。が、このような偶然のタイミングで、逆に永さんがオレのいるサンパウロに来てくれるのだから、なんとついていることか。

さらに、お話の内容のすばらしいこと、話術のすばらしいこと。知識が豊富で、面白いお話に、アッという間に時は過ぎた。この講演会は無料であったが、これほどタメになる話で、楽しい時間には、有料でも納得する内容であった。

終演後、なんとか永さんにお会いできないものかと楽屋に赴いた。最初、スタッフの方に自分のことを話して「是非、永さんに直接お会いしたい」と申し出た時、ダメダと、あしらわれそうになった。が、しばらく粘っていつもの自分売り込み大作戦で、お会いできる機会を得たのであった。

楽屋にお邪魔して、ご挨拶をし、永さんの「上を向いて歩こう」をパレスチナでアラファトさんに届けてきた話を伝えた。永さんは大変喜んで下さり、これからの活躍を楽しみにしていると、暖かいお言葉を頂戴した。楽屋を後にし帰りかけた時、ふと声をかけられる。

「ちょっといいかなー?」

その人は、サンパウロ新聞の日系人のライターの方で、永さんとの会話を聞き、興味を持ってくれたみたいで、取材がいつの間にか始まっていた。初めは、小さいメモ用紙にちょこっと書いていただけだったのだが、オレの話を聞いているうちに、だんだんノッてきて、「ちょっとまだ時間大丈夫ですかー?」なんて言って、しっかりと、がっつりと取材に取り組み始めたのであった。

その日系人のライターの方は日本語は通じるのだが、時々、心配になるような、ちょっとずれているような面も見受けられた。「本当にこの人、オレの言っていること、分かっているのだろうか? なんか肝心なところが伝わっていないような……」っと。

そして、3日後のサンパウロ新聞に、どーーーーんと! その記事が掲載されたのである。それは、前日の永さんの記事と同じくらい大きなスペースを割いて……。

おもしろいのは、案の上、文面でのミスが多々あったことだ。日本ではあり得ないが、まあ、サンパウロなら笑いのネタになるさ。だって、ドレッドヘアーって言ってるのに、「ドット・ヘアー」になってるし……。ドット・コム（.com）かっつうの!!

「ボサボサで垢じみ、ごてごてで絡まり、もつれ合い、少々くさい髪に、ビックリした永さんだが……」

こんな勇気のいるくだりは、日本人記者には書けないであろう。「少々くさい髪にビックリした永さんだが……」って、なぜ、永さんの心中がわかる？（笑）

SHOOT 11
涙がこぼれた。ウユニ塩湖でインティ(太陽)と交信

パラグアイ(アスンシオン)〜ボリビア(サンタクルス/ポトシ/ウユニ/ラパス)

パラグアイの濃〜い!!一日

3月14日（日）アスンシオン（パラグアイ）

旅をしていると、特別なことが何も起こらない日もあれば、実に「濃い〜〜〜!!」一日もあるわけで、今日は、後者の方の物語をお届けしたいと思います。目次のようなものを書いてみるとしますれば、このようになります。

（1）焼肉
（2）警察
（3）スラム街の子供たち
（4）福田健二
（5）考察

アスンシオンに来て、美味《おい》しい韓国焼肉料理の噂を聞きつけました。早速、メルカド（マーケット。南米でのメルカドは安いぼろい商店街といった感じで、どこの町にもある）の近くまで行ってみましたが、まずは、その焼肉屋がどこにあるのか？　という情報収集が必要でございまして、通りを見回しますと、向こうから、わたくしと同じような東洋の顔をした老夫婦がこちらに歩いて来まして、これはラッキーと、場所を尋ねたところ、韓国人でありまして、韓国人なのに、日本語がペラペラでありまして、かつて日本統治時代に教えられた言葉と推測されまして、それはそうと、焼肉屋までわざわざ連れて行ってくれる程親切でありまして、夢の焼肉屋にたどり着くことに成功いたしました。そして、馬鹿安い値段で、たらふくのお肉ちゃんや、焼肉の周りをとりまくキムチや、小魚などの韓国料理を堪能いたしました。おいしい!! 南米のパラグアイで、まさかこんなにおいしい韓国の焼肉を食べられるとは、夢にも想っていなかったので、つくづくその幸せな時間をかみしめました。

その帰りに、次の町ボリビア・サンタクルスへのチケットを購入するために、バスターミナルへ寄りました。そのバスターミナルから、泊まってる宿までローカルバスで帰ろうと、バス停でバスを待っていた時のことであります。

警官が2人、歩み寄って来ました。そしてどうやら、パスポートの提示を求めているようです。パスポートは、持ち歩くのは危険であるため、コピーしか携帯しておりません。すると、パスポートを持っていないことは悪いことだ、と、意味の分からないこじつけをおっぱじめました。署まで来いと言い出すのでした。

その警官の雰囲気からあやしさをぷんぷん感じました。ただ、暇つぶしに、警察であることを振りかざし、外国人をいびり、お小遣いを稼ごうとしているのだなと、察しました。仲間の警官を呼び、いつの間にか、その数は6人になっていました。これは、ついて行ったら、間違いなく不利な状態になると判断し、ごねにごね、パスポートなら、宿にあるから宿までついて来いっと、言いました。初めは彼らも了解していた筈だったのですが、俺らがパトカーに乗り込むと、急に宿の方角ではなく、警察署があるであろう方向に向かおうとしたのです。大声を出し、車を止めさせ、ドアーを開けさせて、パトカーから飛び降りました。そして大きな声で、ごねくり返しまして、逃げて参りました。そのタイミングは、絶妙だったらしく、彼らも追ってこずにパトカーで立ち去っていきました。

時に相手が警官であろうと強引さが必要であります。弱さをみせては、つけ込まれるだけです。南米には、悪い警察官がたくさんいる噂をよく耳にします。このあいだ会った旅人からは、コロンビアで理由もなく、警官7人に署内でボコボコにされ、鼻の骨を折られ、病院に直行した話を聞きました。他にも、お金を請求される話もよく耳にします。もし、あのままおとなしくパトカーで連れて行かれていたら、間違いなく面倒なことになっていたでありましょう。そのあたり、もう自分の直感を信じるしかありませぬ。一番信用したい警察がこのざまです。誰を頼ればよいというのでしょう……。

無事に宿に戻った後、大統領官邸の裏にありますスラム街（この位置関係……すごい町です）に、行きました。すると、子供たちが裸足でサッカーをしていたので、すぐ、わたしも靴を脱ぎ、一緒になってボールを追いかけました。どんな貧しいスラム街でも、必ずちょっとしたスペースに木のゴールを立てたサッカーコートはあります。子供たちは、その苦しい生活を感じさせないくらい楽しそうで、屈託のない笑顔で、走り回っております。

そこのスラム街は、犯罪の多い危険な地域と言われている所だそうです。しかし、サッカーを子供たちと一緒にしているということは、「外者」ではなく、突如として「内者」として扱われるので、危険なことなどはなく、むしろ子供とも大人ともすぐに仲良くなれます。

サッカーとは偉大なり。

観光客や、旅人がスラム街を面白半分で見学に行って、犯罪にあうケースをよく聞きますが、それは、「よそ者」だから被害にあうのです。地元の人たちと一緒に、サッカー、あるいは音楽を楽しむことをお勧めいたします。そこに芽生える仲間意識が、あなたを安全へと導きます（それでも奥の奥は緊張感を絶やさずに）。

その夜、この長い一日の締めくくりとしまして、サッカーの試合を観に行きました。パラグアイのプロ・リーグですが、特別な思いでスタジアムに向かいました。それといいますのも、ホームチームのグアラニに、名古屋グランパス・エイトやFC東京でプレーしていた日本人プレーヤー「福田健二」がいるという情報を、聞いていたからです。やはり、海外で頑張っている日本人を、心の底から応援したいものであります。ところが、試合が始まっても、福田健二はベンチにいました。先発ではありませんでした。むむ？　これは、ロンドンで観に行ったフルハムの試合の稲本と同じことになるのでは？っと、不安になりました。ですから、ハーフタイムには、地元のサポーターを引き込み、「福田！　出せ！」コールを、馬鹿に目立つようにやりました。ウォーミング・アップをしていた福田健二も、嬉し笑いと苦笑いの混ざった笑顔で、わたくしたちに、手を振って下さいました。すると、僕らの大騒ぎが実ったのか、後半から福田健二が登場したのであります。0－1で負けておりましたので、絶好の見せ場であります。福田の活躍で、逆転だ！　そう信じておりました。しかし、物事は、すべて上手くいくわけではありませぬ。あれよ、あれよという間に、3失点をくらって、0－4になった時には、バックスタンドで一緒に応援していた地元サポーターの9割が途中で帰ってしまいました。

福田あきれ、憤慨した模様です。その後も2点を追加され、散々たる敗北となりました。福田も全くキレがなく、見せ場を作れず仕舞いでありました。時々いいプレーもするのですが、基本的にボールから目が離れることが多いように見受けられました。ワンプレーで止まってしまい、次のプレーのアイディアに乏しいのです。マークを外しきれずに、フリーでボールをもらうことがないのです。まあ、まだまだ修業ですな。応援しております。異国で独り戦っているサムライよ！

会う旅人、会う旅人、みんなが口をそろえて言う。パラグアイは見どころは何もない、通るだけと。しかし、ふたを開けてみると、楽しい思い出がたくさんできました。見どころは、自分でつくるものであります。相変わらず、いいモチベーションで旅をさせていただいております！　結局、どこへ行くか？　よりも、誰が？　どんな気持ちでいくか？（他にも誰といくか、いつ行くか、どんな健康状態で行くか？　等も勿論関係してきまするが……）ということであります。感性の泉を涸らさぬよう、この旅を駆け抜けたいと思っております。

なおと、まだまだ元気であります。チャオ！

マカ族の子供たちのマカ語講座

3月15日（月）アスンシオン（パラグアイ）

アスンシオンからマカ族の村に向かうローカルバスは面白かった。バスが止まるごとに、次から次へと物売りが出入りする。その売ってる物といえば、ジュース、果物、野菜など。その他の小物が面白い。電池、裁縫セット、ゴム、時計、電卓……。そんな物をバスの中で、わざわざ買う人がいるのかっていう物を売りに来るのだが、実際売れているのだから、なるほど商売として成り立っているようだ。

そのめまぐるしい商人たちの出入りを、1時間ほどながめていると、窓の外はだんだん田舎の風景になってきた。マカ族の村の近くのバス停で降り、炎天下を歩いた。ようやくマカ族の村の一角に着く。

やはり、ここでも昼間っから、子供たちがサッカーをしていた。自然に靴を脱ぎ、裸になり、子供たちにエイエイオーを教え、相手チームを威嚇する。そして、試合は始まった。

しかし、ここのサッカーは普通ではなかった。人数の多いこと……ざっと50人はいる。サッカーは、一般的には11人制のスポーツであり、それでも、3人対3人であろうが、5人対5人であろうが、コートを小さくすることにより、楽しめるものであるが、両チーム合わせて22人以上いることは、あまりない。いや、滅多にない。殆どない。それが、ここには、50人を超える子供がひとつのボールを追いかけ、群がっている。すごい光景、金魚のフン状態である。ブワーッと、ひとつのボールをめがけて一目散に走っていく。それは、サッカーの起源を見ているようであった。

サッカーを終え、今度は子供たちに教わるマカ語講座の始まり。「一人の生徒と、たくさんの先生」によるマカ語講座。グラシャス（ありがとう）は、マカ語でなんと言うの？

サビスィック！　サビスィックか〜。さびすぃっく。

さびしっくなんか、ないさぁ〜。

子供たちと「エイエイオー！」

マカ語講座をしてくれた子供たち

語学は、このように何かにこじつけていくと覚えられる。

次に、村の中心に行き、学校を訪問させてもらう。ただでさえ日本人は珍しいのに、このお兄ちゃんは、ドレッドヘアーをしているために、みんなが目をまん丸くさせて、笑顔でこっちを見ている。もう、授業どころではなくなっていた。それにしても、子供の瞳はなんと綺麗で透き通っているのであろう。けがれのない、純粋なその瞳の奥に、何が映っているのであろう？

小学生から塾に通わされ、自由のない操り人形化している日本の子供たちも、彼らと同じ目を持っているのであろうか？　この村から大金持ちになることは、相当難しいだろうと推測されるが、何が、本当の幸せであろうか？　お金であろうか？　自由であろうか？　愛であろうか？

マカ族の村で、故郷を懐かしむ。

靴の仕立て屋さん～20年のベテラン選手

3月18日（木）サンタクルス（ボリビア）

ボリビア、サンタクルス2日目の出来事である。なんと!!　泊まってる宿の近くに、靴の仕立て屋？　修理屋が、たくさん並んでいる広場を発見!!　その数、十数軒。俺がその広場に歩みを進めると、おっちゃんたちは、お客が来たぞー!!　と一斉にがっつき、大きな声で呼びかけ、手招きしている。たくさんの店の中で、いつもなら直感が湧き、この人にしよう!!　っと、決めるところだが、今回は全く直感が働かず。適当に一番近いおっちゃんの前に座る。

この旅に出る前、歩き易く、サッカーをしても壊れなさそうなナイキの安い靴を買った。それを履きつぶす勢いで世界を回るつもりであった。しかし、家を出発し、10分した時、ふと足元を見ると、履いているのは、ナイキのおニューの靴ではなくいつも履いているお気に入りニューバランスであった。

あっ？？？！！

それはお気に入りであり、履き込んできたニューバランス576のグレー（イギリス限定）で、それなりに値段も張ったものである。そんな大事なものを今、履いている。確かに俺の両足に覆い被さっている。しかも行く先は、ちょこっとその辺のコンビニにではなく、1年がかりの世界一周という計り知れない壮大なアドベンチャーであった。

Ｆｕｃｋ　ｏｆｆ!!　どうしよう⁉　と、一瞬慌てふためいた様子を誰かに見られたのではないかと、周りを見回したが、誰も見ていなかったので、ほっとしたりした。そして〝これをさせたら右に出るものはなし〟お得意のプラス思考！　必殺スーパーポジティブ・スィンキング!!（自分でもあきれるほど……）

（犬にでも話しかけるように）そうか～、おまえ、ついて来ちゃったんだな～。駄目だろ～、お留守番してろって言っただろう～。まあ、でもな～、ここまで来ちゃったんだもんな～（といっても、まだ地元の駅）。やっぱ、履き慣れている方がいいに決まってるよな～。それに、帰ってきたら味が相当出ているだろうしな～。よし、一緒に世界へ連れていっちゃる！　行くぞ!!　世界へ!!　お～～!!!

そうこうして日本を出発して8ヶ月、世界の約半分を歩いてきた靴。いろいろな国々を歩くだけならまだしも、ボールを蹴ってきた。それは、普通の旅人の使用頻度平均を大幅に超えているだろう。　そう、スパイク、ランニングシューズ、山登り用、御出かけ用おしゃれ靴、この役割をこの一足で全部こなしてきた靴なのだ。もうぼろぼろである。大きな穴が開き、靴下が見えている部分もあるほどであった。グレーの限定モデルは、ブラウンの限定モデルへと変わってしまっている。いよいよ、お気に入りの靴をあきらめかけ、町中の靴屋で新しい靴を買おうと見てまわっていた矢先の出来事。修理屋のおっさんの前に座ってから10分後。ニューバランス、別名ナオト・バランスの靴は、復活を遂げた！　この先、残りの半年の旅路でも、完全に保《も》ってくれるであろう。中国製の手縫いミシン、恐るべし。

何でも、このおっちゃんは、ここの広場で20年間、この場所で靴や鞄を修理してきたというのだ。20年間の技術はすげぇー。まじ、感動、まじ感動。すげー、あの人、日本に連れて帰りたい。日本ならみんな、靴が破れたり壊れたりしたら、即、捨てるでしょう？　靴が破れたり壊れたりしなくっても、流行遅れだって捨てるでしょう？「修理して、まだもう少し大事に使おう！」って意識は湧かないのではないか。その辺の公園に靴の修理屋もおらんしな。こっちの人は、金がないから、ほんま物を大事にするんやなあ。

さて、気になる修理代ですが……なんとそれは、140円（10ボリビアーノ）あり得ん。

今後、靴が壊れたら、ボリビアに来ようと思った出来事でした。

飛び入りライブで大爆笑の渦

3月21日（日）サンタクルス（ボリビア）

サンタクルスの街は、特別魅力があるわけでもないのに、なぜか離れられないでいた。ダラダラしてきた自分にも、だんだん焦りを覚えてきた。何してんだ、早く先に進め、と。しかし、動こうとしないのである。体が動こうとしないのである。

その理由《わけ》は、今日になってようやくわかった。なんで、サンタクルスに残っていたのか？

なぜ、離れられないでいたのか？　ちゃんと理由があったのだ。

今日は日曜日。サッカーをしに公園に出かけることにした。ウルバノ公園は、セントロから20分ほど歩いた所にあり、遊園地も有する大きい公園である。遊園地と言っても、日本のものと比べたら、段違いに小規模のものである。が、逆にそのアナログなアトラクションに親近感を覚えた。

中でも、芝滑りの要領で上から斜面を滑ってくる遊具には、たくさんの見物客が集まり、途中でひっくり返りそうになる人たちを見て、大きな悲鳴や歓声をあげていた。芝生の広場では、たくさんの家族連れが「幸せな日曜日」を過ごしていた。芝生の上で寝転んでいたり、ボール遊びをしたり……と、平和で暖かい家族の姿があった。

サッカーに混ぜてもらい、1時間ほどプレーした。ボールの持ち主が帰るということで、やり足りない感が残ったが、仕方がない、今日のところは、と帰りかけたところ、遠くから何か音が聞こえてくる。それは、マイクやスピーカーを使った大掛かりなものだと、すぐ分かる。

何だ？　何だ？

ステージに引き寄せられるように近づいてみると、まだイベントは始まってない様子で、面白い司会のおっさんが、みんなを笑わせながら、前説をしているところであった。後ろにはバンドもスタンバイしているので、ライブであろうか？　隣の人に、「これは何ごとだ？」と聞くと、ボリビア№1の携帯会社「ｍｏｂｉｌ」（日本のｄｏｃｏｍｏか）のイベントで、ライブあり、伝統芸能あり、プレゼントありのお祭りだということだ。

もしかしてオレも歌えるかな……でも、こんな格好（もろサッカー小僧的な）だしな～……今日はいいや……。

ん？　そんなことを考えてしまうようになったのかー。ちょっと前だったら、積極的に自分から歌わせろーって言いに行っていたのに～。これが、10年後だったら、それこそこういう時に自分からガツガツ行かなくなるんだろうーな～。

そんなことをぼや～っと考えていたら、ステージ上でお客をあおっている司会のおっちゃんが、さすがに、目ざとくオレを発見し、なにやらスペイン語で面白いことを言っているようだ。

一気に、周りの視線をぐっと集める。そして、ノリよく反応するオレを見て、ステージに上がって来いという。なるほど、オレの場合、自分から頼まなくても、やはりステージに呼ばれるのである!!　ちゃんと、その星の下に生まれているのだ。

ロンドン、ジャズカフェでのシャロン・ジョーンズのライブの時にも、やはりステージに呼ばれ、踊りに踊り、お客を沸かせに沸かせたのである。しかし、初めは笑い者にされた。

しょうがない。言葉も分からないし、外国人だということで、司会のおっちゃんは悪気なく、オレをネタに、ステージ周りに集まっているたくさんのオーディエンスの笑いを誘った。

このまま笑い者にされたまま、終わる訳にはいかぬ。簡単なインタビューが終わった時、「歌わせろ！」と、司会のおっちゃんに耳打ちした。

おっちゃんは、面白がり、お客さんに発表。

「この日本人のボクちゃんが、歌いたいと言っています〜！　こいつ、ギターも弾くんだってさー！　聴いてみようー！」

そして、後ろにいるバンドのギターを貸してくれた。

さ〜ってと、何を歌ってやろうかー。まあ、手始めにゆっくりと「上を向いて歩こう」でも。

歌い終わると、大歓声に包まれていた。笑い者から、歌手へと変身できたようだ。すかさず、次の曲に入る。

ブラザーフッド〜レゲエ・ヴァージョン〜。

その時に、後ろのバンドにギターで弾いているコードを見せて、こういう進行だと説明する。さすがにプロのミュージシャン、すぐ反応し、ついて来てくれる。演奏が固まってきたところで、ギターをすばやくギタリストに返し、ハンドマイクで歌い始める。まさか、２曲

飛び入りライブで熱狂の渦

見よ！　MCのおっちゃんのこのビックリリアクション

目に突入するとは思ってなかった司会のおっちゃんは、いささかたじろいでいたが、すぐノリについてきてくれ、一緒に盛り上がってくれる。

ギターを手渡し、身軽になったドレッド日本人は、水を得た魚のように、縦横無尽にステージ中を駆け回り、お客さんを煽りながら、歌う。

「♪ブラザーフッド　ブラザー　ブラザー　へーイ　へーイ♪」

ダンサーのおネーちゃん4人も登場し、一緒になって踊ってくれ、賑やかなステージとなった。完全、自分のLIVE状態になっていた。

もしかしたら、ブラザーって何か分かってないかもしれんな。スペイン語でブラザーは、エルマーノ、でも、なんか違うな〜。う〜〜ん、アミーゴかな、近い意味は。よっしゃ。

「♪アミーゴ　アミーゴ　へーイ　へーイ♪」

母国語になったおかげで、いっそう、お客のノリもよくなった。夕方の薄暗さは消え、辺りはすっかり夜の闇に包まれたが、ステージだけはきれいにライトアップされ、ドレッド東洋人のはじけっぷりに、皆酔いしれた（ようだ）。

そして、やや長くなってきた演奏を止めるため（タイムスケジュールもあったであろうから）司会のおっちゃんが、後ろのバンドとダンサーのおネーちゃんに、「止め、止め」と言うようなゼスチャーをし、一人ずつ袖へと消えていく。それを気配で感じながらも、振り向かず、気が付かない振りをし、オレだけ平然と演奏を続けていた。途中から、ヒューマンビートボックスで、口でリズムを刻みながら。そして、背中の目でステージ上にはオレしか居なくなったな、と感じた瞬間!! 今だ!! 曲を終える合図を出し、後ろを振り返る!!

「って、居なーーーーーーーーーーーーーーい!!」

っと叫び、オーバーにすっ転ぶ。

「ドンデ？ バンダ？（バンドは、どこだ〜？）」

大爆笑の渦。司会のおっさんとの全く打ち合わせのない即興劇に、お客さんは大いに盛り上がり笑い転げている。その後、ちゃんと司会のおっさんは戻って来て、しっかりと、なおとライブを締めくくってくれた。

アドレナリン出まくりで、やってやった感を抱きながら、ステージを降りる。と、そこには、一瞬にしてファンとなってしまったらしい子供やら、女の子やら、おっちゃんや、おばはんや、体格のでかい犬までが、カメラと紙とペンを手に群がってきた。それから、サイン会が30分にも及んだ。

ナオト初ボリビアライブは、大好評であった（らしい）。

その後は、お客として外からステージを楽しんでいたが、司会のおっちゃんがまた、オレの名を呼ぶ。

「ナオー、ナオーは居るか〜？？！！」

今度はダンスバトルらしい。ダンサーのおネーちゃんと4人のお客さんが踊るということだった。まあ、ファニーな動きも組み込んだ踊りも面白かったのであろうが、さっき既に人気を集めていたため、ダントツの優勝であり、たくさんの賞品をいただいた！　ペットボトルと、ウエスト・ポーチ、バンダナ。さっき歌った時にも、Tシャツと、帽子（ドレッド頭はでかく入らないので、お客に投げたが）をもらっていた。全部買ったら高かろうに。しかもデザインもかっこええやん！　貧乏バックパッカーには、なんとも嬉しいプレゼントだった。

思いがけない、素敵な夜であった。20歳の時、初海外のニューヨーク・ハーレムにあるアポロシアターで歌った時のシチュエーションや、去年ブラジル・アマゾン川のほとりで1万人のブラジル人の前で歌った時の雰囲気にも似ていた。飛び込みライブは、いつもワクワク、無我夢中で、時を忘れる。そして、世界に羽ばたく夢を強く感じる瞬間である。

この街をなかなか出られないでいた理由。何か不思議なものに引き止められていたのは、これであったのか……。全て繋がっているのであるな。

これで、ようやく先に進める。明日、サンタクルスを出ることにしよう。

耐えきれない……高山病の悲劇

3月26日（金）ポトシ（ボリビア）

大変なことになった。極度の空腹感、気持ち悪さ、食欲不振、力の入らなさ、起床時の激しい頭痛。かなりきつい。早く高地から降りたい。もう日本に帰りたい。

インドで倒れた時、ロンドンで39・5度の発熱に見舞われた時、サルバドールのカーニバルで悪魔に乗り移られた時、そして、この高山病。この旅始まって以来、4度目のピンチである。

サンタクルスからポトシの町にバスで約20時間かけてやって来た。しかし、この移動は今までとは訳が違った！　海抜400メートルの町から、4000メートルの町へ一気に上がるのだ。ここは、余裕で富士山の頂上より高い。酸素が下界の40％ぐらいしかない。

しかし、高山病にかからない人もいると聞くではないか。どうも個人差があるらしい。軽く治まる人もいれば、大変な人もいる。もしかして、自分は大丈夫な方かもしれない、と、あまり深く考えずに来てしまったら、このざまだ。途中の町に寄りながら、ゆっくり上がってくるんだった……と、反省しきり。

着いた日は、そんなにひどくはなかった。しかし、寝る時になって頭が痛くなってきた。

これまでにない痛さ。もうギンギンに頭が締め付けられる。深い眠りには就けず、奇妙な夢と共に15回ほど目覚め、最低の朝を迎えた。

2日目は、もう何もできない程、弱っていた。健康な人が羨ましかった。「健康」が、何よりも大事なものと、再確認した。

3日目。少しは良くなったので、依然としてきつい体に鞭を打ち、ウユニに移動した。夜には、だんだん良くなり、起床時の頭痛も半分に治まっていた。しかし翌日も、ウユニ塩湖ツアーに出かける程には回復しておらず、一日中ぼーっとしていた。絵を描いたり、本を読んだり……。ゆっくりする時間も悪くはなかったが。高山病には、完敗だった。ハイテンションとも無縁であった。何しろ、おとなしくすることが、回復への近道であり、時間だけが、処方箋であった。

地球の未来……@ウユニ塩湖

3月28日（日）ウユニ（ボリビア）

宇宙に吸い込まれた
気がついたら　何かに向かっていて

西へ　西の星の方角へ　吸い込まれていた
宇宙を歩いていた
宇宙の中のひとつの惑星
「地球」
どうやって浮いてるの？
どうやって回ってるの？
どうして生きてるの？
46億年のうち、一番楽しかったのはいつ？
そして、いつまで生きるの？
今、どこが痛い？
僕らに何をして欲しい？
君の未来は？
君はいったい誰？

ウユニ塩湖は、塩でできた湖である。一面に広がる真っ白な世界は、絶景。時々、雪の上にいるような錯覚を覚える。泊まった塩のホテルは、ウユニ塩湖の中にある唯一の建物であり、それ以外まわりに建物はひとつもない。360度、視界が開けている。

今まで見たどこの場所よりも、多数の星。少しだけ低い山もあるが、ほとんど周りは地平線が続き、そんな下の方まで、星が光っている。そして、さっきまであった星が消えた。地平線に沈んだのである。星が地平線に沈む姿など、今まで見たことがなかった。星は、頭上にあるものであった。ところがここの星は、同じ高さから下に消えていった。

地球は丸かった。

地球が丸いということを感じられるほど、辺りが開けていた。

ウユニの星はしっかりと、この目に、この胸にキラキラと刻まれた。

宇宙の中の地球という星に、今、確かに存在している。

太陽の化身……@ウユニ塩湖

3月29日（月）ウユニ（ボリビア）

涙がこぼれた。彼が今日もまた堂々と登場した。

一瞬の間に、3段階に大きくなっていく姿を見た。

涙がこぼれた。

ウユニ塩湖でジャンプ！

その塩分と、ウユニの塩分が融合した。

音はない。においもない。

人もいない。雑念もない。

そんなウユニの、太古の昔からの空に、彼が今日もまた登場した。

そして彼と交信した。彼から何か啓示を受けた。

日本語で太陽。

英語でサン。

スペイン語でソル。

ケチュア語ではインティ。

この旅中、太陽に対してずっと特別な想いを抱いてきた。そして、今日、あのアンデスの太陽とつながった。

これからの人生、太陽と密接に生きていくことになるであろう。

2006年W杯南米予選観戦

3月30日（火）ラパス（ボリビア）

星と、太陽のウユニ塩湖を去り、ラパスにやって来た。南米アンデス山脈に囲まれた標高3600メートルにある世界最高の高度に位置する首都である。そして、ここでのメイン・イベントは明日31日に行われる2006年W杯ドイツ大会の南米予選、ボリビア対チリ戦を観ることである。まことにラッキーなタイミングの時期に、ここラパスに来たのだ（少々調整はしたのだが）。

バスターミナルに着き、そこから安宿に向かうタクシーの中で、超・スーパー・ウルトラ・ミラクル・ハイパー・グレート・ビッグ・インポータントな情報を、運転手のおっちゃんから得た。前を走る車や、通り過ぎる車のフロント・バック・サイドなどに、明日のチリ戦の予想結果を書いた紙を貼っている。ボリビア3－0チリとか、ボリビア7－0チリとか。

おもしろいな〜。町中が、W杯一色だ〜。さすが、南米だな〜。

「ちなみに、運転手さんは、明日の試合、何対何だと思う〜」と、何気なく聞いたのが、幸運だった。

「明日じゃないよ、今日だよ。4時からだよ」

「はっ？　えっ？！！　まじ!?　明日じゃないの？　今日？　4時？！！！！　あと、1時間しかないじゃねーかーーー！」

あぶない、実にあぶない。ムイ・クイダード（スペイン語で実にあぶないの意）。サンパウロでその情報を得てから、今の今まで、明日行われるということを、信じて疑わなかった。せっかくこの試合を観るために、この街に来たというのに、明日、がらんとしたスタジアムで、愕然《がくぜん》・呆然とするところであった。このタクシーに、乗らなかったら……。この話題を持ち出さなかったら……。

安宿にタクシーは着くも、満室。こういう時に限って、事はスムーズに運ばない。他の宿も当たったが、どこも一杯だった。

やばい。やばい。時間がない。ボリビア人たちもみんな試合を観るために、ラパスに出て来て、安宿にたくさんの人が泊まっているのであった。かなり焦りながら探していた時、またまたポトシのバス・ターミナルで一度お会いした日本人夫妻に出会い、彼らの泊まってる宿に空室があるという情報を聞きつけ、急いでそこへ向かった。

時間がない、早く、早く！　急いでチェックインを済ませ、荷物を置き、スタジアムに向かった。

相変わらずのレインメーカー（雨男）っぷりを発揮し降りしきる雨の中を……。会場の周りでダフ屋から、まあ悪くない値段でチケットを購入し、ナショナルスタジアムに入る。海岸の領土をぶんどられた歴史を持つボリビアにとって、チリには絶対負けられない。サッカーとは、時に代理戦争と言われる程、自国のプライドをかけて激戦が繰り広げられる。

W杯南米予選のボリビアVSチリ

試合は、一方的なチリペースであった。特に後半は、どっちがホームか分からない程であった。ここでのホームという意味は、サポーターの多さのお陰で、スタジアムの雰囲気をボリビア・ムード一色にできるという一般的な意味合いも勿論あるが、他にも大事な意味がある。ここラパスのホームは、標高3600メートルの高さにあるということだ。この空気の薄い地で、どれだけ走れるかという体力勝負にもなってくるのだ。他に類を見ないこの高地のグラウンドは、あのブラジル代表も手を焼くと言う。町の中の坂を10メートル上っただけで、普通の人なら、すごい息のあがりようなのである。下界の人から見ると、この富士山の頂上の高さで、あれだけ激しくボールを追って走り回る姿は、考えられないのである。

しかし、そんな地理的有利がありながらも、ボリビアは0－2で負けてしまった。スタジアム中ががっくり肩を落とし、天を仰いだ。応援していたボリビアは負けたが、何はともあれ、強運っぷりを発揮し、奇跡的に試合を観れたことに、感謝したい。

グラシャス　パラ　タクシーのおっちゃん!!

SHOOT 12
初海外ラジオ出演。スペイン語で生演奏

ペルー(クスコ/オリャンタイタンボ〜アグアカリエンテス/クスコ/ナスカ、パラカス、ピスコ/リマ/チュルカーナス/ヤパテラ/チュルカーナス)

マチュピチュ行きドキドキ電車

4月4日（日）クスコ（ペルー）

クスコからマチュピチュに向かうその日は、朝からサッカーをし、午後3時にクスコを発つというハードな日程であった。一番安くあげるルートで行くため、まずクスコからミニバスでウルバンバに行き、そこで乗り換え、午後5時半ごろオリャンタイタンボに着いた。そこからローカル電車に乗れば、観光客用の電車で行くのと比べると、約60ドルも安く上げられるのである。オリャンタイタンボのバスターミナルに着き、鉄道駅まで歩いて向かう途中、すれ違う旅人の言葉を耳にした。

「もう売り切れていたわ」

え？　それは、困る。同行していた旅人、かっちゃん（44）とひろし（23）と、〝これは、困った〜〟と渋面顔を見合わせる。ともあれ、真実はちゃんと自分で確かめなければと、駅の外にある切符売り場まで行った。

本当に売り切れていた。しかも、15〜20分前に売り切れたというから、くやしい。座席分しか販売しないので乗れないのだ。

さ〜て、まことに困った。ここオリャンタイタンボからマチュピチュの麓《ふもと》の町、アグアカリエンテスまでは鉄道が唯一の交通手段だ。安く上げるために、明日の夜まで待つか？ 高いお金を出して、明日の朝の便で行くかだ。

俺とかっちゃんはまだしも、4日後にリマから日本に帰国するフライトが控えているひろしには、時間がない。こんなことが起ころうとは予期していなかっただけに、難しい選択を迫られる3人。

かっちゃん「明朝の観光客用の電車便で行った場合のその差額、60ドルはきついなぁ、出せないなぁ」

ひろし「じゃ、俺だけ高い明朝便で行くよ。あっちで会えたらラッキーってことで」

俺はひろしとボリビアで会って以来、行動を共にしてきた。かつ彼にとって旅の最後の場所であるので、一緒に行ってあげたい気持ちがあった。別行動でバラバラになることはしたくなかった。

う〜ん、どうにか、今日中にアグアカリエンテスに着く方法はないものか？ 歩いて行こうか〜、という話が浮上してきた。30、40キロぐらいの距離であろうか、まあ8時間ぐらいか〜、歩けなくもない距離だ。線路を歩いて行けば道に迷うこともない。現在夕方5時半、今から出て、深夜に到着か〜。あるいはこの町で今夜は寝て、早朝出発、昼間に到着、そのままマチュピチュに乗り込むか！

いつの間にか、かっちゃんとひろしの間では、歩いて行く案が有力になっていた。

う〜む。歩きか〜、まあ悪くない。確かにそれも思い出になるし、悪くないのだが……。マチュピチュに着いた時の、体力の消耗具合いかんでは、マチュピチュの遺跡を心から楽しめるかどうか。それより、あの電車になんとしてでも乗れないものか？ それは、どんな手段を使ってでも!!

切符は、ない。でも、乗りたい。なんとかして、入り込めないものか？ 改札口の警備は、並々ならぬ厳重なものとなっている。金網で囲まれ、改札口だけ扉があり、セキュリティーが4人程と駅員がいて切符をチェックする。

そこからしか、駅構内には入れないようだ。だとすると、大きく回りこんで、線路づたいに駅構内に侵入し、貨物列車等に乗り込んで、隠れてアグアカリエンテスまで行けないものか？

そんなことを頭の中で、高速回転で考え巡らせていた。そして、そんなスリリングかつワクワクな話を2人に持ちかけてみた。

「う〜ん。無理じゃないか〜」

普通のリアクション、当然のリアクションだ。確かに常識で考えたら、まったく無茶な話だ。トム・ソーヤーの冒険か!? はたまたエルマーの冒険のような、アドベンチャー物語を現実の世界に持ち込むバカな奴はそういないのであろう。

「なんかわからんけど、行ける気がするんだよね〜、うまくいく気がするんだよ」

そう言ったところで、2人の表情は浮かないまま。とりあえず回り込んで、駅構内に入れるのか？　という、最初の段階を確認するため、駅を背に歩き出した。

しばらくすると、ここから線路に入れるかも？　という草むらがあった。ピンときた。何か、つながっている気がした。かっちゃんも、そこには何かを感じていた。その草むらから中に入った。だんだん、かっちゃんもその気になってきたようだ。3人の中で一番、時間的に深刻なひろしは依然として夢ではなく現実を見ている。しかし、まあ、とりあえず、やれるだけやってみようという気にはなってきていた。

その草むらの奥から、牛を連れている少女が出てきた。どうやら、やはり奥につながってるらしい。あたりは、少しずつ暗くなってきている。ぐんぐん、奥に進んでいくと、思った通り駅から離れた線路にたどり着いた。さあ、そこからどうやって、駅に忍び込むか？

3人で作戦を立てている時、まぶしい明かりが近づいてきた。駅に電車が入ろうとしているのだ。電車が僕らの目の前をゆっくりゆっくり通った。本当に1・5メートル程の距離だった。必死で身を隠す。まさか、こんなところに人がいるとは思わない場所だったのだろう。見つからずに済んだ。大丈夫……。

作戦会議を再開し始めた矢先、今度は貨物列車が、これまたゆっくりと目の前を通った。慌てて隠れたが、ダイレクトに光が当たってしまい、乗務員に見つかってしまった。何か、言っている。叫んでいる。

「こっちへ来い」と言っているのだろうか?

「警察に連れて行くぞ」と言っているのだろうか。

黙ったまま動かずにいると、もう少し駅の方へ進んだあたりに、貨物列車は止まった。

あのおっさんに、いくらか金を渡して、買収してだな〜、内緒でアグアカリエンテスまで俺らを運んでもらえはしないか⁉ ふとひらめいたこのアイディアを、実行するべく、止まっている貨物列車の方に、一人で近づいていく。よく見ると、二股に分かれている線路の進行方向を変える作業をしていた。そして、裏取引の話を持ち出す。

「アグアカリエンテスに、この貨物列車も行くのか?」

「ああ、行くぞ」

「俺ら、チケットはないのだが、今日どうしても行かなきゃならないんだ。これで（金をちらつかせる）乗っけてくれ！」

「無理だ。できない」

「そんなこと言わんと。頼む。頼む。じゃあ、これで（さらに倍の金を見せる）どうだ！」

「無理だ。あきらめな。明日行きなさい」

この正義感の強いおっさんは何があっても、買収話にはのらないだろうな。その態度からそう察し、いったん2人のいる所へ戻った。かくして買収作戦は失敗に終わった。

3人でいきなり駅に乗り込んで、ばれてしまったら元も子もないということで、まずは、一人で偵察に出かけた。完全に日は落ちているものの、満月のあかりで、線路を照らしてくれていた。月の光とはなんと明るいのか、月に当たっている光は、太陽の光なのだが。スパイ一号は、音を立てないように、駅に近づく。

駅の近くに列車が止まっていたが、つながっていなくて、誰も乗客らしい人は乗っていなかった。さらに奥に行くと、だんだん駅員やセキュリティー関係の人たちが多くなってくる。あの厳重な改札口の対岸を通らなければならない。しかし、もっと奥まで進み、アグアスカリエンテスに行く列車がどれなのか確かめなければならない。偵察の任務を果たさぬままでは、戻れない。

そろりそろりと駅に近づき、外灯が当たっているところを、まるで忍者のように、スタタタと、忍び足で通り抜ける。

ふーっ。うろついているセキュリティーにばれてはいないようだ。まだ出発予定時間まで、45分ある。お客さんはまだ駅構内に入っていない。あと15分ほどしたら、あの改札口の厳重な門が開き、入ってくるのであろう。

これか⁉

そろりと近づいた列車が、まさにアグアカリエンテス行きのものだと判断した。しかし、最悪だ。貨物列車は、一番奥だ〜。あそこまで、3人で行くのは難しいな。っとすると、客席の列車に乗らなくてはならないのだな〜。改札口のチケットチェックは、どれだけ厳しいのであろうか⁉ 乗り込んだ後もチケットチェックがあるのだろうか？ そうすると、どこに隠れていればいいのだ？ トイレか？ 万が一作戦が成功し、電車に乗り込めたとしても、車内で見つかり、追い出される可能性も充分に考えられる。頭フル回転で、いろいろシミュレーションをしてみる。

ともあれ、一度戻って、この状況を残りの2人に伝えなくては。そして、またなんとか人の目をかいくぐり、無事駅から200メートル離れた線路の脇で待機していた2人の所に戻った。

さあどうするか？ 作戦会議は再開された。

さて列車に乗り込むべく、いつ駅に近づこうか。今は出発の30分前である。かっちゃんは、言う。

「なるようにしかならないんだから、自然に身を任せて、もう行っちゃおう。ばれてもいいじゃん。しょうがないさ」っと。

がしかし、何も考えず、感覚だけで動くことには気が進まなかった。もちろん感覚は大事な要素だが、何の思慮もなければ、失敗することが多い。考えるだけじゃなく、感覚だけじゃない、両方を駆使した一番いいタイミングがあるはずだ。確かに、ばれたらばれたで仕方がない。でも、ばれない方が、いいに決まっている。まずは、ばれない方法を考えるべきだ。

今、3人揃って行ったら確実に目立つし、列車に乗り込むどころか、その前に駅構内のセキュリティーに見つかってしまい、つまみ出されるのがオチであろう。自分なりの直感でも、今ではない。もうちょっと、待とう。あと10分ぐらいしてお客が乗りこみ始めたどさくさに紛れて、近づいて行った方が得策であろう。

しばし待機し、少しずつ移動を開始した。駅から100メートルぐらいまで近づいた所で、お客さんが駅に少しずつ入って行くのを確認した。いいタイミングだ。駅が混雑してくるであろう。線路を渡り、右側の壁づたいを歩く。60メートルぐらいまで近づいた時、あの厳重な改札口だけではなく、列車に乗り込む時にも再度、チケットをチェックしているその光景を見た。

愕然……。なんと、2段階でチケットチェックをするとは！　2度のチケットチェックを終えたお客たちが次々と、列車に乗り込んでいた。しかし、もう後戻りはできない。突っ込むしかない。ナオトを先頭に、3人は壁づたいを駅に向かって歩いて行った。

あまりの緊張で、それから約5分ほど、記憶が鮮明でないが、気が付いた時には、列車の中の棚の中に、最大限にこの身を小さくたたんで、既に隠れていた。

その5分の間の出来事は、恐らくこうであったであろう。しまった‼ 列車に乗り込む際も、再度チケットチェックがあるのか⁉ と、戸惑ったのは、ほんの一瞬で、その次の瞬間、電車の最後尾のドアーが開いているのが目に飛び込んできた。あのドアーから乗り込もう。

それは、まるで別世界へ誘う不思議なドアーのようだった。マチュピチュに通じている、ドラえもんの「どこでもドア」のようだ。その開いているドアーの奥には、2度のチケットチェックを終えて、自分の席に着こうとしているお客たちが見えた。何も考えず、何も言葉を発せず、ただ、そのドアーに吸い込まれていった。ハシゴのような階段を3段ほど上り、列車に乗り込み、別世界の光り輝く廊下を歩き、その車両の一番奥にある棚に向かって一目散に歩いていた。何も考えず、立ち止まらず、その場所に吸い寄せられていった。

あとからひろしの話を聞くと、乗客のみんなが我ら3人に驚愕の視線を送っていたらしい。特に、チケット売り場で俺らがチケットを手に入れられずに、どうしたらいいかと相談を持ちかけていたカップルなどは、「ワーオー！」っと、英雄を見るかのような笑顔で、3人を眺めていたらしい。俺は、無我夢中でまったくその時、周りは見えていなかった。

なんと、セキュリティーにも駅員にも気づかれず、止められず、3人とも車中に乗り込むことに成功したのである。なんという奇跡が起こったのか!!??　確かにここまでは、パーフェクトにコトは運んだ。電車が動き出してしまえば、こっちのもんだ。たとえ見つかってもわざわざ降ろさないであろう。チケットの値段分、金を払えばいいことであろう。俺は、棚の中に小さく小さくなって隠れた。その棚の前に小さくなって座り込むひろし、トイレにかっちゃん……と、それぞれ隠れた。

最高潮のドキドキ渦の中、電車が動き出すのを今か今かと、待っていた。早く、動けー。出発しろー。早く、もういいだろ！　早く。

時が、いつもの倍以上ゆっくり流れているかのように、出発までの時間は実に永く感じた。電車が動き始めさえすれば、一気に今日アグアカリエンテスまで行ける可能性が、高くなるのだ！　一時、今日そこへ着くのは無理なのかと落胆したが、今、事態は一転し、変わろうとしているのだ。

早く出発してくれー！　駅員、来るなよー。俺らを見つけるなよー。不安の中、興奮していた。

早く、出ろー!!　そしてついにその時が来た!!

ガータン。ゴーートン。

ゆっくりと、ゆっくりと車輪が回り始めたのを体全体で感じる。横たわり小さくなっているので、電車の揺れをダイレクトに感じる。

おお!! よっしゃー! ついに出発だ。まだばれていない。

これで、今日アグアカリエンテスに着けるぞ!! ゆけー! 進めー! 電車よ!!

電車が動き始めて間もなく、また大ピンチが訪れる。なんと、3度目の切符チェックだ。ペルー人の割には、かなりマメなチェックである。その声と切符を破る音で、チェックが行われていることを認識する。

こっちに来ないで〜。来るなー。

という願いも虚しく、乗務員は、こっちにやって来た。そして、俺が隠れている棚の前に座って身を潜めていたひろしがとうとう見つかってしまった。しかし、事前の打ち合わせ通り、うまい演技でコトをいい方向に運んだ。単にチケット代金を定価で払い、アグアカリエンテスまで乗せていってもらえることになったのだ。

かっちゃんも、さすがにトイレに隠れているのも限度があり出て来てしまい、同様に感じのいい乗務員に、お金を払って許してもらえた。やはり、乗り込んでしまえば、降ろされることはないという推測は間違っていなかったようだ。そして、乗務員は車両内全員のチケットをチェックし終わり、仲間と話している。まさか、もう一人日本人が、この棚の一番下に隠れていようとは、夢にも思っていなかっただろう。

ひろしとかっちゃんが、うまいことガードしてくれたお陰で、俺は、ばれないで済んだ!! 見事なコンビネーション。

足を曲げ、腕を組んだ状態で、約2時間耐えた。しびれながら、揺れを体にダイレクトに感じながらも、少し眠ったりしながら、電車はアグアカリエンテスに到着した。

最後の難関。どうやって、ばれないように出るか。かっちゃんと、ひろしは、乗務員に呼び出されていたので、先に行かなければならない。一緒に俺が行ったら、きっとお金を請求されるに違いない。ひろしと、打ち合わせをしておいた通り、いつ、俺がその棚から飛び出るべきかの合図を待った。

しばらく息を潜めていたら、ひろしから合図があった。

「30秒後!」

その一言を信じ、関節が固まり、なまった体を奮い立たせ、車両の廊下に出て行った。お客さんは列になって、扉に向かって並んでいた。その列の後ろに並んだ瞬間、ホッと一息、胸をなでおろした。もう、普通の乗客に成りすませる。お客さんと一緒になって列車を降り、早歩きで駅を出て、待ち合わせ場所の広場に急ぐ。

やったー!! ついに、ここまで来れた!!

かっちゃんと、ひろしと3人で声をそろえて、言った。

「ここに今日いるなんて、嘘みたいだよな～。奇跡を起こしたよな～」

マチュピチュの基点の町、アグアカリエンテスに予定していた通り、4月4日の夜に到着することができた。今、確かにこの町に立っているという不思議を、奇跡を体全身で感じずにはいられなかった。

P.S.
ペルー鉄道会社の皆さん、本当に申し訳ありませんでした。よい子の皆さんは、絶対真似をしてはいけません。

ペルーで習う合気道

4月10日（土）クスコ（ペルー）

合気道を始めた。毎日、朝と夜、2回の稽古を計2週間続けた。

なぜ？　ペルーで合気道？　なぜ、クスコで？

その理由は、直子さんである。日本の知人から紹介して頂き、居候させてもらっているこのお宅のおかみさんである。今は元気印の直子さんにも、喘息《ぜんそく》を患っていた病弱な幼少時代があった。そして、30歳を目前にまた、生死に関わる大病に見舞われた直子さん。しかし、3年間の療養の末、見事その病を克服し、はるばるペルーにやって来た。アンデスを歩き、クスコを愛し、そして住み着いてしまった。まだ日本人観光客が南米に多くは訪れなかった時代から、多くの日本人たちのガイドとして働き、1994年、「NAO TOUR」という旅行会社を設立。他の旅行会社とは一味違う直子さんのアイディア一杯、オリジナリティあふれるツアーに訪れるお客さんは後を絶たない。その他、数々のTVの旅番組コーディネイトを手がける大活躍のちゃきちゃき、現在55歳の女社長である。かつて病弱な体であったことなど、信じられないほど、このお方はなんと元気なことか⁉　忙しい仕事をこなしながらも、3年前から始めた合気道の稽古に、毎日朝と夜通っている。

俺も、やってみたい。このやりたがり坊主は、そう申し出て、一緒についていかせてもらえることになった。小学3年生の時から1年間通っていた「空手」、高校の体育の選択科目でやった「柔道」に続き、実に久しぶりの武道である。

初日は、その動きの激しさに目がまわった。倒れ、起き上がり、回り、受け身を取り……

こんな動作は、普段の生活ではまずないので、普段使っていなかった体の部分が、悲鳴をあげながらも、嬉しそうに躍動する。こんなハードな稽古を55歳の直子さんは、毎日続けているんだ。すげ〜〜！　体も心も、なんて元気ハツラツなお方なのであろうか！

合気道は、攻撃の武道ではなく、相手の力を利用して、自分を守る防御の武道である。そして、呼吸・精神の集中などが、とても大事である。ペルー人の先生の模範演技を見ていると、まったく力が入っていないにもかかわらず、相手がわざと倒れてあげているのかと疑うほど、いとも簡単に倒れてしまう。もちろんそこまで到達するまでには、相当の修行が必要である。

「力わざでなく、相手の力を利用して」というあたりが、素敵で、なんか気に入った。日本人特有の国民性から生まれた母国の武道に、地球の反対側のこの異国で夢中になった。

生活にリズムが生まれ、毎日が充実するわ、体を動かしているのでよく眠れるわ、健康的で毎日がすがすがしいわ、いいことづくしであった。さらに、精神的になにか研ぎ澄まされていった。合気道の練習によるものか、「世界のへそ」古いクスコの街にいるからか、はたまた、マチュピチュで受けたインカパワーのなせる業か、原因は解明困難であるのだが、ここに来てから、バコバコ、ドサドサ、ドシドシ、ワッサワッサ（どの擬態語がふさわしいか）、曲が生まれること、生まれること……。しかも、名曲が。笑。

直子さんととしさんと

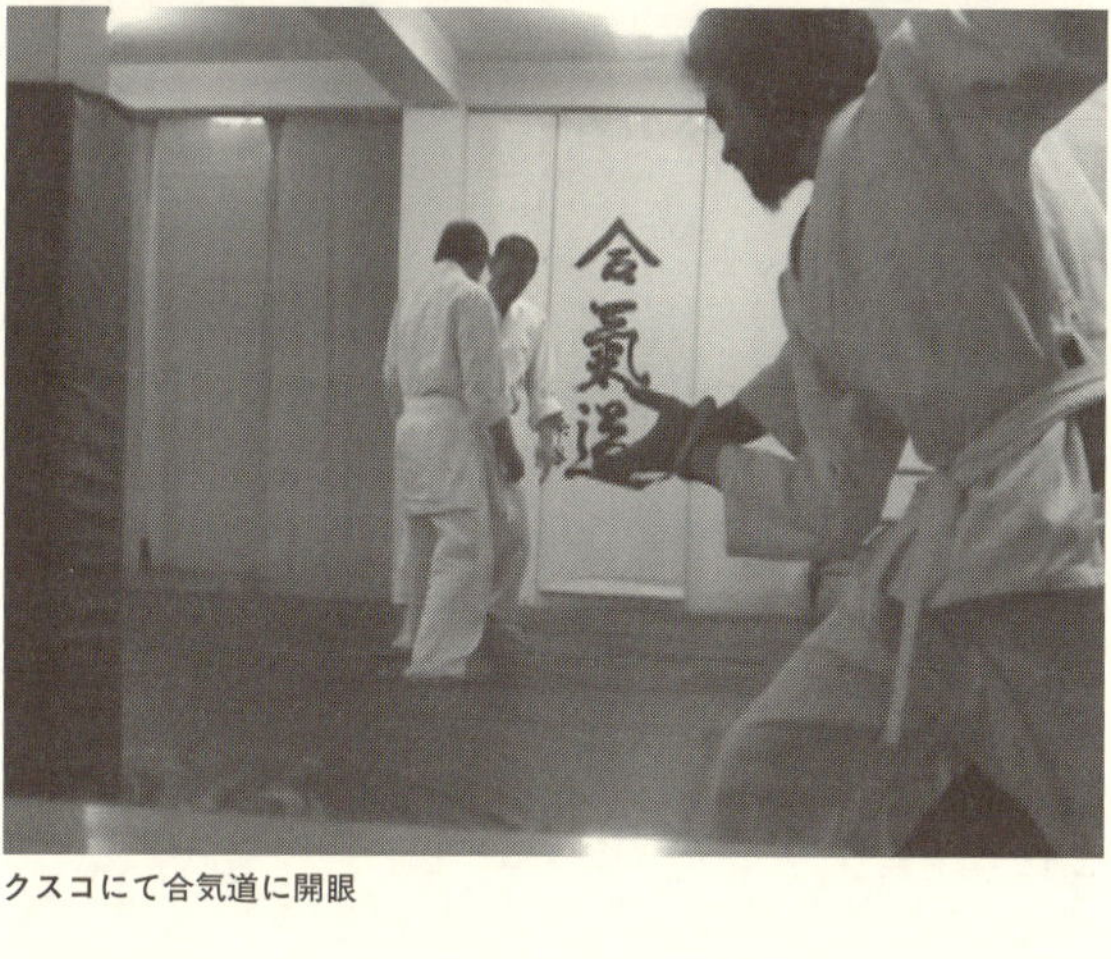

クスコにて合気道に開眼

作詞、作曲。こんなもんは、できる時はできるし、できやん時はできやん。煮詰まって、考えて練ってできる時もあれば、何も考えずに勝手に生まれてくる時もあるのだ。サッカーのゴールの感覚も近いものがある。うまくいく時はほんまに打ったシュートが全部思い通りに、ポンポンとゴールに入るが、調子の悪い時というのは、おもしろいくらいに入らない。

曲がポンポン出てくる。そう今、充実し、最高に五感が敏感に反応して生きているから。感じる能力がなかったなら、いい曲なんて書けっこないのだ。旅に出てきてよかったと思う瞬間である。しかし、どこにいても、いろんな感情を敏感に感じ、意識していきたいと思うさ。

それはそうと、合気道は、いつかまた日本でもやってみる日がくるかもしれない。

P.S.

直子さんのだんなさんの「としさん」は、これまた強烈個性派。元海上自衛隊のお偉いさん、世界を旅する旅人、超物知り。初めの印象は、「これぞ! 日本男児」。日本の男の象徴を見てるようなお方であった。

他人に対してビシッと本音を言える人が少なくなってきた日本。このとしさんの厳しさ、はっきりした性格は気持ちよかった。俺、こういう厳しい人、好きね。昔から、先生でも厳しい人好きだったなぁ……。必死で立ち向かおうとしたね。負けるか！　って。そこに、愛があるなら、その厳しさは伝わるのだ。

しかし、最近のガキはなっとらん（そんなガキに育てた親はもっとなっとらん）。厳しさに慣れとらんから、ちょっとしたゲンコツを体罰だなんて……。

「タヌキ」のおかげで犬好きに!?

4月11日（日）クスコ（ペルー）

ムツゴロウさんの気持ちがようやくわかった。

直子さんの家には、直子さんと旦那さんのとしさんと、1匹の猫と2匹の犬が共に暮らしている。何を隠そう、俺は犬は嫌いだ。あんなに恐いもんはない。なぜ、噛むのだ！　あの狂暴な動物は。

犬恐怖症のきっかけは、小学校低学年の時だ。50メートル逃げた挙げ句、マルチーズに足を噛まれ、大泣きしたという過去がある。マルチーズ……見かけにだまされてはいけない。恐ろしい怪物である。小学生時代、キッコーマン・スイミングスクールという名の水泳教室に兄貴と通っていた（プールの水が真っ黒の醬油なのか!? と勘違いされそうだが、キッコーマン醬油創業の地である千葉県野田市ならではのネーミングである）。泳ぎ終わって、送迎バスをバス停で降り、そこから家への野良犬の多い帰り道はいつもそれこそ生死をかけた大冒険であった。弟に勝る大の犬嫌いの3つ年上の兄貴はまったく頼りにならず、二人して手に汗を握り、脇の下にいやな冷や汗をかきながら、早歩きで帰ったものだ（現在、この兄弟が歩くのが速いのは、この話に基づく）。ウサギを長いこと飼っていたり、道で鳴いていたカラスの赤ちゃんを家に連れて帰って世話をしたりと、動物はもちろん嫌いではないのだが、犬だけは別ものであった。この旅の中でも、インドやシリアで、数匹の野犬に囲まれ、泣きそうになったナオトの切実な体験は、日記ですでに読んで頂いているところである。

直子さん御夫婦が生活している所とは別棟になっている建物の部屋に、居候をさせてもらっていた。この家に到着した初日、その棟から棟への移動の際に、最大の宿敵が2匹存在していた。犬には、その人間が犬好きか犬嫌いかが分かるという。

「脅えたところを見せると、余計図に乗るから、堂々としてなね」と、直子さんからの忠告を頂いたのだが、そんなのは無理な話である。恐いものは恐い。俺が、虚勢を張ったところで、絶対、こいつらにはバレル！ ばれてしまうよ～。案の定、余裕で見抜いている御犬様たちは、わたくしに大いに飛び掛かっていらっしゃる。

「ウワー！　ギョエーーーー!!」と大きな声をあげながらも、5代将軍綱吉公の法律を守るべく、必死に手を出さずに我慢し、その10メートルを歩ききった。

そして2日目の朝、メイン棟に渡って朝食をとろうと思ったのだが、よく考えたら、そこまでの10メートルを一人で通らなければならないではないか!?　それは、戦場を丸腰で駆け抜けるようなものだ。自殺行為だ。

昨日は直子さんがかばってくれていたので、血だるまにならなくて済んだのだ。空腹を感じながらも、向こう岸に渡れないまま、「弱った、弱った……」とぼやきながら、うじうじ。決断までに1時間ほどかかった。

ある朝、家に帰ってみると、なんと自分の部屋に泥棒が入った形跡がある。部屋はぐちゃぐちゃに荒らされていた。その光景に一瞬呆然としたが、急いで盗まれたものを確認する。あれ!?　ない、ない、ない。服がない。サッカーパンツがない。サッカーソックスもない。Tシャツもない。うわー、やられたー！　まあ、金目のものは取られていなくて幸いであったが、それでも、これからの旅に、あれらがないと非常に困る。

直子さんに話し、一緒に犯行現場についてきてもらい、現場検証が始まった。しかし、深刻なナオトの顔を横目に、直子さんは笑っている。その現場の散らかり具合を見て、すでに犯人像を絞り上げているようだ。

「タヌキのしわざだ、これはー」

タヌキ、それは、2匹いる天敵のうちの1匹である。シベリアン・ハスキーで、タヌキのような色をしているため、そう呼ばれている。体は大きく、目は鋭く、まさに苦手なタイプの犬であった。

奴が犯人。俺が入り口のドアーをしっかり閉めていかなかったせいで、奴は忍び入り、とりあえず片っ端から、匂いをかぎ、荒らし回ったのだ。持っていかれた服類は、洗い物群としてビニールに入れていた物で、そのままビニールごと、奴に持っていかれた。直子さんと俺は、失われた服たちの行方を求めて、庭中を探し回る。

「タヌキー、おまえ、どこへやったんだ？　ほら、吐け、吐け、どこに隠したんだー？」

タヌキも一応、俺らの周りをかけまわっている。捜索が始まってから30分。タヌキが「ここ掘れ、ワンワン」と鳴き、さらにその後のお爺さんの役も買って出て、穴を掘りはじめた。するとど、どうであろう。金銀財宝ではないが、俺の洗濯物一式ビニール袋がザクザク出てくるではないか！　おお！　でかしたぞ！　タヌキ！　すげーなー！　よく分かったな！　タヌキ！　犬の嗅覚って、まじすげーなー！　ありがとなー、タヌキ……。

うん。うん。

って、待て！！！！！！！

おまえが隠したんだよな。おまえ、場所わかって当然だろ⁉　あぶね〜　だまされるところだった。完全なる「ねつ造」だろ〜。「魔が差しました」じゃね〜よ、タヌキ、おまえな〜。自作自演だろ〜が、それ。

「このバカー」っと言いながら、タヌキの頭を軽くたたく。

ん？　ちょっと待て。俺、犬に触ってるし、こんな近くにずっといても大丈夫だったよな。

すると、タヌキは高い声で「うう――――（ごめんなさい）」と鳴く。

おまえ、かわいいとこあるじゃねーか。よしよし、許してやろう。あーーしあしあしあし、あーーしあしあし、きゃはっ。

おまえ、くすぐったいじゃねーかー。そんなペロペロなめたら。確かにスペイン語で犬は、ペロだけどよ。おまえっ、きゃはっ、あーーっしあしあし。

完全ムツゴロウ化したなおとの笑顔は、長年、敵として戦ってきた相手と仲良くなった喜びからくるものであった。

すっかり、「タヌキ泥棒事件」を通して、犬と仲良くなったなおとは、それからというもの、クスコでの生活は、これまでの人生の中で一番、犬や猫と仲良くすごした日々でしたとさ。めでたし、めでたし。

道場ライブ「炎」

4月17日（土）クスコ（ペルー）

巨大な4本のロウソクの光の照明
この怪しげな色に包まれた　薄暗い道場
風に揺れる　ロウソクの炎
狭い空間　独特の緊張感
時の流れは存在しないような　不思議な空間
椅子に座って　ギターをかき鳴らし　歌を歌うドレッド
３４００メートルの高地
乾燥した空気のせいで　激しく渇く喉
一緒になって　歌う聴衆
クスコ在住の日本人ネットワークで集まった人々と地元ペルー人
自然と　生まれる一体感

全世界の平和を願い　道場に響き渡る「大きな栗の木の下で」

切ない恋心を歌うオリジナル曲「THE DISTANCE」
ゲスト・ギタリストを迎えて　2人で奏でるパラグアイのインストゥルメンタル
アンデスのフォルクローレの代表作「コンドルは飛んでいく」
初のスペイン語の歌に挑戦「ベサメ・ムーチョ」

2時間にもわたる　エンターテイナーショウ
薄暗い空間に　怪しい世界を演出した　ロウソクの光
かつては山々で火を灯し　行われていたであろう
古代アンデスの人々の宴のよう
炎と音楽があみ出す　素晴らしき　陶酔の世界

地球ドライブ

4月19日（月）ナスカ・パラカス（ペルー）

2週間ものクスコでの生活に別れを告げ、次なる地へ向かう。北へ、北へ。夏を目指して、北へ向かうのだ。今年1年は、夏男「ナオト」にとって、最高にハッピーな「常夏の1年」

である。

年明けこそ極寒のロンドンで過ごしたが、その後、真夏のアルゼンチンへ飛んできた。南半球の夏が終わる頃、赤道をまたぎ、夏の始まる北半球を目指す。夏を追いかけるのだ。

クスコを発った……と言っても、独り旅が再び始まった訳ではなかった。なんともありがたいことに、リマに用事のある直子さんの車に便乗させてもらえることになったのだ。しかし、直子さんは俺と同様、車の免許を持っていない。が、そこは女社長。一流の運転技術を誇るベテランお抱え運転手、イラリオの運転で、リマまでのドライブ3人旅が始まった！

海抜3400メートルの山の町・クスコから、5000メートル近くもあるアンデスの峠を越え、海抜0メートルの海の町・リマを目指す。その間には、山あり、谷あり、川あり、砂漠あり、海あり、高原あり、平原あり、何もない荒野あり、そして、鳥に出会い、動物に出会い……。ペルーという国は、なんと豊かな自然を有していることか、これが「地球」なんだと、ドライブ中ずっと、感じた。その雄大さを肌で感じるには、今までのような夜の移動では駄目であったに違いない。

さらに、バス移動では味わえないさまざまな経験をさせてもらった。何か珍しいものに遭遇する度に、車を止めてくれ、いろいろ説明をしてもらった。プロ中のプロのガイドである

猿から餌付け

うじゃうじゃたまちゃん

直子さんにお話を聞けるとは、なんと贅沢なことか。

　アンデス地帯にはかわいい顔をしたラクダ科の動物が3種類いる。「リャマ」「アルパカ」そして天然記念物的希少動物「ビクーニャ」である。リャマ、アルパカは、これまで何度も出会ったが、ビクーニャは、4000メートル以上の高地にしか生息しないらしく、この旅が、初めての出会いだった。このお毛毛のマフラーは、最も繊細で暖かい世界最高級品。日本だと30万円以上もすると言う。

　そのビクーニャの群れの近くに、かわいそうに、死んだビクーニャが横たわっていた。もうかなりの時間が経っていたのか、骨となっていた。そして、近くにその毛が散乱していた。申し訳ないが、どれどれ、その最高級品とやらに触ってみようではないか。ふむふむ。なんと!! 柔らかい!! 気持ちいい!! この肌触り。確かに、そこいらの動物の毛とは違う訳だ。恐るべし、ビクーニャ……。

　ビクーニャの毛の次は、「綿《わた》」の畑での収穫の様子を見た。保健室で、その傷から出る赤い血をきれいに拭き取ってくれたコットン君。あの白いものが、どういうものから生産されるのか、恥ずかしながら、それまで全く知らなかった。考えたこともなかった。綿畑では、花が咲き、枯れ、実ができる。その実が開き、やっとワタが姿を現す。そのワタの中に種がある。そのワタの部分が加工され保健室に行っていたのである。おお、久しぶりの理科の研究。

夕方のナスカは、実に壮大であった。沈みかけの太陽は、あたりの大地の色を美しく輝かせていた。ナスカの地上絵。太陽に向かって一直線に伸びる幾何学模様の線。古人が残したメッセージ。

今、見ている太陽は、古人が見ていた太陽と同じものである。古人の残した数々の線が、今では貴重なように、我々の生きている現代がいつの日にか、はるか昔のこととして扱われるようになった時、我々の文明の何を未来人は、面白がるのであろう。

そして、その頃の、未来人の生活は、一体どういったものなのであろう。あとどのくらい経ったら、戦争はなくなるのであろう？　あるいは、どのくらい経ったら人類のせいで地球は滅びるのであろう……。

一瞬、恐くなった。その答えを知ることができずに死んでいくことの、なんと残念なことか。人の一生は、はかなく、短し。今、この時代、あの日本で生まれた奇跡を、そして、この地球で生き抜く人生を、あの太陽と共に謳歌しようか！　今、見ている太陽は、未来人が見る太陽と同じものである。

サンド・ボードでケツが裂けた!!

4月20日（火）パラカス・ピスコ（ペルー）

1日目の地球ドライブは、海岸の街・パラカスまでたどり着いた。久しぶりの海の匂いに心は躍った。ホステルにチェックインし、夜ご飯を済ませた頃には、もう遅い時間だった。早速、寝る時間のはずであった。

が、海に面したところに、やや遠目だが、妙に明るい照明を発見。サッカー場に違いない。サッカーがしたい。もう、ただのサッカー馬鹿である。

そのコートに着くと、案の定、夜遅くにもかかわらず、中学生くらいの子供たちがサッカーをしていた。もちろん乱入し、一緒にボールを追いかける。プレー中の大袈裟《おおげさ》なジェスチャーなどに、子供たちは大喜びだ。

「なかた、なかた」と俺のことを呼ぶ。にらみつける。

「あっ!!　ナオ、ナオ!!」

慌てて、子供たちはさっき教えた俺の名前を呼ぶ。しばらくするとまた「なかた、なかた」と呼ばれる。にらみつける。

「あっ!!　ナオ、ナオ!!」

慌てて、子供はさっき教えた俺の名前を呼ぶ。かわいい奴等である。

特に子供たちのお気に入りだったのは、わざと右を見ながら左方向にパスを出す「ノー・ルック・パス」だった。俺が頻繁に何回もしていたので、すっかり気に入り、みんなしてノー・ルック・パスを真似する有様だ。かわいい奴等である。

朝、目覚めると、そこは海の街。なんと、気分がいいことか……。ふと、エジプト、ダハブでの海の生活を思い出す。自然とにやけ出し、幸せな気持ちになれる。

パラカスのバジェスタ島は、「ミニ・ガラパゴス諸島」と呼ばれている。3時間ほどのクルーズで、バジェスタ島を回った。

ペンギンが。ペリカンが。いろいろな種類の鳥がいた。

そして、目玉はアザラシ。「たまちゃん」がたくさんいた。ほんとにたくさんいた。気持ち悪いくらいたくさん、海岸に横たわっていた。1匹だと愛らしいけれど、大量にいる（あると気持ち悪いもの、結構あると思う。

ドライブは続く。パラカスを後にした車は、次の街・ピスコに向かう。ピスコでは、「砂漠をバギーで走ろう!!」に参加した。

ナオキータ（直子さん）、イラリート（イラリオ）、ナオティート（ナオト）を乗せたバギーは、若手運転手の運転で砂漠へと向かった。初体験は、時速70キロの風である。そのバギーは、窓ガラスも屋根も何もない、単純に骨にエンジンと座席が付いているだけのもので、ダイレクトに風を受ける。一応、サングラスは借りるのだが、それをしていても、目をまともに開けていられないくらい、時速70キロの風は、強かった。

なお、街から砂漠に向かう道は、普通の道路である。そこを、普通車と同じようにバギーも走るのだが、なんせ、骨だけなので、おかしい、おかしい。すれ違う車、周りの車、みんなの注目の的である。普通の道を服を着ずに歩いているような感じがして、恥ずかしい。しかし、その恥ずかしさは、すぐ、快感へと変わる。

ふははは、ええやろ～!!　みんなうらやましいやろ～!!?

バギーやで～!!　乗りたいやろ～!?　砂漠に行ってきま～す!

砂漠でのバギーは凄かった。正確には、ドライバーの腕が凄いのだが。めっちゃスピードを出し、でこぼこをジャンプ、「うわ～　倒れる～」ってくらいまで、車体を傾け、斜面を走る。

「ワーーー!!　ドエワー!!　ヒョーーーウ!!」

3人は、はしゃぎっぱなし……。大自然が織り成す遊園地である。360度見渡す限り、砂漠という最高のロケーションで、バギーは宇宙にはばたく。ふわっと体が軽くなり、空を飛んでいるような錯覚。

砂漠の奥まで来た所で、「サンド・ボードに挑戦」が待っていた。楽しいこと盛りだくさん。サンド・ボードとは、スノー・ボードのように、砂漠の中で山になっている上の方から、ボードで滑ってくるものである。もちろん、初挑戦であったが、楽しい、楽しい。こういった初挑戦のものにでも、すぐにコツをつかみ、できるようになってしまうところこそが、この類まれなる身体能力とセンスを持ち合わせた「天才、なおちゃん」と呼ばれる所以である(ちなみに人から呼ばれたことは未だない。笑)。

この鼻持ちならないほど自信過剰な野郎に、悲劇は起こった。もう転ばないで滑れるようになり、サンド・ボードの楽しさを覚えかけた時のことである。順調に滑っていたが、突如として、ボードが足から外れる。

「あっ!(やばい! こけるーー!)」

あーーーーーーーーーー!!

「痛いーーーーーー!!」

世界の片隅で、大声で叫ぶ。体の全神経が一つの部分へ集中している。

そこは、ケツである。ケツの穴である。ケツめどである。

「ケツが裂けたー!!」

そう言い残し、それからは痛すぎて動けなかった。シャレにならんくらい、痛かった。僕ちん、もうウンチできないかも。もちろん、おならなんかも。というくらい、深刻であった。

こういう時、普段ハイテンションな冗談ばかり言っているやつは、ダントツに不利である。「どうせ、また演技だろう」と思われ、誰も心配してくれない。イラリートが降りてきて、声をかけてくれるのに、5分かかっている。「ケツが裂けた～」という表現がいけなかった。ケツは、元々裂けているものであるから、誰も心配してくれない。でも、それ以上に裂けていたのだ。

人間の自然治癒力とは凄いもので、砂漠でのバギー遊びを終え、再びリマを目指し、ピスコを出発したころには、ケツめどから火は消えていた。

太陽信仰

4月20日（火）リマ（ペルー）

ドライブ2日目の夕日は、パチャカマ遺跡で見守った。昔の映画「復活の日」（原作・小松左京）のラストシーンに、この、砂漠にあるパチャカマ遺跡に落ちる夕日が映し出されているらしい。地球に住む人類が自分たちで創り出した細菌によって絶滅してしまい、最後に一人だけ人間が生きのびるというストーリーで、この人類滅亡のラストシーンに、ここが使

太平洋に沈む大きな太陽

われたらしい。

それはそれは大きな太陽が、パチャカマの向こう側（太平洋）に沈んだ。直子さんのお勧めスポットに連れてきてもらい、夕日を眺めた。こうして旅をしていると、「太陽」の存在を強く意識するようになった。日本に居た時には、まったく感じもしなかったのに。

かつての日本も、インカも、アラブも、世界中で太陽信仰はある。昔の人は、現代社会なんかより、ずーっと、ずっと太陽と密接に生きていたのであろう。電気なんかないのである。太陽と共に起き出し、太陽と共に眠りに就く。特に農作物の収穫には、太陽の影響を大きく受けるので、豊作を祈って、人々は祭りをする。太陽は、人類にとって、地球にとって、大事な大事な存在なのだ。

そして、今日もまた太陽は沈んでいった……。

そして、丸々2日間の楽しい楽しいドライブの旅も、ピリオドを打つ時が来た。大都会、リマに到着したのだ。高いビルが立ち並び、ネオンがきらめき、交通渋滞が続く。東京に戻ってきたのかとさえ思うほど、発展している。

急にさびしくなった。自然が恋しくなった。ついさっきまで、砂漠に居たのに……。まあ、どうせ喧騒、また慣れてしまうのであろうが。

世界五大文明だ！

4月23日（金）リマ（ペルー）

皆様、歴史の教科書に載っていた世界四大文明を覚えていますでしょうか？　エジプト、メソポタミア、インダス、黄河。俺の学生時代の教科書には、上記のように載っていた。

しかし!!　なんと!!　その四天王をゆるがす遺跡が近年、注目されてきているのである！

南北アメリカ大陸で最も古い古代都市遺跡。紀元前2627年（4600年前）の物であることが、炭素年代測定の結果、判明しているというのだ。紀元前2627年ーーーー!!??　ちょいと、待て！

紀元前3500年、メソポタミア。

紀元前3000年、エジプト。

紀元前2500年、インダス。

ん？　ちょいと待て！　そこだ。そこ、そのエジプトと、インダスの間だろう。紀元前2627年は。ってことは、世界3番めに古いものであるではないか!?　そんなことは聞いたことがない。日本に居る時には、知る由もない。今でさえ、ほとんどの人が知らないのではないか？

知る人ぞ知る、カラル遺跡！　考古学的には、かなり大きな発見であろうが、まだ発掘中であり、ここ2、3年にも楽器などが発掘されたりと、まだまだホットな遺跡なのだ。しかし、今でこそまだ有名ではないが、この先、もっと注目されること間違いなし！　っと言うことで、リマからカラル遺跡へと、お姉様方に連れていって頂いた次第である。

カラル遺跡で古代人へ向けて歌え！

4月23日（金）リマ（ペルー）

クスコから2日間のドライブの旅を経て、クスコの直子さんの大親友である、リマ在住の香苗さんのお宅にやって来た。

もう口あんぐり状態である。広く、天井が高くお手伝いさんが3人もいる豪邸である。小汚いバックパッカーの来るところではないのだが、なんと直子さんの紹介で、俺もここにお世話になることになった。貧乏パッカーとしては、なんともありがたいお話で、涙がちょちょぎれるばかりだ。

さらに、クスコから続く日本食、まさに天国だ。海外で食べる日本食は、幸せの極み。日本食のありがたさ、凄さを感じる瞬間だ。日本食は世界一です。はい。

リマ到着の翌日、香苗さん宅で行われた「ナオトLIVE in LIMA」での模様が、嬉しいことに、ペルー新聞に載った。そして、そのペルー新聞がリマ中に配られたその日の早朝、一同はカラル遺跡に向かった。

ペルーにもう何十年と住んでおられる直子お姉様も、香苗お姉様も、そのお友達のみさお姉様も、近年の発見で注目を浴びつつあるカラル遺跡をまだ訪れていないということで、一緒に連れていってもらえることになったのだ。お姉様方がお出かけになられるタイミングに、ちょうどノコノコとやってきた俺は、相当ラッキーだ。

車で走ること4時間弱、ついにカラル遺跡にやって来た。田舎道を通り、たどり着いたそこは、山々に囲まれた土と砂の場所で、あたり一面、開けている。近くには川もあり、川を挟んで、緑もあった。複数のピラミッドをいだくこの都市遺跡は、近年の調査によると、エジプトのピラミッドと同時代、もしくはそれよりも古い可能性があるというのだ。まだ掘り起こされていない、ただのボタ山から、今後たくさんの新発見が生まれることは、間違いない。

周りに家や、道路や、ケンタッキーまでが存在してしまうエジプトのピラミッドとは違い、カラル遺跡の周辺は、まさにその全盛時代から全く変わっていないと思われるほど、一切の開拓もされておらず、古代にタイムスリップしてしまう。そして、古代の人も恐らくそうしたであろう、歌を捧げた。

大地に、空に、風に、太陽に、水に、捧げるべく、大きな声で歌った。お姉様方も一緒に踊り、歌った。

わたしの歌が、聞こえますか？　ご先祖さま。あなた方も、こうして歌を歌い、楽器を弾き、ここに暮らしていたのですね。

自然と密着して暮らしていた古代人。本来、人間は誰しも自然と共に生きていたはずであった。自然の片隅をちょっとお借りして、住まわせてもらっていたはずだ。ところが、近代のモノの発明により人間と自然の間に距離ができていった。今はモノの便利さ重視の風潮に、自然の大切さも、その尊さも、畏敬の念も薄れかけてしまってきている。

こうして大地に立ち、自然の中で、歌い、風を感じ、太陽の暖かさを感じ、時のない世界で、４６００年前を想う。そして、４６００年後を……。

P.S.
カラル遺跡から、リマに帰る途中、車を降りて、沈む太陽を眺めた。

海に、水平線に、急いで隠れていく、美しいお日様に手を振った。

お日様が、沈んだ後の空が好きだ。一秒として同じ色をしていない。次々に見事な色に変

香苗さんの豪邸にて

化していく空。赤、オレンジ、青、紫、黄、灰、黒、白、朱、水色……それらが混ざった色。マーブリングのように、色の形も変わっていく。

お日様が、沈んだ後の空が好きだ。もし、いつの日か、俺の存在がこの世からなくなってしまった後でも、あのお日様のように、あれだけ、空（人）を素敵な色に輝かせるような曲を残したいな。何十年、何百年、何千年後の未来人よ、俺の歌を聞いてくだされ！

天性の接客業

4月29日（木）リマ（ペルー）

居候させてもらっている香苗さんのお家の中には（正確には庭を挟んだ後ろ）、リマで有名な、お土産屋さん「ＰＯＣＯ ＡＰＯＣＯ」がある。染色家であり、店主であり、サバサバ・マシンガントーカーでもあるリマのママ香苗さんが、リマにきて大成功をおさめているお土産屋さんである。その人気には、ちゃんと訳がある。

染色家である香苗さん自身が、アルパカ（ラクダ科）の毛を染めるという、誰もやっていないことを始めたのである。染めた物の全てが、世界に一つしかない物なのである。

毎日、日本からのツアー旅行者がどーっとやって来る。多い時には、４組、５組が次から次へとやって来る。居候のブンザイとしては、働かなくてはならぬ。そのお店の店員として、働かせていただいた。

接客業。実に久しぶりだ。大学時代、いろいろなアルバイトをした。中でも一番長いのは「日本海庄や」、庄やシリーズの居酒屋だ。ちなみに、ご存知の方もいらっしゃるかとは思うが、この庄や系（大庄グループ）の店は、何かと「喜んで!!」という掛け声を、威勢良く掛けなければならない。

「喜んでー、いらっしゃいませーー!!」

「はい、喜んで。……はい。レモンサワーひとつで。はい喜んで！」

どんなに悲しい時でも、勤務している以上、喜ばなくてはならない。喜び組である。

そこでも、天性の接客業の才能を存分に発揮し、それを店長もいち早く見抜いてくれ、重宝してもらった。シフトに融通をきかせてくれ、不規則にバイトに入りたがるミュージシャン志望のわたくしめにとって、本当にありがたい環境であった。

あの頃の感覚が甦る。

「(喜んで) いらっしゃいませー」

「あーー、お客さま、とーーーーーーってもお似合いですよ。ええ。もうそのネックレスは、むしろお客さまじゃなきゃ嫌だと言っております。ええ、ええ、ほんとーですとも。はい、もちろんでございます喜んで。……はい、はい、喜んであ、ありがとーーうございます。お買い上げで～す」

このお店にやって来るツアーガイドの方が、バスで連れて来てくれる団体のお客さまたちなので、店内でのお買い物時間が限られている。そして集合時間が近づいて来ると、こんなアナウンスをした。

「ピンポンパンポーーン！　店内の優柔不断な（爆）お客様方に申し上げます。集合時間、10分前となりました。お早めにご決断下さいませ……」

さらに5分後。

「ピンポンパンポーーン！　店内のやや汗ばみ気味な（爆）お客様方に申し上げます。集合時間、5分前となりました。帰りの飛行機で後悔の念にさいなまれませんようにお早めに正しいご決断をどうぞ」

大爆笑であった。自分的にも大ヒットである。人は、初対面でやや失礼に当たることでも、ズバリ本当のこと（？）を言われると、怒りから笑いに転化するようだ。

いや～。人と接するというのは何と楽しいものか。

それにしても、してみたいことだらけで困る。人生一回じゃ足らんなー。お店もおもしろそうじゃし、学校の先生もおもしろそうじゃし……。なかなか、いい先生になるさぁ、ナオト先生。ふははっはは！

しかし、日本人という人種はなんとたくさん金を持っているのじゃ。何百ドルもするアクセサリーを、ぽーんと買っていくではないか。とほほほ。旅の種類が違います。豊かですね、我が日本国は。

ウサギを食べる!?

5月1日（土）リマ（ペルー）

幼稚園の年長さんの時、園内で生まれたてのウサギの赤ちゃんをもらい、うちに引き取った。このウサギこそが、なおとのこれまでの人生上、唯一のペットである。本当に彼女を愛していた。

ミミちゃん。

耳が長いウサギにしてみると、なんとも安易なネーミングだが、本人も気に入っていたようだ。灰色の毛のミミちゃんは、ほんとに可愛くて、主人である私に完全なついていた。よく二人で散歩に出かけた。空き地でミミちゃんを開放する。ほれー、遊んでこーい！　と放すと、一目散に目にも止まらぬ超スピードで、空き地中を駆け回ったものであった。ミミちゃんの大好きな葉っぱというのがあって、それをいつも食べさせてやると、ほんとに喜んで口にしていた。

ウサギ。かわいい動物である。ウサギ。焼いて、食べる動物である。

？

まさか、ほんとか？　あんなかわいいウサギを？　食べる？

そう。食べた。これが、結構美味しかった。

在日ペルー人3世であるペペ君に連れられて、とあるリマ郊外の友人宅のホームパーティーにお邪魔した時のことだ。パチャマンカというアンデス伝統の釜焼きの料理をいただいた。現地の人でも今では滅多に作る機会がなく、ホームパーティーでも、この釜焼きの料理は一年に1、2回作るか作らないかというぐらいだそうだ。そんなタイミングのありがたいお誘いだった。

ラテン・アメリカの先住民は、どこから来た？　諸説あるが、有力な2つの説がある。ひとつは、顔が確かに我々アジア人に似ている人が多いということで、アジアから、ベーリング海峡を渡りやって来たという説。もうひとつは、オセアニア、ポリネシアからやって来たという説。この説の証拠としては、オセアニア、ポリネシアにもこのパチャマンカと同じ料理方法があるということだ（ポリネシアにしても、アジアを経由したと思う。でないと、そんな古い時代、船でここまで大移動してきたとは、考えがたい……)。

そのパチャマンカの料理法とは、まず土に穴を掘り、そこで火をつけ、石を暖め、次に鉄板の上に肉や野菜を置き、それを葉っぱで覆い、土をかぶせて、待つこと1時間半。土の中から出すと、あらら、いい匂い。

肉の種類を紹介しよう。ブタ、チキン、羊(コルデロ)、クイ(モルモット)、そして、ウサギ。

ウサギを普通に食べるとは! 最初はややたじろいだが、いざ食べてみると、これが普通の牛やブタを食べる感覚と何ら変わらなかった。普通に美味しかった。中国や韓国では、犬を食べるというが、それもまた、特別なことではなく、肉として普通に美味しいのかもしれない。

みんなで楽しくお話ししながら、食事をしていると、食べているものを吐き出しそうになるくらいのことを発見してしまった。ペルーのクスコを中心に、その勢力を南米中に拡大していったインカ帝国の初代王様の名前。「まんこ・かぱっく」(ボリビアとの国境にある美しい湖チチカカ湖から、シンクロナイズド・スイミングで現れたと言い伝えられている)。

地元ッティのペルー人たちは、なんの抵抗もなく、平気な顔をして、その音を発している。

しかし、日本人である以上、日本ではあまり声を大にして言えない。と言うことで、ここで今のうちにっと、大きな声で、連発していた。

さらにペルーの北には、マンコーラという町があるし、エクアドルにはチンボラソ山という山がある。さらに東南アジアのマレー語では、おわんのことをマンコと言うらしい。

その国では普通の言葉。でも、他の国だととんでもない意味になってしまう言葉は、たーーーっくさんあるんだろうな、世界に！

努力なくして成功なし！

5月2日（日）リマ（ペルー）

今日も一日、何が起こるだろうか？　何を感じるだろうか？　何を知るだろうか？　鋭い感性で、目一杯感じよう。

不思議と今、陽の当たる椅子に座ると、すごいPOSITIVEなエネルギーをもらう。クスコ、リマと、貧乏パッカーにとって、文句なしの贅沢な生活をさせていただいている。恵まれた環境に居るとどうしても、人間という生き物は「慣れ」というものが生じてしまう。この満たされた環境の中で、自分自身に厳しく、強い意志を保つことは、なかなか至難の業であるなと感じる。

日本人で、日本に生まれ、日本に育つ人々。「何でも揃う」「何でもできる」あの満ちたオアシスの中で水のありがたさを感じるのも、非常に難しいことなのかもしれない。

この家のおかみ、香苗さんは言う。

「成功は、努力なしではあり得ない。人一倍努力すれば成功するって言うけど、それって実はすごく難しくて、なかなかできる人が少ないんだよねー。だからみんな成功できないの。一日じゃ、成長なんかわからないけど、1年後10年後に、振り返って、自分の成長を感じれるんだよねー。日々の一歩一歩がやがて、実を結ぶでしょう」

なんか、すごい説得力あるんだよねー。香苗さんの言葉。

普段はハイテンションで、ほんとによくしゃべり、素敵なオーラを放っている香苗さんも、つらい時期を乗り越え、自分のしたいことで成功している方である。そして、今、現在進行形で輝いているから、その話に説得力があるのだ。

よく昔の自慢話をしたがる人がいるが、それが本当にすごいものと感じ取れる時もまた、現在進行形でその人が輝いているか、楽しんでいるかどうかが、ポイントになってくるように思う。

人生には3回、大きなチャンスが来ると言い、香苗さんはそこを摑んできて、ここまでうまくいっていると言う。考えてみると、俺の人生における3回のチャンスのうち、今までで、まだ1回しか来ていないであろう。いや、まだ1回も来ていないのかもしれない。そのチャンスがやってきた時に、後悔をしないで力を発揮できるように日々準備、努力である。

香苗さんには、2人の息子さんがいる。次男坊の昇希《しょうき》は、13歳の時に近所の子が打ち上げた不発花火の事故に巻き込まれ、目も見えず、耳もほとんど聞こえないといった寝たきりの状態になってしまった。俺の一つ年下の昇希はサッカー少年だったそうだ。香苗さんの家族は、ずっと今も自宅で看病をしている。俺も毎日、昇希の部屋に行っては、話をしたり、歌を歌ってあげたりするのだが、反応がないので、本当に伝わっているのかどうかはわからない。昇希は聞こえているし、感じているのに、喋ったり、体を動かしたりなど、それを表現する方法がないだけなのかもしれない。

つらすぎる。自分が感じていることを、相手に伝えられないのだ。

今、特別痛いところがあるわけでない。今、死にそうなほどかゆいところがあるわけでもない。自分の力で動ける。飯が食える。当たり前だと思いがちなことだが、それはとてもありがたきことであり、奇跡的なことであるという大切なことを、昇希に教えてもらった。

甘えてばかりはいられない。努力なしでは、成功はない。

やりたくてもできない人がいる。やれる俺が、やらなくてどうする。

底抜けに明るい障害者の子供たちと

5月5日（水）チュルカーナス（ペルー）

しばらく滞在したリマを夜行バスで発ち、北に向かいトゥルヒーヨという町に、朝、到着した。チャンチャン遺跡や、月の神殿や、太陽の神殿をまわってから、1泊もせずに、またその夜の夜行バスで、北を目指した。

ピウラを経由して、ようやくチュルカーナスという、ペルーの北の「ど田舎」のかなりマイナーな町にやって来た。観光旅行という目的で訪れる人はほとんどいない町であるが、ある業界では、チュルカーナスはメジャーであった。その業界というのは、陶芸である。チュルカーナスの焼き物や土器は有名であり、この町にはたくさんの陶芸家がいるそうだ。別に、陶芸に対して通じている訳でもない俺がなぜ、この町にやって来たかというと、ある陶芸家の夫婦を訪ねてやって来たのである。そもそもの出会いはリマである。

リマでのある日、香苗さんに展覧会に連れて行ってもらった。特に陶芸に興味があったわけでもなく、詳しいことはわからないのだが、その作品を見た途端すぐさま気に入ってしまった。そのセンスには、単純に惹かれるものがあった。お皿や、花瓶や、小物入れなどの作品が、落ち着いた赤と黒で統一されているシンプルなデザイン。たいていの作品に付随している小さくかわいいキャラクター。どの作品も家に置いてあったら、おしゃれなものばかりだ。

この展覧会の主役であるのが、きょうこさんである。香苗さんの知り合いの陶芸家で日本人女性だ。また、きょうこさんの旦那さんのマネロさんの作品も素敵であった。マネロさんは、滋賀県にある陶芸の森という有名な施設に、ペルー代表として、ゲストで招かれたほど、世界的に活躍している陶芸家だ。

この日、おふたりを香苗さんに紹介していただき、挨拶をし、お話をした。俺の今後の旅ルートの話になり、「エクアドルに行くなら、ペルーの北の田舎、私たちの住んでいるチュルカーナスに寄ってください」とのお誘いを受けた。それで、図々しくも実際に来てしまったというわけなのだ。

展覧会の時に頂戴した住所を頼りに、朝早くお宅に到着した。きょうこさんもマネロさんも驚いていた。こいつ、ほんとに来やがったっーーという感じか……。いい意味でも、悪い意味でも。普通なら突然訪れたりしないのだろう。社交辞令で、まあ遊びにいらしてくださいね〜という、言葉のあやというやつだったのかもしれない。

あの展覧会の時、初めてお会いしたわけだし、あれから、まったく連絡も取らずにポッと、突然やって来たので、やっぱり、きょうこさんも、マネロさんも驚いていた。でも、次の瞬

障害者の子供たちにナオトLIVE

とびっきりのスマイルで！

間から、おおおおーーーよく来たなーーーー！　という完全Ｗｅｌｃｏｍｅ体制で迎えて下さった。

ちょうどきょうこさんの親父さんも、お手伝いで日本からペルーに遊びに来ていらした。

親父さんは、昔ずっと障害者の施設で働いていて、今はリサイクルショップを経営していると言う。以前にチュルカーナスにやって来た時にも、障害者の学校にいろいろ寄付をしたらしく、今回もまた、クッキーや、リコーダー等のプレゼントを届けに行くと言う。

タイミングよくも、その日が今日であり、今日というより、今であった。到着して間もなく、きょうこさん、マネロさん、親父さんとマネロさんのお兄ちゃんと俺の５人で、早速学校へ出かけた。

その学校は、身体障害者も、精神障害者もみんな一緒に生活していた。そこでもまた「ナオトＬＩＶＥ」をした。大即興大会で、わかりやすく、身振り手振りを交えながら、みんなにも歌ってもらい手をたたいてもらったりしながら、ライブは大盛り上がりで幕を閉じた。

みんな何しろ底抜けに明るく、なんといっても、その目が印象的であった。透き通っている。吸い込まれそうな程、ピュアーなのだ。歌っている間、ず〜っと、熱〜い愛あふれる視線を感じた。その後も、みんなと話したり遊んだりと、楽しい時間を過ごしましたとさ。まさか、さっきチェルカーナスに着いて、もうこんなことになるとは想ってもみませんでした。

パレスティナの障害者の子供たちとの楽しい時間を思い出しました。

子供たちのムシカ・ネグラ

5月6日（木）ヤパテラ（ペルー）

チュルカーナスに来て2日目のことである。この近くに、黒人が多く住んでいるヤパテラという村があると、きょうこさんから聞かされる。かつてアフリカから奴隷として連れてこられた黒人たちが、解放された後、そこにコミュニティーを作ったのだという。

黒人が多いということは、ムシカ・ネグラ（ペルーの黒人音楽）をやっているかもしれない。行ってみようではないか！

ムシカ・ネグラとは、黒人の音楽と、ペルーの音楽がミックスしたものであり、リマで、そのムシカ・ネグラの熱いライブを見に行って以来、めっぽうはまっちゃっているジャンルである。日本のパーカッショニストの間では意外とメジャーな「カホーン」という直方体の木の楽器が、リズムのメインとなる。

マネロのお兄ちゃん、セサルが案内してあげるよ、ってことで連れていってくれた。チュルカーナスから、田園や畑が広がっている田舎道をモート（トゥクトゥク）で30分くらい行くと、ヤパテラの村に着いた。

確かに、黒人が多いなー。町の雰囲気も手伝って、ここはアフリカか？　というような錯覚に陥る程だ。

セサルが知り合いの人らしき人に話し掛け、その知り合いのおっさんが、またこの村の案内人を紹介してくれる。そしてムシカ・ネグラが見たい、という我々の要求に応えてくれようと、案内人は動き出した。

ある建物に、着いた。ここか？　うん？　学校だぞ？　なんで学校に関係あるのだ？

まあ、とりあえず、訳のわからぬまま、校内に入ると、ちょうど昼休みだったらしく、みんなが校庭を駆け回っていた。そして、子供たちは、日本人のドレッドヘアーの男を、あっという間に取り囲む。もの珍しそうに一通りながめた後、お約束の質問攻め。

「どこの人ー？」

「いつ来たのー？」

「何歳ーー？？」

「日本で何の仕事してるの？」

そして、歌を歌ってあげる。

そして、名前を教える。

「ナオト・インティライミ、ナオト・インティライミ!!」

子供たちに、大きな声で名前を呼ばれるのは気持ちがいいものだ。この学校に、日本人が来たのは初めてらしい。

しばらくして、小学校を離れ、とあるバーに連れて行かれた。案内人は、さっきの学校から、先生を2人、生徒を6人を引きつれて到着した。先生や生徒が、かわいらしいヒラヒラの衣装に着替え始める。まるで運動会のような雰囲気が、バーに流れ始める。ようやく、意味がわかり始めてきた。要するに、あの子たちがムシカ・ネグラを踊ってくれるわけだな。そして、男の先生方は、カホーンをたたいてくれるのだ。

なんか俺らだけのために踊ってくれるとは、なんと贅沢だなー。いいのかなー。

そして、ムシカ・ネグラの音楽がかかりはじめ、それに合わせ、男先生はカホーンをたたき、子どもたちが踊り始める。低学年、2年生くらいであろうか、めちゃくちゃカワイイ踊りで、顔はほころびっぱなしであった。子供たちはアフロダンスを体全体で踊る。高学年の中には、リズム感抜群の末恐ろしい女の子がいた。

演技が終わってから、一緒になって踊ってみるが、これが難しい。お礼に俺の歌を歌うと、子供たちも、楽しそうに一緒に歌ってくれた。ショウが終わり、子供と先生たちは、学校に戻っていった。お昼の幸せな楽しいひとときであった。

って、ちょっと待て！　先生も、子供たちも、授業中だろーー？　あり得ん。授業をほったらかしにして、踊りに来てくれたというのか？　なんと、いい加減というか、融通がきくというか、自由というか……。theの田舎の学校ならでは、ですな。まさか、ほんとに、ムシカ・ネグラが見れるとは思っていなかったから、これ、まじ、嬉しかった。

ムーチャス・グラシャス！

初海外ラジオ出演‼

5月7日（金）チュルカーナス（ペルー）

午前6時45分になっても迎えは来ない。ということは、やはりないのか？！　まあ、昨日の今日の話だし、ここはペルーのど田舎だし、約束はあってないようなものだものな。期待していた俺が、馬鹿だったのだもの。オーケイ、また寝ることにしよう。二度寝じゃ。

7時15分。あわただしく、マネロの兄ちゃんセサルが、家に入ってきた。

「ナオトーー、行くぞー、ラジオ‼」

「オッケー！　今行くー！」（スーパー寝起きがいい奴）

って、ちょっと待て！　あるんかーーーい!!　約束の時間から30分も経っているから、もう今日はないかと思ったではないか！　待て、ほんまあるんかい。まあ、ともあれ、よくぞ迎えに来てくれた。では、ほんとに、出られるのだな！　それは、わくわくするぜ。

昨夜、ナオトの歌を聞いたセサルは、是非とも、友達のやってるラジオにゲストで出ないか、と言ってきた。明日の朝、エクアドルに向かう前にどうだ？　っと。チュルカーナスのかなりローカルなラジオ番組だが、これは、面白そうじゃねーかっと、二つ返事で、オッケーした（っつうか、前日深夜に話が出て、次の日の早朝に、ほんま出られるんかい！）。しかし今朝、約束の時間になっても迎えが現れないので、やはりもう今日は出番はないのかと思いかけた矢先、セサルが迎えに来てくれたのだ。

そのままエクアドルに向けて移動するので、荷物を全部持って、お世話になったきょうこさんと、マネロさんと、きょうこさんの父上にお別れを告げ、ラジオ局に向かった。

ラジオ局に着いた。小さい建物の中に入ると、これまたぼろっちい、かなりレアな部屋で、メガネのおっさんパーソナリティーが低い声で静かにしゃべっていた。きょうこさんの話では、チュルカーナスのFM局は一つしかないので、ほぼ全員、朝はその生放送の番組を聞いているらしい（昨日行った黒人の村、ヤパテラにもここの電波は入ってるらしい）。

まったく何の打ち合わせもしないまま、なおとのゲストの時間になった。まず、なおとの紹介、簡単な挨拶の後、CDから「Ｇｒｏｗｉｎｇ ｕｐ!!」がかかる。その後は、本格的なインタヴューなのだが、何しろ、相手はスペイン語。何を言っているのか、分からん……？？？？

「何を、聞かれているの？」と、困った顔で、隣にいるセサルに助けを求める。セサルが、通訳してくれる。

え？ あ～、なるほど。次は、どこの国に行くかって？

「はい、次は、エクアドルに行くさー！ しかも、今日!! ほら！ あれ、俺の荷物全部！」

と、必死のスペイン語で、なんとか自分のことを話す。

次の質問もまた、一発で理解できずに、セサルに助け船を出してもらう。そして、なんとか、答える。3つ目の質問をされ、セサルに訳してもらっている時に、あることに気づき、大爆笑した。

ちょっと、待て!! セサル、おまえも、スペイン語だろ!? それ!! さっきから。英語など、しゃべれるわけないセサル。さっきから、俺に訳してくれていたのだが、それもスペイン語！ つまり、スペイン語から、スペイン語に通訳してくれていたのだ（笑）。

しかし、セサルの言っていることは理解でき、しっかりと答えられていた。不思議と、セ

ペルーのラジオで早朝生演奏

サルのスペイン語はわかるのだ。それは、簡単な言葉に直してくれていたこともあるが、何よりも、心の通じ合いのおかげであろう。昨日も一日ヤパテラの村に一緒に出かけて、セサルとは仲良くなっていた。そう、心が近い分、理解できていたのだと思う。

英語でも、同じようなことがあった。心が通じ合っていない人との英語は聞き取りにくいし、終いには億劫《おっくう》になっていくが、仲良くなった人の英語は、不思議と理解でき、楽な気持ちで聞けたりする。

言葉の中に潜む、心。気持ちを言葉で伝えるのに、とても大事な要素である。

汗をかきながらのインタヴューの後は、生演奏である。朝の8時に、どこまで自分の気持ちを持っていけるのかが勝負であったが（こんな早い時間の、生歌は、初めて！）、心を込めて、アドレナリンと共に歌った。なんと、初挑戦のスペイン語の歌詞で！

クスコの直子さんの次女ライミと、彼女の大学の友達のデボラに、リマに居るときに、オリジナル曲「宇宙一お前を好きな男の歌」をスペイン語に訳してもらっていたのである。ライミはペルー生まれ、ペルー育ちなので、スペイン語はネイティヴ言語であり、さらに、詩の発表で賞をとるくらい表現力豊かな人だ。が、原語である日本語の歌詞を理解する方が、かなり難しいらしい。さらに、親友のデボラは、ペルー人である。まず、日本語から英語にも訳し、そこから各言語の表現のすり合わせをする。何より、二人とも、20歳の女の子であるために、ロマンティックな表現の訳になるだろうとお願いしたのだ。

できあがったものは、スペイン語ならではの美しい響きにあふれ、リズムも出て、同じ曲なんだが、違った新しい曲に生まれかわり、すっかり気に入った。それを、このラジオの生放送で、まだ未熟であるがトライしてみたのだ。さすがに、全てをスペイン語で歌うことはまだ難しいので、半分はスペイン語、半分は日本語で歌ってみた。パーソナリティーのおっちゃんも、驚き、気に入った様子で、喜んでくれている。

ノッてしまったおっちゃんのリクエストで、もう一曲ということになった。「GOOD MORNING〜大器晩成の逆襲〜」を、即興入りで歌い、チュルカーナス、ヤパテラの町に、高らかにモーニング・コールを鳴らした。建物がぼろいため、歌っている時にも、犬や鶏などの声が、余裕で部屋まで聞こえてきていた。

そう、動物たちとのセッションは、ペルーの最終日を飾るフィナーレのようであった。

P.S.〜風の便り〜
チュルカーナス最後の日の朝、ラジオに出た後、ラジオ局づてでセサルのところにヤパテラの人が来たらしい。「なおとは、今どこ？　ヤパテラでライブして欲しいんやけど」って!!　しかし、もう町を去ってしまったことを聞いて、めっちゃ残念がっていたらしい。

SHOOT 13
赤道上では渦はできないのかー！地球って不思議すぎる

エクアドル（キト）

赤道到達!!

5月9日（日）キト（エクアドル）

イギリスのグリニッジ天文台で、緯度0度に立ち、世界の東と西を行き来して遊んでから、早5ヶ月。エクアドルの赤道にやって来た。なんでも世界を南半球と、北半球（日本のある方）に分けているという、とても偉い線である。

トロル（路面電車）とバスを乗り継ぐこと、40分。赤道記念碑の立つ公園にたどり着いた。平日は閑散としているらしいのだが、この日は日曜日ということで、欧米人観光客もエクアドル人観光客も多かった。

早速、赤道のラインに行ってみると、そこにはオレンジの線が引かれていた。

「おまえ、赤道なら、赤だろ！　気が利かないな。なぜ、そんな道路に引いてあるのと同じオレンジ色なのか？」と誰に届くわけでもない文句を言いながらも、一応、写真も撮ったわけだ。

ここに来る前、ある情報を得ていた。赤道上で起きる珍しい現象についての実験が見られるというのだ。水が排水溝に吸い込まれる時、面白い現象が起こるというのだ。

何だ？　何が起こるというのか？　見たい、見てみたい、一体何が起こるのだー？！！

どこでやっているのだ？　博物館の中か？

何？　ここではやっていないだと？

どこだ？　何？　この公園を出て、２００メートルぐらい左に歩いて行った所だと〜？

なぜ、この公園の中じゃないのだ？　２００メートルぐらい左に行ったら、そこは赤道上ではないじゃないか？

何？　そこへ行けばその実験が見れるだと？

よし、わかった。半信半疑だが、行ってみようではないか！　とりあえず、公園を出て左だったな。曲がって……と、ふむ、ここから約２００メートル歩くのだな。うん？　なんか、人通り、かなり少ないぞ！　うらさびれてるぞ、この道。大丈夫か？　ほんとうに、この道であってんのかー？　どこだー、実験はー？　うん？　何やら看板があるぞ！

「ＩＮＴＩ－ＮＡＮ（インティ・ニャン＝太陽の道）野外博物館」

ここを左に入って行くのかー。おいおい、砂利道だよ。大丈夫かよ。こんなところに博物館なんか、あるのかよー。赤道から、かなり離れてるしよー。

お？　入り口か？　ほんまや、なんか博物館っぽくなってるわ。野外博物館かー（トルコ・カッパドキア以来やなー）。

おッ！　あれや！　なんか実験っぽいのがあるでー！　わおっ！　ほんまや、ここや、ここや、来た来た。

っと、一気にテンションが上がり、すぐにでも実験を見たかったが、決まった順路がある
らしい。入場料を払うと、ガイドが勝手につき、そのガイドに連れられ、一通り近辺の先住
民族に関する展示を見てまわった。

「吹き矢をやってみよう」コーナーでは、見事、一発で的に当て、近くにいた欧米人から、
「さすが、侍の国の日本人だ！」と、驚きの言葉が飛んだ。意外に、全く飽きずにまわった
最後に、いよいよ待望の実験が待っていた。

うん？ この赤い線はなんじゃ？

00'00.00"？

赤道？ どういうこっちゃ？

赤道には、さっき行って来たさ、写真も撮ってきたし！

え？ ニセモノ？

あれは、ニセモノで……、これが、ホンモノだと――――！？？

ボインのガイドの姉ちゃんよ！ それは、ほんまか!?

何？ 20年前の観測で、あそこに赤道記念碑を建てちゃったが、6年前にGPS（Glo
bal Positioning System＝人工衛星などからの電波によって地球上の

赤道をジャンプ！

自分の位置を確かめる装置）を使った再観測で、こっちが本物と分かっただとー!?

ま、確かにこっちの赤道は、オレンジではなく、ちゃんと赤の線や。気が利いとるわ。それやったら、早く、あっちのニセモノの線は消したれよー！　アホー！　観光客の半分以上は、こっちの博物館まで来てないんちゃうかー!?　造りもあっちより、かなりちゃちーし、マイナーやし。でも、あんな立派な記念塔を建ててしまったわけやし、今更、言えないよなー。間違ってましたなんて……。これまでに訪れた何万人の観光客の記念写真が間違った場所で撮ったものになってしまうもんな……。

それでは、実験を見せてもらおうか！　どうなるんや、渦が、何や？

何々？　赤道のこの線を挟んで、こっちが南側、つまり、南半球か……。南側で、洗面台に溜まってる水を、ふむふむ、うん、栓を抜くと、まあ、水は吸い込まれていくわなー。

ボインのガイドの姉ちゃんが、落ち葉を吸い込まれている水の上に投げ込んでくれたから、わかりやすいわ、渦の向きが。南半球だとー、右回り（時計回り）なんやなー。ふむふむ、日本と逆や。これは去年初めて、南半球であるブラジルに来た時、確かめて感動したさー！

次は、赤道をまたいで、北半球で同じことをやるのだな。おお！　この流し台は持ち運びができて、動くのだな。しかし、まあ、こんな2メートルぐらいしか離れてないのに、ほんまに渦は逆回りになるんかいな？

どれどれ、栓を抜くと……っと、おお!!　左回りだ！（日本ではこれしか見られないさー）さっきと逆方向の渦の向きで、落ち葉が、吸い込まれていくではないか⁉

すげーー!!　ほんまや、ここが赤道やー！

すげー！　ほんまに、北半球と南半球をまたにかけてるわー、ここ!!

最後に、赤道上だと、渦の向きはどうなるのか⁉　というのがメインの実験らしい。

どうなるんだ⁉　どうな……る……の……だ……？？？？？

おお！！！！！！　まったく、渦が発生しない！

おお!!　ストーーーンっと、葉っぱは落ちていった！

すげーーー!!　おおーーーーーーーーーーーー！

赤道上では、渦はできないのかー！　すげーーー！

「コリオリの力《ちから》」というのかー、すげーー。何？　台風も、渦巻きもそうだとー⁉　日本の天気予報のひまわりの映像を思い出せ？　おお、左回りだ。確かに、左回りだぞー！　南半球の台風は、時計回りなのか。

やるなー、コリオリ！　フランス人！　ボンジュール！　メルスィー!!　慣性の力や、地球の自転によって、そうなるのかー。へぇ～。

「65へぇ～」くらい、あげてもいいだろう、これ。

っつうか、やっぱ地球って不思議すぎるよ。何、これ？　この星。丸いだろう？　宇宙に浮いてるだろう？　自分でも周ってるし、太陽の周りを他の惑星たちと一緒に周ってるだろう？

あらためて、地球に対しての不思議を感じた出来事でした……とさ。

国内人気アーティストの祭典！

5月9日（日）キト（エクアドル）

「やはり、俺はなんと強運の持ち主なのか！」と、全身で感じずにはいられない出来事が、またしても起こった。

赤道を見に来たその日、なんとエクアドルの人気バンドが集結するイベントが今日、その場所で行われるというのだ。赤道記念碑のある公園内のコロセウム（闘牛場）で、「ママの日フェスタ」として、大きなライブ・イベントが行われるというのだ。それも、たったの5ドル（ちなみにエクアドルの通貨は今は、USドルである）で。

素晴らしいタイミングである。各国で、自ら探してさまざまなライブを見に行っているが、わざわざライブが自分のところに来てくれたのは、今回が初めてである。

円形の野外コロセウムに、2000人くらいの満員の観衆が入っている。アーティストは全部で9組。午後1時から始まって、日が暮れるまでのぶっ続けイベントである。

イベントを通して見て、何よりも驚いたことは、ほとんどの曲をほとんどのお客さんが一緒になって歌えることである。その光景から、エクアドルにおいて、最も人気のあるアーティストばかりのイベントであることは、推測できるのだが、それにしてもすごい！

出演アーティストたちは、ケーナ（アンデス民族音楽の笛）や、チャランゴ（小さい弦楽器）などの民族楽器のフォルクローレのグループもいれば、ポップの若い姉ちゃんもいれば、ラティン・ミュージックのクンビアのセクシー歌手もいれば、おっちゃんロックバンド、若者スカバンドもいて、実に多彩だ。

そんなジャンルも違う、世代も違うすべてのアーティストの曲を老若男女が歌詞も覚えていて、「私のステージよ」と言わんばかりに、自分の世界に浸って踊りながら歌っているのだ。左隣の6歳のかわいい女の子も、右隣の民族衣装を来たおばあちゃんも、好きなグループだけ、というわけではなく、すべてのアーティストの曲を歌えるのである。年齢層のギャップもないのだなっと、肌で感じた。

年配の方が、浜崎あゆみの曲を声を揃えて歌い、小学生が、津軽海峡冬景色を大きな声で一緒になって歌う。ないっ！　日本では、ありえないっ。

たとえば、老人は、演歌に軍歌。大人は、歌謡曲やフォークソング。若者は、ポピュラー音楽。と、特に今の時代は、年代によって聴く音楽が、はっきり分かれているように思う。

しかしその中でも、世代を超えた、時代を超えた名曲や、アーティストも存在する。そんなアーティストになれたらいいなっと、思うのだが。

ステージ上を観ているのと同じくらい、お客さんのその姿を見ているのは、楽しい。歌い、踊り、騒ぐ。受け身ではなく、完全に自分が主人公なのだ。観にきているのではなく、完全、自分が楽しみに、はじけにきているのだ。果たして、南米のこのノリを感じてしまっている今の俺に、日本のお客さんの反応に満足できるのだろうか？　と、ふと不安になった。

表現方法が違うだけで、日本人のお客さんも日本人なりの楽しみ方がある。それもわかっているのだが、やはり、それでは面白くない。ナオトライブは、それでは成り立たない。それでは、完璧に困る。いくら、自分がいい演奏をしたところで、お客さんのノリが悪いと、そのライブは失敗なのである。いやー、のせきれなかったのは自分のせいや、と反省してしまう。お互いが、気持ちよくなくては駄目なのだ！

よくある日本の会場では、熱狂しすぎているお客さんは、マイノリティーであり、周りの人からの冷ややかな目にさらされる。そのことを、日本人ならみんな感じているので、ハジケタイ気持ちが、心の中で充満しているのにもかかわらず、「恥の文化」が邪魔して、いま

素晴らしいタイミングで遭遇した野外フェス

歌い、踊り、騒ぐお客さんたち

いちイキきれないのだ。

言いたいのは、つまり、こうである。みんながグアーッと、盛り上がっていれば、逆にあまりはじけきれていない人が、マイノリティーとなり、目立つのだ。何で？　あの子は冷めているのか？　っと。そんな空間を期待している。そんな空間を作り上げたいと、日々願っている。みんな、ライブ会場ではハジケタイはずなのである。日頃の憂さを、ストレスを、悩みを、目一杯晴らせる場所を、手段を欲しているはずである。下手でも大きな声で歌ってみたいはずである。超現実なパラダイスに行きたいはずである！　みんなで作る最高にHappyな時間を共有するのだ！　それは、まさにHのようなしくみで、快感を共にするのだ!!

頼むぜ！　日本で待ってるファンよ！　さらに、これからファンになってしまう恐れがある全ての日本国民よ！

触れる！　感じる！　これが旅!!

5月9日（日）　キト（エクアドル）

2004年5月9日（日）の今日、赤道記念碑の公園を訪れた観光客に、一言モノ申す！

赤道を観るために、世界中から何百人と訪れていた外国人観光客のみなさん！　僕は、コロセウムで行われたエクアドルのトップ・アーティストのイベントで、2000人もの観衆の中から、一人として、自分以外の外国人を見つけることはできませんでした。多分全員が、地元のエクアドル人でした。

（円形で、それほど広くないので、観客全員の顔が確認できる）驚きと、不思議さと、悲しみで、いっぱいになりました。なんで、高いお金を出してエクアドルに旅に来ているのに、エクアドルのそうそうたる人気歌手が、そこでライブをしているのに、それがたったの5ドルであるのに、観ようとしないのでしょうか？　そのくせ、街中の生演奏をしている高級レストランなどに出向き、高いお金を払ってまで現地の音楽を聞きたがる。街中のハコ（生演奏をしているところ）で生演奏をしているバンドは基本的にはセミプロであり、演奏の質はプロにはひけをとるのに……。さらになぜ、現地のエクアドル人の一番輝いている姿を見たいと思わないのか？　赤道で写真を撮ったらＯＫ！　と言わんばかりに、ホテルに戻ってしまう。

旅をする時に、その国の人とふれ合い、その国の文化（音楽はその大きな一部）に触れることは、その旅をより思い出深いものにするはずなのだが。それでは、ただ「そこに行った」、あるいは「そこを通った」というだけの浅い旅になってしまいかねないかと、危惧してしまうのである。何が楽しいかは人それぞれだから、これぞ「正しい旅の仕方」なんてないが、なおとのおすすめとして、ひとつ提案したい。

触れる！　感じる！

これが、旅なのである！

スペイン語教室より卓球に夢中！

5月14日（金）キト（エクアドル）

ミス・ユニバースの大会が今月末、ここキトで開催されるではないか！　見たい！　見たい、っつうか、すげータイミング!!　キトで、ミス・ユニバースの大会を行うのは何年に一度のことなのか？　そんな時に、ここにいる、俺。でも、ちょっとずれたなー！　早すぎた、俺。いや、あっちが遅すぎるのだ。もっと、早くあったら、完全、見に行っていたのになー。すげーだろーなー。みんな国を代表する美女だろ！　ワールドカップみたいなもんだろう？すげえー。いつ、見られるんだろ、俺の一生で。たぶん、一生見られないな。

世界のミスが次々にキト入りをしているという情報を、ニュースや新聞で知る。ある日、町を歩いている時、ミス・カナダの後ろ姿に一瞬お目にかかったのだが、すごいプロポーシヨンであった。ナイスくびれっぷり……。

そう、女性の腰のくびれという魅力にようやく気が付いたここ数年。胸や足より、ずっとセクシーで大事な要素、くびれ……（後からの情報で、なんとそのミス・カナダが今年のチャンピオンになったそうだ！）。

キトにやってきて5日間、スペイン語学校に通った。旅の中で教えてもらったり、聞いてきたスペイン語を、ある程度は頭の中で整理されたのだが、5日ではそんなに上達するわけもない。マン・ツー・マンの授業は、効率よく進み、楽しかったのだが、もっと楽しいものが、この学校にはあった。

「卓球」

毎日、授業後に、卓球をして遊んだ。このスポーツは本当に面白い!! 何を隠そう、小学生の時、卓球クラブにも所属したことがある。家では食卓に、ネット代わりにそろばんを二個置いて、強敵の親父を相手によくミニ卓球をしていたものだった。久しぶりに卓球をし、完全にはまってしまった。間違いない、このスポーツ、サッカーの次に面白い!! 俺が、2番目に好きなスポーツであるだろう！

サッカー、卓球の他にも、
・幼稚園から、小学6年生まで、少年野球。

（地区の優秀選手に選ばれ、王貞治サイン入りバットをゲット！　好きな選手／ルーキーだった立浪〈中日ドラゴンズ〉好きなポジション／ショート）

・空手、小学3年生、1年間
・スイミング、小学1年生から、3年間
・小学校高学年、体操クラブ（小4でバク転を体得）
・陸上、小学校高学年3年間（長距離から、高跳びに転向。6年時、高跳びの学校代表で市内大会へ）
・市内マラソン大会、小学生の時、学校代表
・バレーボール、中学2年時、1年間バレーボール部
・テニス、そこそこ
・バスケ、そこそこ
・バトミントン、羽根突き並み
・ローラースケート、光GENJI並み
・運動会の障害物競走、1位しかとったことがない
・反復横跳び、得意中の得意
・缶蹴り、ケードロ、六虫、鬼ごっこ、高鬼、氷鬼、高氷鬼、色鬼はスペシャリスト

スペイン語学校の仲間たち

真剣！　卓球勝負

・スノーボード、高1から始め、恐いもの知らず！
・スキー、小さい頃から毎年親父に連れていってもらったので、ほどほど
・カブスカウト、キャンプ等好きだった
などなど、典型的なスポーツマンであった。いや、今もなお、なかなかのスポーツマンであるかと。基本的に、球技は得意なのである。

なかでも、サッカーは、言うまでもないが、卓球に関して言えば、ちゃんと練習を積んでいれば、もしかするとかなりいいところまでいったのでは？と、自負している。

そんな卓球。授業の後に毎日の勝負。その辺の奴には負けないのだが、ここのボス、フレディは強かった。うまい。玉が早く、回転もしっかりかかっており、かつ正確である。

初日、全敗。2日目、1勝5敗。3日目、1勝4敗。4日目、3勝4敗。

確実に、実力をつけていく。初めのうちは、ひさしぶりであったために、思うように玉をあやつれなかった。しかし、徐々に勘を取り戻していくにつれて、確実に上達していくのがわかる。バックサイドは苦手だったにもかかわらず、だんだんバックサイドの方が、得意になってきているほどである。

そして、迎えた最終日。授業が終わってから、すぐに、コロンビアへ向かう予定であったが、やはり、奴を倒さなければ、気が済まぬ。

最終戦じゃーー！　と、意気込み、2ゲーム先取で勝ち！　という勝負をふっかけた。

1対1で迎えた最終戦。21ポイント先取の3セット目。あれだけ、「強い、こいつには勝てない」っと思った初日から、見違えるほどの成長を遂げ、なんとふたを開けてみたら、21対10の圧勝で、最後はチャンピオン・ベルトをもぎ取ったのだった。

やれば、やるほど上手くなる。ほんとに燃える。集中する。楽しい。

キトの思い出は、卓球なしでは語れない。

もし4回人生があったら、1回は卓球選手の道を極めてみたいなとも思う。

さあ、次は南米の中でも危険な国ということで名高いコロンビア。身をひきしめ進もうではないか！

カフェ「太陽祭り」

あとがき〜ここだけの話、旅に出た理由《わけ》

あの1年半は幻だったのではないか？

実は長い夢を見ていたのではないか？

旅の出発から丸3年、帰国してから1年半が経つ今、時々そう感じることがある。

大半のことは忘れた。

しかし、今までの旅の経験上、そうなることもわかっていた。

だから旅の間自分のＨＰ上で旅日記を書き、文に残し、浮かんだメロディーを録音し、音に残した。

この旅日記を読み返したり、当時生まれた曲を聴くと、アッという間に、「あの時」にタイムスリップすることができる。

「あの時」の感情を思い出すことができるのだ。

「何で旅に出たの？」と、人からよく聞かれる。

「２０１０年のワールドツアーの下見」と、いつも答える。その後、出発するまでの経緯を

ダイジェスト版で話すのだが、その内容はこうだ。

大学4年（21歳）で、本格的に音楽活動を始めるも、思うようにことが進まない。気持ちはどん底まで落ちた。生まれて初めて味わう挫折。

初めて自分の描いていた未来に立てていなかった。

独り暮らしの家で数ヶ月ひきこもった。

何もやる気が起きない。人からの電話もとらない。ただひたすら時だけが過ぎた。

でも夢だけは持ち続けた。部屋の壁に夢を書いた紙を貼っていた。

「2010年ワールドツアーをする！」

そんなきつい時期にも毎日この紙を見るたびに、2010年に笑っていたらいいんだと、自らの夢に慰められ、勇気付けられた。

その夢を叶えるために今何をすべきなんだろう？　そう考えた時、「このままではいけない」という気持ちと、「世界に触れたい」という気持ちが同時に湧き上がった。

思い立ったらすぐ行動。タイ行きの飛行機のチケットを買い、日本を飛び立った。

23歳で出発し、25歳で帰ってきたのだが、この年齢というのはまさにこの旅の適齢期であったと思う。これよりも若かったり、社会に出る前であったら、アレもコレもと全てのことに興味を持ち、旅の焦点が定まらなかったであろう。

逆にもっと歳をとっていたら、感覚も落ち着いてしまうだろうし、無茶することも減るだろう。何よりも人との絡み方、接し方もかわってきてしまう。

2年間音楽業界にいていろいろ仕組みがわかったことや、結果が出ずに精神的に落ち込んだことによって、自分に何があって、何が足りないのかというところの、「自分」というものを知った年頃。それによってこの旅で自分が吸収したいことが旅中、常に明確であったし、若さにまかせて無茶もいっぱいした。

そんなわけで、やはりいい年齢の時に長旅に出たなーと思うわけです（自画自賛臭漂わせ系）。


この本を出せることになったのも、ほんと奇跡的な出会いがきっかけであった。

ラジオ番組で「旅」をテーマに話していたところ、たまたま現場に居合わせた出版社の方がその話を聞き、ピンときてくださり、出版の話を持ちかけてきてくれたのだ。

この方が紛れもなく、この本の編集者、幻冬舎・菊地ガース朱雅子氏である。いやはや、どこで何が起きるか分からないもんですな。これだから人生、気は抜いても手は抜けないですな。出会いは1つ1つ何かの意味を持つ。

この旅日記の出版の機会を与えてくれ、遅いレスポンスにも耐え、カタチにしてくださったガース菊地先生の方角に足を向けて寝ていないだろうかと、毎夜心配する。ありがとう。

なお、この本のタイトル「世界よ踊れ」は米米クラブ・石井竜也さんと、この旅のことを題材にし、世界中に届けるダンスチューンを2人で創り、コラボレーションした曲のタイトルを使わせていただきました。石井の兄貴、素敵な言葉を本当にありがとうございます。


そして最後までこのつたない文章に付き合ってくださった皆様方に感謝いたします。

そんな皆様にお礼といっては何ですが、心よりお願い申し上げたいことがございます。

この旅日記、続編がございます。

今回の旅の続き、南米、カリブ海・中米編の『世界よ踊れ・下巻』を何としてでも出版したい。皆様だけには生々しくぶっちゃけてしまいますと、下巻の出版は今回のこの本の売れ行き次第であります。あらー大変ねー中村君、と、同情してくださった皆様の熱烈なPRが下巻の出版に大きく影響してくることは間違いありません。恋人へのプレゼントにしてもよし、友達に勧めてもよし、後輩に無理やり買わせてもよし、1人で本屋の在庫全部を大人買いしてもよしであります。なにとぞ、皆々さまくれぐれもよろしゅうお願い申し上げます。


情熱は伝わるものだ。

「アラファトさんの前で歌を歌うんだ」と願ったら、ほんとに叶った。

世界規模でそのことを体感した。

『世界よ踊れ・下巻〜南米、カリブ・中米編〜』のあとがきで、

「情熱は伝わるものだ、の2つ目の例として、下巻を出したい、と願ったら、ほんとに叶った」

と、ぜひ書きたいものだ。

2006年8月15日（27歳の誕生日）

中村　直人

文庫版あとがき

単行本『世界よ踊れ』が出て4年が経った。

そして今、こうして文庫化されることになった。いつか……と信じていたが、夢のような話である。

まだ完結こそしていないけれど、今回の追加分でようやくあの旅の半分までは進んだ。


旅から帰ってきたのが、２００４年12月。世界の音楽を体感してきたその勢いでもって音楽活動をスタートすれば、全てがうまくいくと思っていたが、そうは問屋が卸さなかった。なかなか思うとおりにならない現実を、それでも乗り越えてきたのは、約一年半の旅で精神的にタフになったことが、やはり大きいと思われる。無駄なものを背負い込まず、シンプルに。直感を信じて続けるのみ。そうすればいつかきっと。

お客さんを一人ずつ増やしていこうとひたすらライブをやり続けた。

そんな中、人生の大きな大きな転機が訪れる。

桜井さんとの出会いである。

Mr.Childrenのコーラス&アコースティックギターでのライブ参加という、とてつもない機会を与えてくださった。

その後、去年インディーズでミニアルバム「ウルトラC」をリリースし、この4月に晴れてメジャーデビューを果たした。そして、この文庫化と同じタイミングで、ファーストアルバムを出せることになった。

そしてその間、何度もライブに足を運んでくれ、ずっと応援し続けてくれ、この度、文庫化という素晴らしい機会を与えてくれたのが、そう、紛れもなくこの本の編集者である幻冬舎のジャンヌダルクこと、菊地ガース朱雅子氏である。ガース先生の方角に足を向けてないか確認してから寝る習慣は今でも変わらない。ありがとう。

デビューしてからというものいろいろ新鮮と感じられることが多く、人との新しい出会いも多く、限られた時間の中で早い決断が必要であり、そんな中、大事なのは「直感に対して正直に！」ということ。

その感覚は、まさにあの世界を歩いている時とよく似ていて、時折、あの旅のワンシーンとリンクしたりする。

あの旅がアーティスト「ナオト・インティライミ」にとってとても重要な経験だったことを、文庫化するにあたり何度も旅日記を読み返して再認識した。

「インティが太陽　ライミが祭り」という南米はインカの言葉から生まれた「ナオト・インティライミ」という名前もこの旅がなかったら生まれていなかった。

さらに、ファーストアルバム「Shall we travel⁉」の音や歌詞は、紛れもなくあの旅があったからこその世界観である。


単行本のあとがきに書いてある「2010年ワールドツアー」には間に合わなかったが、今年、その夢に向かって大きな一歩を踏み出した。

2006年のナオトよ、2010年、今、俺は笑っているよ。


情熱は伝わるものだ。

「アラファトさんの前で歌を歌うんだ」と願ったらほんとに叶った。

単行本のあとがきで「下巻を出したい」と願ったら、完結こそしていないが追記によって旅の半分までの文庫化が実現した。

そして今はただただ、

「早くみんなに最後まで読んでもらいたい」

っと情熱をもって願うばかりだ。

それが叶うも叶わないもあなた次第なの……。うふふ。

よろしくね……。


２０１０年６月（アルバムレコーディング中のスタジオにて）　ナオト・インティライミ

この作品は二〇〇六年十月小社より中村直人名義で刊行された『世界よ踊れ　歌って蹴って！　28ヶ国珍遊日記』にSHOOT8以降を追加しました。

JASRAC　出1006886-003

世界《せかい》よ踊《おど》れ

歌《うた》って蹴《け》って! 28ヶ国珍遊日記《こくちんゆうにっき》
アジア・中東《ちゅうとう》・欧州《おうしゅう》・南米篇《なんべいへん》

ナオト・インティライミ

平成22年7月10日　初版発行
平成23年12月25日　3版発行

発行人——石原正康
編集人——永島賞二
発行所——株式会社幻冬舎
〒151-0051東京都渋谷区千駄ヶ谷4-9-7
電話　03(5411)6222(営業)
　　　03(5411)6211(編集)
振替00120-8-767643
印刷・製本—株式会社　光邦
装丁者——高橋雅之

幻冬舎文庫

ISBN978-4-344-41506-5　C0195　な-27-1